大学生通识精品系列教材

大学写作基础

丛书主编 李淮芝

分册主编 张　明

西安交通大学出版社
XI'AN JIAOTONG UNIVERSITY PRESS

图书在版编目(CIP)数据

大学写作基础/张明主编. —西安:西安交通大学
出版社,2017.9(2025.7重印)
大学生通识精品系列教材/李淮芝主编
ISBN 978-7-5693-0129-8

Ⅰ.①大… Ⅱ.①张… Ⅲ.①汉语—写作—高等学校
—教材 Ⅳ.①H15

中国版本图书馆 CIP 数据核字(2017)第 223112 号

书　　名	大学写作基础	
主　　编	张　明	
责任编辑	雒海宁	
出版发行	西安交通大学出版社	
	(西安市兴庆南路 1 号　邮政编码 710048)	
网　　址	http://www.xjtupress.com	
电　　话	(029)82668357　82667874(市场营销中心)	
	(029)82668315(总编办)	
传　　真	(029)82668280	
印　　刷	西安日报社印务中心	
开　　本	720 mm×1000 mm　1/16　印张 14.25　字数 209 千字	
版次印次	2017 年 9 月第 1 版　2025 年 7 月第 6 次印刷	
书　　号	ISBN 978-7-5693-0129-8	
定　　价	45.00 元	

如发现印装质量问题,请与本社市场营销中心联系。
订购热线:(029)82665248　(029)82665249
投稿热线:(029)82668525
读者信箱:xjtu_rw@163.com

作者简介：

张明，北京师范大学珠海分校教授。1982 年毕业于北京师范大学中文系。主编《现代写作教学论》《日常实用文体写作》等多部写作教材，发表写作学、中国现当代文学论文多篇。

目　录

第一章 导 论

第一节 写作的含义和学好写作的必要性

一、写作的含义及源流

(一)什么是写作

写作,按照人们日常通俗的说法,就是写文章、写稿子。这一说法当然也不能算错,却是失之简单了。因此有必要对"写作"的含义进行一番细致深入的探讨。

"写作"一词,就字面意思看,就是撰写、制作。既然如此,就必然存在一个制作之人,这就是作者;就要有制作出的产品,这就是文章;就要有制作的"材料",这就是作者感知、摄取的有关事物和由此产生的思想、情感等;就要有制作的"工具",这个基本、主要的"工具"就是文字符号。除此而外,还要有制作的经过,这就是写作过程;要有制作的目的,就是要把作者的感知、认识、感情等表达记载下来和传递流通出去;要有制作的方式,这就是作者通过五官和大脑对有关的事物进行"摄取",然后经由大脑"运思""熔铸",再用文字符号"表述"出来,这说明人的大脑在写作中起着主导作用,说明写作主要是一种精神劳动(当然同时也伴有行为的实践),其劳动的结晶——文章是一种精神产品。

以上我们是把写作作为人类的一种活动进行了多方面的探析。由此我们可以把写作定义为:所谓写作,是作者运用文字符号制作文章,用以记事明理、抒情达意、传递交流信息的一种精神生产和行为实践的综合性活动。

如果我们从写作的记载信息、抒发情感和传播交流信息的功用着眼,那么写作又是一种"工具",它是人类认识、改造世界和人类自身的重要手段与凭借。

写作同时还是一种能力,这一能力既包括观察、感受、想象、思维等智能,也包括谋篇布局和熟练运用语言文字予以表达的技能技巧。

(二)我国写作的源流

我国自古以来就是一个写作大国、文章大国,写作活动的历史传统十分悠久。距今3千多年的殷商甲骨卜辞和西周铜器上的铭文,开启了我国最早的"写作"。至春秋战国时期,群雄并起,百家争鸣,文章写作蔚然成风。其后经历了秦、汉、唐、宋、元、明、清等朝代数千年的古代写作的漫漫历程,其辉煌的成果——流传至今的有价值的文章典籍浩如烟海。

产生于20世纪第二个十年的"五四"新文化运动(含新文学运动),大力倡导用白话文写作取代文言文写作,开启了我国现代写作的新时代。现代写作虽然只有百年的历程,但它与时俱进,发展迅速,成绩斐然。

二、学好写作的必要性

一提学好写作,有人会产生一种误解,认为写作就是进行文学创作,就是写小说、诗歌等,这是需要予以纠正的片面看法。如果从写作本身及其产品的功用与特质来分,写作可以分为两大类型:文学写作(通常被称作文学创作)、实用写作。由此可见,文学写作仅仅是写作的一个部类。这正如诗人臧克家所说:"一提写作,就会想到文艺方面去,这是很自然的。其实呢,它的范围广阔得多——除文艺写作外,还有许多为实用所必需的写作。"[①]这也就是说,想当作家的人固然需要学好写作,不想当作家乃至不想从事文字工作的人同样需要学好写作。

提高写作能力和水平之所以必要、重要,基本原因就在于写作在人类生活中占有相当重要的地位,这诚如鲁迅先生在《摩罗诗力说》一文中所高度评价的:"文章之于人生,其为用决不次于衣食,宫室,宗教,道德。"这可以体现于以下两个层面:

---

① 臧克家.写作是一门必须予以振兴的学科[J].写作,1984(5).

（一）人们的学习、工作、生活离不开写作

无疑，进行学习是离不开写作的。具备写作能力，这既是学习的内容之一，也是学习一切科学文化知识的基础。就以一个大学生的学习来说，读书需要作读书笔记，做实验需要写实验报告，学年结束需要写学年总结、学年论文，毕业前需要写毕业论文，等等。这一切，不都和写作息息相关吗？正因为如此，不少专家、学者都十分重视大学生、研究生的写作能力。著名数学家陈景润就曾说："很难想象一个文理不通、错字连篇的人，能把逻辑严谨的数学内涵表达出来。"[①]苏步青教授也说："文章写不通不行……我建议高考时，语文、外语先考，不行的不要，然后再考数理化史地。"[②]

在 21 世纪即将到来之际，美国的一些高校曾提出了"通过写作来进行学习"的口号，他们认为"写作的过程即是巩固与深入学习的过程，同时写作训练也就是一种极好的不可缺少的思维训练。"[③]这就从另一个角度充分说明了写作对于学习的重要性。

每个人的工作和写作的关系同样十分密切。文件的拟制，事项的宣传，情况的通报，信息的交流，乃至产品的推销、方案的制定，等等，莫不和写作有关。所以作家西戎说："不管干哪一行，七十二行都离不开写作。"[④]老一辈革命家谢觉哉当年甚至指出写作可以关乎某些工作的成败："国家工作人员，工作的牵涉面广，主要是用文字打交道；文字写得好或不好，交代情况、政策与办法清楚不清楚，常常关系到某项工作的成败。"[⑤]如今，诸多的单位、企业，无论是"国"字号还是"民"字号，在招聘人员时都把写作能力作为测试的基本内容之一，这意味着写作与工作已经被紧密地"捆绑"在一起了。

再看看国外的情况。据有关材料介绍，美国国务院规定，报考"外交官"的人"必须有较高写作和讲话的能力"，报考者要通过 45 分钟的作文考试，以"判断他的表达能力"。美国还把"表达意见的技巧"（特别是笔述）列为衡量工程师业务能力的重要标尺之一。西欧、日本的情况和美国也有类似之处。例如日本，不仅应聘经理要考一篇作文，而且招收工人、店员等也要考

① 蒋成瑀.阅读入门[M].杭州:浙江教育出版社,1984:7.
② 苏步青.略谈语文和数学[J].语文教学,1983(7).
③ 潘新和.写作教学发展的动向与趋势[J].写作1987(2).
④ 西戎.作文周刊(大学版)[J].1982(2).
⑤ 谢觉哉.写文章的关,写作论文选[C].长春:吉林人民出版社,1980:6.

试作文。[①] 这说明,在上述国家和地区中,写作能力已经成为人们求职、工作的重要手段,写作能力差的在生存竞争中就会失利。

人们的日常生活同样需要写作。例如写日记,写有关的信件、条据、申请书等等,这不都是写作吗?而且,没有较强的写作能力,这些日常生活中的写作也是会出问题的。例如在学校中,包括高校,不是总有学生因一张小小的请假条写得不规范而导致教师或教务部门无法准假吗?

总之,"写作,用途宽广,人人离不开它"(臧克家语);"掌握写作的技能是为了满足学习、工作和生活的需要"(叶圣陶语);"所以写作是每个人非学不可的,而且是非学好不可的"(叶圣陶语)。

(二)社会的发展与写作密切相关

写作,作为交流社会信息、传播科学文化知识的重要手段和媒介,它对于社会的发展是起着巨大作用的。有学者把读、写、算并称为人类文明的三大支柱,由此可见写作对社会的作用是多么重大。著名科学家茅以升就曾说:"在今天的世界上所以能够有今天人类的科学技术的繁荣昌盛,不能不归功于千百年来的文字记载"。[②] 西方流行这样一种观念:"工业的语言是蓝图","科学的语言即文章"。[③] 搞工业的,不论是机械、交通,还是建筑、冶炼,总要先拿出设计"蓝图",凭借"蓝图"进行交际、对话;而搞科学的,无论是自然科学、社会科学,还是哲学,要进行交流、对话,就要仰仗写作、借助文章,把科学上的发现、认识披露出来,传递出去。

据新华网北京 2011 年 12 月 2 日电,科技部中国科学技术信息研究所发布的统计显示,2010 年中国作者在国内 1998 种科技期刊上共发表科技论文 53.06 万篇。另据中国新闻出版研究院提供的数据表明,2012 年我国共出版图书 41.4 万种,总印数 79.3 亿册;公开出版的期刊已超过 1 万种,总印数 33.5 亿册;出版的报纸达两千多种,总印数 482.3 亿份。仅从上述我国的这些相关数字就完全可以窥测到,全世界每年的"写作"量是相当惊人的。这就充分反映出写作和科学技术、文化教育的密切关系,反映出社会的发展是少不了"写作"所起的巨大作用的。美国著名的社会预测家约翰·奈

① 刘锡庆.基础写作学[M].北京:人民教育出版社,2007:15.
② 茅以升.必须努力提高科技写作能力[J].写作,1984(5).
③ 刘锡庆.基础写作学[M].北京:人民教育出版社,2007:14.

斯比特在《大趋势——改变我们生活的十个新趋向》一书中指出,在由工业社会向信息社会过渡中,有五件"最重要"的事情应该记住,其中的一件就是:"在这个文字密集社会里,我们比以往更需要具备基本的读写技巧。"

自改革开放的新时期以来,我国研究写作学的一些专家学者为了强调写作的重要作用,提出"写作是当代人的基本能力之一"的观点。还有人认为"写作是人生的状态","写作——人生建功立业的组成部分"。总之,社会的发展离不开写作。那么,作为当代社会的成员,我们有什么理由不很好掌握为社会发展所需要的较高的写作能力呢?

第二节 写作四要素和写作过程

一、写作四要素

写作活动作为一个系统,它有四个基本的要素:作者、文章、写作对象、读者。

(一)作者

作者是写作者的简称,又被称为写作主体,即指进入了实际的写作活动过程中并制作出了文章的人。"作者"的概念和"作家""写手"并不能等同,人们一般把写了多部文学作品的作者称为作家,而且作家、写手往往指的是一种身份或职业。而对"作者"这个概念来说,只要你写了文章,你就是该篇文章的作者,但你并不一定是作家或写手。

在写作活动中,作者始终起着主导的作用,这是不言而喻的。从最初"写不写"的权衡取舍,到之后的"写什么"与"怎样写",都要由作者来决定与操作。所谓提高写作能力,就是要提升、优化作者的写作素养、智能与技能,具体包括生活积累、认识水平、知识结构、观察能力、思维能力、文章构思能力、书面表达能力等等。这些素养与能力,也就是写作对作者的相应要求。

(二)文章

文章的概念,可以表述为以文字符号为媒介的具有篇章组织形态的信息载体。文章是写作活动的产品、成果,是作者感知、内思而外化、物化的结晶。文章又被称作写作载体。

文章的概念存在两个角度的狭义与广义。

第一,从其所包含的文体来看,狭义的文章概念仅包括一般性的实用文章,不包括文学作品。本书的文章概念是广义的,它既包括实用文体(又可再分为记叙文体、议论文体、说明文体、应用文体),也包括文学文体(又可再分为小说、诗歌、戏剧文学、散文、纪实文学、影视文学等)。

第二,从其所包括的某种范围来看,狭义的文章概念仅包括单篇的具有组织形态的信息载体,不包括著作(书籍)。本书的文章概念从这一角度上说也是广义的,它既包括作者所制作的单篇文章,也包括作者所撰写的书籍。

文章一般由内容要素材料、主题和形式要素结构、表达方式、语言所构成。

(三)写作对象

写作对象也被称作写作客体,它是指作者在写作中所要反映、表达的以及所涉及关联的一切有关事物。

就人类写作活动的总体而言,写作对象当然是极其丰富广博的。它可以是整个客观世界,包括自然界和人类社会;它可以是人类所创造的精神文化产品,诸如绘画、音乐、雕塑、戏剧、影视、文章(含书籍、报刊)等;它还可以是作者自身,诸如"自述""自传"一类的写作,其写作对象就是以作者自己为主要的被反映对象,这时的作者同时具有了双重身份。

当然,就每一次实际的写作活动而言,其写作对象当然是具体的和特定的。例如作家徐迟1978年所撰写的在全国轰动一时的报告文学名篇《歌德巴赫猜想》,其写作对象就是著名数学家陈景润的有关情况及相关的人、事与环境等。

需要指出的是,写作对象(写作客体)与写作成品——文章的内容并不是一回事,二者的关系存在两种情况:

第一种情况,在实用类文体的各种文章中,从总体上说,写作对象与成品内容基本上是一致的、对应的,尽管写作对象总会比成品内容芜杂、散乱、丰富,并具原初性;尽管成品内容往往也会存在与写作对象不够贴切之处。我们不妨举西晋史学家陈寿所著的属于实用文体的史书《三国志》为例。该写作活动的写作对象是我国历史上三国时期的全部社会人群状况,其成品内容即是《三国志》的全书内容。很明显,前者比后者要庞杂、丰富得多,后者当然经过了作者的筛选、提炼、修饰,而且谁也不敢说其内容就符合百分之百的历史真实。但从总体上看,《三国志》的内容和其写作对象无疑是一致的和相应的。《三国志》问世后,和《史记》《汉书》《后汉书》被并称为"四史",成为了我国古代史书的代表作之一。

但在文学文体的小说、剧本、影视文学等分支文体中,写作对象与相关作品的内容却往往是不一致、不对应的。例如在长篇古典小说《三国演义》中,东吴的周瑜被刻画成心胸狭窄、气量如豆的人物,以致被诸葛亮三气而亡,临死前大呼:"既生瑜,何生亮!"这与历史真实存在很大差异。据《三国志》中《吴志·周瑜传》所记,周瑜"性度恢廓",同时也没有"三气周瑜"之类事情的记载。在《三国演义》中,除了周瑜而外,诸如曹操、诸葛亮、关羽、鲁肃等不少人物以及事件和《三国志》的如实记写都有很大不同。应该说,《三国演义》和《三国志》的写作对象是相同的,但其写作成品内容却差距很大,这反映出《三国演义》的写作对象和其成品内容之间的不一致、不对应。之所以会产生这种情况,就在于上述的这些文学文体在文体性质、功用、写作手法等方面和实用文体有着很大的不同,它们被允许或者说必须运用虚构、变形、典型化等艺术手法来处理、加工写作对象,以实现作者的写作目的与审美理想。这是写作对象和写作成品内容之间关系的第二种情况。

(四)读者

读者,是文章的阅读者、接受者。读者又被称作写作受体。

写作要关注读者,要明确"为谁写",这在中国古代写作中已有初步的认识。古典文学的话本和小说中,会常常出现"看官"一词,其所指就是读者及听众,体现了作者和读者的交流。在现代写作中,就更加强调"读者意识",认为"读者意识"应该是作者全部写作意识的有机组成部分。例如朱自清就明确说:"写作练习可以没有教师,可不能没有假想的读者","写作练习是为了应用,其实就是为了应用于这种种假想的读者"。[①] 如果从信息论的角度看待写作活动,那么作者写出了文章还只是完成了信息传递的起始环节,这一活动的真正实现,这一过程的全部完成,还有待于信息接受者即读者的阅

---

① 朱自清.中国近现代名家作文论[M].郑州:文心出版社,1992:1092.

读活动。法国作家萨特也曾说过："写作活动包含着阅读活动,后者与前者存在着辩证关系"。[①]作者之所以需要具有不可忽视的"读者意识""受体意识",当然是为了使读者更好地理解文章、接受文章,以最大化地发挥信息传递的功效。作者既要顺应、适应读者,同时又要通过文章影响、提升、征服读者,这是作者与读者辩证关系的体现之一,也是文章效果所达到的一种优化状态。

从不同的角度划分,读者可以被分为各种不同的类型。例如,从年龄划分,可以分为儿童读者、青少年读者、中老年读者;从性别划分,可以分为男性读者、女性读者;从专业性划分,可以分为专业读者、普通读者;从接受范围划分,可以分为特定读者(如党政公文,法律、财贸等专业文书,信件、请柬、条据等日常应用文的读者)、群体读者(如各行业集团内部的有关报刊、文字材料等的读者)、一般读者;等等。

在写作活动的过程中,如果作者既从写作主体的角度进行构思、写作,又从读者接受的角度予以考虑、设想,那么此时的作者就同时具有了双重身份。

在 20 世纪 80 年代以来的改革开放大背景下,我国写作学界在理论研究与教学方面均有了跨越式的开拓与进展,其中,积极引进其他学科尤其是新兴学科的概念术语是显著做法之一。但在后来出版的某些写作教材中,写作学本学科的一些基本常用概念反倒被不无遗憾地束之高阁了。我们认为,每个学科都有本学科基本的概念、范畴和话语体系,写作学也不例外。为此,我们对写作四要素的称谓采用了传统惯常的称法,在其概念的使用上也是以此为主;与此同时,我们也介绍和使用了与之相应的引进学科的一些新称法,即写作主体、写作载体、写作客体、写作受体。在全书的阐述中,我们均采用这一思路与做法。

二、写作过程

(一)写作过程的含义与阶段

写作过程一般是就作者而言的,它是指作者经过一系列精神与行为活

---

① 伍蠡甫.现代西方文论选[C].上海:上海译文出版社,1983:193.

动创制出一篇文章的全过程。

也有研究者认为,写作过程除了作者进行的实际制写活动而外,还应该包括写作之前的"有目的性的信息积累和内心建构"和"文章写作完成之后的传播、反馈"。也就是说,"写作的完整过程"是由"前写作""(显)写作""后写作"三个阶段所构成。[①]

显然,上述关于写作过程的第一种看法是狭义的,第二种看法是广义的。

我们在本书探讨、阐述的是有关狭义的写作过程的内容。但和传统的狭义写作过程论有所不同的是,其对写作过程的划分一般是准备阶段、构思阶段、行文阶段,可我们认为,在没有产生切实的写作想法时的所谓写作准备,只能说是处于一种广义的、间接的写作准备阶段,此时的准备者其实还不能算真正进入了写作阶段的写作者。在现实生活中,只有泛泛地积累、准备,而始终未能进入实际写作的人也还是为数不少的。为此,我们认为,写作过程是作者产生了较为明确的写作想法后所进行的一系列有关的精神与行为活动,并最终创制出一篇文章的全过程。

由于所写文章的内容、形式、篇幅、难易程度等各不相同,所以每篇文章写作过程的长度也就各有千秋。有些短消息、短评、小诗等,其写作过程可能会很短,"一挥而就""倚马可待"所描绘的就是写作过程很短的写作情景。而一些学术著作、长篇作品,其写作过程则往往较长,例如西汉司马迁《史记》的撰写耗时 10 余年,而明朝药物学巨著《本草纲目》编撰的全部完成,花费了李时珍近 30 年的心血。

我们对写作过程的阶段划分是:写作意念的产生阶段、写作的构思阶段、写作的行文阶段、写作的修改阶段。

关于写作过程中的这些不同阶段,需要辩证地看待。一方面要看到确实存在着内涵、目标各有不同,具有总体上的先后顺序的所谓写作阶段;而另一方面更要看到,这些阶段只是大致的和相对的,它们的关系不是线性的、流程性的和平面性的,而是立体的、交叉的、相融的与往复的。例如作者完全可以在最后的修改阶段快捷自如地返回到第二阶段对全文进行重新构思,或者返回到第一阶段对写作材料进行定向的再次收集。写作过程中各

---

① 尉天骄.基础写作教程[M].北京:高等教育出版社,2005:5.

个阶段之间的这些状况,充分反映出的正是写作活动中写作主体的精神心理活动与行为活动的综合交融、复杂活跃。

(二)写作过程的实质

一个写作者,从萌生了写作的想法之后,经过了或长或短的写作全过程,最后从无到有地创制出了一篇文章,这期间究竟发生了什么? 或者说写作的奥秘到底是什么?

有专家指出,写作的实质,就是一个"双重转化"的过程。第一重转化,是"现实生活、客观事物转化为作者的认识(观念和情感)";第二重转化,是"作者观念、情感向文字表现的转化"。"由事物到认识,再由认识到表现——这就是写作过程所必须完成的所谓'双重转化'……它可以说是写作过程的本质属性,是启开写作奥秘的一把钥匙。"[①]如果我们从写作四要素的角度来认识"双重转化",就会发现"双重转化"的过程,也就是写作四要素相互作用的互动过程。第一重转化,体现的是现实存在的写作对象以及读者信息(包括假想读者)转化为作者头脑中复杂丰富的心理活动;第二重转化则体现了作者将大脑中的感知、认识、情感、想象、思维等经过反复的构想、熔铸、行文、修改,最终转化为成品的文章。

我们认为,"双重转化"的"双重",是就大的总体的过程而言的。就实际的转化全过程来说,写作对象之"物",作者头脑之"意",写作产品之"文",和写作过程各阶段的关系同理,是写作系统中的立体关系,是相互交叉、融会、往复的,而不能机械地理解为就是依次地转化了两次。

第三节　写作特性和提高写作能力的基本途径

一、写作的特性

写作作为人类的行为实践活动、精神生产活动及相关智能技能的高度融汇,其特性是多方面的。这里所提到的四个方面是写作的一些较为突出的特性。

---

① 刘锡庆.基础写作学[M].北京:人民教育出版社,2007:6.

(一)创造性

写作的创造性,体现为以下两点:

其一,写作的成果——文章的问世,是一种从无到有的创造。诚然,文章是对客观世界、写作客体的一种反映,但这一反映并非机械照搬式的、镜面反射式的,也没有可供作者现成、直接地"移入"文章中的客观事物与写作对象。这就需要文章作者充分发挥写作主体的能动作用,去发现,去开掘,去摄取,去熔铸,去构思,去"孕育",还要用恰当的文章体式和语言文字表现出来。正是从这一意义上说,写作是一种创造,文章的产生犹如"新生儿"的降生。作家王蒙精辟地指出:"文学不是记录,也不是去捡雨后的蘑菇,文学艺术是创作主体的心智的伟大创造。"①文学写作是如此,实用写作也是如此,下面这件事很耐人寻味:

前苏联著名物理学家朗道,首创凝聚态物理理论而获得 1962 年诺贝尔奖。他从小天赋非凡,但不会写文章,一生没写过一篇像样的文章。他那篇获得诺贝尔奖的论文(属于实用写作),先后再版 40 次,却是请别人代笔的。这说明,朗道即使在写作对象十分明确的情况下(他自己的物理新发现),也依然无法像"捡雨后的蘑菇"一样直接现成地把写作客体转化为文章。他并不缺乏物理方面的天才创造力,但他显然缺乏基本的文章写作的创制能力。

其二,写作需要创新。

写作类型之一的文学写作的创新性要求是很高的,故而人们习惯地称其为文学创作。总的说,文学创作在内容方面的创新性就是要创造出新的文学形象,这正如俄国文艺评论家别林斯基说的:"在真正的艺术作品中,一切形象都是新鲜的,具有独创性的。"②此外,文学创作在形式方面当然也需要不断出新。

实用写作同样需要创新,它虽然并不需要像文学创作那样去创造新颖独特的艺术形象和艺术形式,但它要求每一次写出的文章应该既不同于他人的文章,也不同于自己曾经写过的文章。也就是说,每一篇文章都应该具有自己的创新之处,具有独立存在的价值。试想一下,如果别人已经写出或者自己已经写过的文章,再来毫无新意地重写一遍,它能有什么存在价值

---

① 王蒙.王蒙谈创作[M].北京:中国文联出版公司,1983:123.

② 别林斯基.评《玛林斯基全集》[M]//美与艺术.南京:江苏美术出版社,1986:94.

呢,读者去阅读已有的东西不就行了吗?

不妨看几部外国学者研究中国红军长征的学术著作。英国学者迪克·威尔逊的《1935年长征:中国共产主义斗争生存的史诗》着眼于长征是"生存的史诗";美国人埃德蒙兹的《毛泽东的长征:人类大无畏精神的诗史》聚焦于"大无畏精神";英国人杭尔德的《向自由的长征》注目了"向自由";日本人宾户宽的《中国红军——困难与险峻的二万五千里》强调了长征的"困难与险峻"①这些著述尽管写作对象相同,但视角各不相同,具体内容与形式、表达也各有特色,体现了各自的创新性。宋朝大诗人黄庭坚说:"文章切忌随人后。"②清代戏剧家李渔说:"新也者,天下事物之美称也。而文章一道,较之他物,尤加强焉。"③这些话说得是很精辟的。

写作的创造性,核心是它的创新性,是它的不可重复性。除了很少量的被严格规范化了的简短日常应用文写作而外,其他绝大部分文章的写作都是如此。为此,我们不认为学生作课堂笔记、记录员作会议记录、誊抄员誊抄文稿是在进行写作。虽然表面上他们也是拿笔在写或拿电脑在输入,但他们缺乏的是写作的内核——创造性(这里不含贬义)。至于抄袭、剽窃他人文章的腐败行为,那就不仅更加不是"写作",而且是对写作的一种严重亵渎。

写作的创造性启示每一位作者在写作时,要努力做到"见人所未见,发人所未发"。但同时又要看到,写作的创新是有程度上的差别的,全面的"迥异"固然是出新,固然难度很大,但局部的乃至细部的"微殊"也是出新,而且这在写作中是大量存在的。这就意味着创新并非高不可攀,而是完全可以在一次次的写作实践中予以实现、不断突破的。

写作的创新也并非一味地标新立异,它还需要处理好与继承、借鉴的辩证关系,与社会接受的辩证关系等。而且对于写作者来说,写作练笔阶段的一些借鉴乃至模仿也是不可避免的。但借鉴与模仿决不是抄袭、照搬,且它的目的是为了创造、走向创造。

(二)综合性

写作是十分复杂的精神产品的创制,它需要的是多种素养、能力的有机

---

① 解放军报(2016.8).
② 重庆师院中文系写作教研室.写作格言轶事集锦[C].重庆:重庆出版社,1982:118.
③ 李渔.闲情偶寄[M].杭州:浙江古籍出版社,1985:10.

融合,"多元"化一,综合互动,"单打一"是无法胜任的。南宋大诗人陆游在《示子遹》一诗中,给他的儿子陆遹写有这样两句诗:"汝果欲学诗,功夫在诗外。"陆游的意思其实是说,写诗不仅需要诗内功夫,还需要诗外功夫。他这里说的,正是写作的综合性特点。

写作的综合性体现在以下两方面:

其一,写作需要作者具备多方面的素养。这些素养主要包括生活积累、思想水平、文化知识等等。生活是写作的根基、源泉,毫无生活积累的写作,犹如无源之水、无本之木;思想水平的状况,决定着文章的正误、高低、深浅,这正如古人所说:"文以识为主。认题立意,非识之高卓精审,无以中要。"[①]文化知识的广博或欠缺,直接影响着文章的文野之别、精粗之别、雅俗之别、高下之别。陆游所说的"诗外功夫",就包括了上述的这些素养。

其二,写作需要作者具备多方面的能力。

无疑,文章写作是需要多种能力的。有研究者说写作需要观察、想象、结构、语言等9种能力[②];还有论者说写作需要感受、概括、定体、谋篇等24种能力[③]。我们认为,起码有3组6种智能——技能是写作活动必不可少的,可以视为是写作的基本能力,这就是:观察、感受力;思维、想象力;结构、表达力。缺乏第一组能力,无法产生写作的意念,也无法摄取写作的材料;缺乏第二组能力,无法进行写作的构思与"内化",即无法实现"第一重转化";缺乏第三组能力,无法把构思的内容外化出来以形成文章,即无法实现"第二重转化"。

总之,写作活动的确具有十分显著的综合性特点,任何一次写作的过程,都是作者的多种素养、能力协同努力、交互作用的过程。既然如此,要提高写作水平,从整体上说,就要致力于多种素养、能力的综合提高,"单打一"的做法显然不可取。但由于每个学习写作者的个体差异,"综合治理"时又要防止"面面俱到""眉毛胡子一把抓",而是要发现自己的"短板",从而"扬长补短"、综合提升。

---

① (清)刘熙载.艺概·文概[M].上海:上海古籍出版社出版社,1978.
② 林可夫.基础写作概论[M].福州:福建人民出版社,1985:7.
③ 朱伯石.现代写作学[M].北京:人民日报出版社,1986:15.

（三）实践性

所谓实践，通俗地说，就是付诸实施，就是加以操作。写作作为一种能力，只有通过"写"与"作"的实践，才能被掌握与提高；写作的产品——文章，也只有通过实践才能被写作出来。这就是写作实践性的含义。

写作的理论与知识对提高写作能力无疑是有着指导作用的，但写作本身并不是理论、知识，所以它不像理论知识那样，知道了，理解了，就"据为己有"了。它只有在写作实践的操作中、运作下，才能产生出相应的能力；写作理论知识也只有通过写作实践，才能转化为写作能力。

阅读对写作也会产生不小的积极作用，但这一作用同样要通过写作的实践才能奏效。倘若是只读不写，长期地君子动"眼"不动"手"，那不但不会产生积极作用，反而容易出现眼高手低、不敢下笔的滑坡现象。

写作的实践性，当然指的是写作全过程的实践，指的是从"物"到"意"到"文"的整个"双重转化"的实践。缺少了任何一个环节的实践，都不会有产品的诞生，都只能是没有结果的残缺的写作过程。

写作的这一特性提示我们，要想获得和提高写作能力，就需要作者自身切切实实地勤写多练、艰苦实践。有的学习写作者平时疏于动笔或以读代写，却希图"三年不飞，一飞冲天""九年不鸣，一鸣惊人"，这只能是违背了写作实践性的不切实际的空想。

（四）个体性

写作具有个体性，是说写作这种精神生产，是体现写作者个性的一种个人性精神劳动。人类的物质生产可以采取集体合作的方式，如盖大楼、造航母、修水库，众人动手一齐建造。写作却不行，它只能是由作者个人执笔将文章写出，由此体现出了写作不同于物质生产的特质之一。

写作当然也有"集体合作"，这有两种情况。其一体现为集体讨论，集思广益，但最终还是要由一个执笔人经过个体化的感知、理解、集中、构思、行文，直至把文章写出。其二是多人合作撰写一部书，但一般是每人承担独立的一个部分，且最后总还需要由一个人（往往是主编）予以统稿、定稿，否则很难成为一个有机的整体。"文革"中曾一度流行所谓"三结合"的写作方式，即"领导出思想，群众出生活，作家出技巧"，这也算是一种创造性的集体写作形式了，但就是产生不出来好作品，因为它违背的是写作的特性、规律，最终不了了之。1994 年 4 月,加拿大在互联网上举办了一个"全国小说"的写作活动,有 12 位作家参加,采取前后接力的形式,每人写作一小时,完成了一部"集体创作"的"跨国故事"小说。但遗憾的是,小说的情节和结构很不连贯,全文像是在拼凑。这与其说是在创作一部小说,不如说是在进行一场写作游戏①。其中的问题在于,12 个个体,随其自然地进行写作,却又要形成统一有机的文章,这当然是违背写作规律的。

写作的个体性所体现的,是作为人的个别性,是写作主体的主观能动性,是这个人的"写"决不能用那个人的"写"来替代,即思想和思维是无法由他人来替代的。当年朱自清、俞平伯同时同地相伴在秦淮河月夜泛舟,写出来的同题散文《桨声灯影里的秦淮河》却很不相同,这个例子应该是很能说明问题的。

写作的个体性特性使得写作成为了世界上最具多样性、灵活性、变化性、例外性的事物之一,一切写作的规则、方法在它的面前都具有了足够大的相对性空间,这大概也是使鲁迅"不相信'小说作法之类'的话"②的原因之一。由此启示我们,写作有规律、有方法,但无定法、无死法、无模式,包括本教材在内的一切写作教材、文章作法,都只能揭示、探讨写作方法的"一般""共性",而无法穷尽"个性""特殊""例外"。这就需要学习写作者既掌握、运用写作方法的"一般",又发挥个体的主观能动性,实事求是,具体写作具体对待,这应该是辩证地对待写作理论、方法的正确态度与做法。列宁有句名言:"马克思主义的精髓,马克思主义的活的灵魂:对具体情况作具体分析。"③对于写作而言,这句话当然同样适用。还有《宋史·岳飞传》中岳飞说的一句话,对于写作理论、作法之类也很精辟:"运用之妙,存乎一心"。

除了上述的特性之外,还有的研究者认为写作还具有目的性、人文性、渐递性等。正是这些相辅相成、综合一体的特性,构成了写作活动、写作能力的丰厚多元的特质。

二、提高写作能力的基本途径

有句大家熟知的欧洲谚语:条条大路通罗马。意思是说,通往成功的道

---

① 申慧辉.作家的游戏·接力式写作[N].中华读书报,1997-8-20.
② 鲁迅.鲁迅全集第 4 卷[M].北京:人民文学出版社,1981:364.
③ 列宁.列宁全集[M].北京:人民出版社,1987:273.

路是有很多条的。提高写作能力的途径当然也是如此,诸如多写、多读、多思、多观察、多采集、多请教、多修改,等等。其中,我们认为有三条途径是最基本的必经的"要道",这就是:投身生活、注重阅读、勤于练笔。对此,不少在写作上取得成就的人都曾讲到过。例如大作家、文艺理论家茅盾曾说:"我以为应当在'多读多写,边写边读'这两句各补充三个字,成为'多读多写多生活,边写边读边生活'。"①中国现代文学的作家蹇先艾 1984 年在回答《写作》杂志记者问时也明确指出:"写作要抓好三个东西:生活、读书、实践。"②

(一)投身生活

任何一个学习写作、从事写作的人之所以需要投身于丰富多彩的活生生的生活中去,就在于生活是写作的源泉,没有这一源泉,写作将无法进行。"不言而喻,没有被反映者就不能有反映。"③俄国作家屠格涅夫说:"我现在所有的相当不坏的东西,是生活赐给我的,而完全不是我自己创造出来的。一般说来,生活就是'一切艺术的永恒的源泉'。"④文学创作是如此,实用写作又何尝不是呢?不深入生活去采访,就写不出消息、通讯;不到生活中去调查研究,就写不出调查报告;不了解生活中的实际情况,不要说思想评论、杂文等议论文,就连各类公文、广告词、说明书等应用文都无从写出。因此,我国明清之际的思想家、诗论家王夫之把"身之所历、目之所见"称为"铁门限"。

之所以说生活是写作的源泉,并不仅仅因为生活给写作提供了写作对象,提供了取之不尽、用之不竭的写作资源,而且还因为生活引发作者产生种种的感受、想象、认识、情感等,使得他们更加丰厚地了解社会、洞明人生,这些都是写作必不可少的积淀和底蕴,对写作起着直接、间接的巨大作用。

如果仅仅从写作自身的角度来说,投身生活是为了积累生活、"占有"生活,以供写作之需。生活无比广阔,积累生活的范围也就相当广泛。概括起来,有三项内容可以作为积累生活的主要方面。

---

① 茅盾.关于文艺修养[M].长沙:湖南人民出版社,1983:94.
② 蹇先艾.关于写作学科的振兴问题[J].写作,1984(6).
③ 列宁.唯物主义和经验批判主义(列宁选集)[M].北京:人民出版社,1987:65.
④ 屠格涅夫.屠格涅夫全集·序言[M].上海:新文艺出版社,1957:78.

积累素材。素材是指作者从生活中搜集摄取的尚未经过分析整理、提炼加工的原始材料,包括人、事、物、景等各种事物与现象。这一概念原先只使用于文学创作,现在已扩大至实用文体的记叙文写作以及议论、说明、应用等文体的某些文章的写作。素材的积累相当重要,不但所写文章的内容要从积累的素材中选取、加工而来,而且作者相应认识、情感的产生也建立在素材积累的基础之上。

积累认识。这里的"认识"主要指理性认识,或称为思想。认识的积累同样重要,因为文章需要"识见",需要思想的"烛照",否则只是材料的堆砌而已。因此,我们在积累生活的同时,还要注意对生活、对素材的分析研究,注意将在此基础上产生的种种认识贮存起来,并通过不断开掘使之深化,以达到写出思想深刻、识见高卓的好文章之目的。鲁迅先生的后期杂文之所以"最深刻有力,并没有片面性"[①],这和他一生都随时注意思想认识的积累、深化、飞跃分不开。

积累情感。这是指作者在投身生活和进行素材、认识积累的同时,还应该将自己产生的喜、怒、哀、乐、忧、憎、惧等各种心理体验即情感记忆下来,贮存起来,并使其"保鲜"。当代作家周克芹在介绍他创作长篇小说《许茂和他的女儿们》时,明确提出了情感积累的问题:"我体会到,深入生活,积累生活的过程,同时也是积累情感的过程。"他还强调说,"更重要的是感情的长期积累。"[②]情感和写作的关系十分密切是不言而喻的,文学创作自不待言,实用写作同样如此。试想一下,通讯、特写、杂文、思想评论、解说词、申请书、讲话稿等等,这些实用文章的写作不都有作者情感的驱使与渗透吗?一个作者如果平素毫不注意情感的体验与积累,那么很难期待他在写作中会有笔底的强烈、丰富、细致、深厚等种种感情的表达。

投身生活,积累生活,贵在一个"勤"字:勤观察、勤捕捉、勤动脑、勤记录、勤整理。其中勤记录是十分关键的一环,好记性不如烂笔头,如今更有手机、电脑助力。如果没有勤记录作为保障,积累生活往往会落空。

(二)注重阅读

除生活而外,和写作密切相关的,要数阅读了。古今中外凡是在写作上

---

① 毛泽东:在中国共产党全国宣传工作会议上的讲话.
② 周克芹.坚持深入群众的斗争生活[J].红旗,1980(18).

取得成就的作家、文章家,莫不和他们博览群书、刻苦攻读有关。他们通过阅读,汲取了丰富的营养,化作了自己的写作素养与能力。难怪当代作家张抗抗这样说:"读了前辈与同代人几千页几万页的好文章,才有自己薄薄的几百页拙作。"①把阅读对写作的作用阐述得十分明确的是语文教育家叶圣陶和张志公。叶圣陶明确提出了"阅读是写作的基础"这一观点,并说:"阅读的基本训练不行,写作能力是不会提高的。"②张志公也说:"多写,这是完全必要的,不过,写必须以读为基础;没有正确、充分的读作基础,光写还是不行的。"③

从写作的角度来说,阅读的主要目的一是为了积累,二是为了借鉴。

写作是需要积累的,没有自外而内的摄取和积累,也就没有自内而外的表达和倾吐。积累的方式不外乎直接积累和间接积累。投身生活属于直接积累,它是作者直接从生活中积累素材、认识、情感等内容;阅读属于间接积累,它是作者通过阅读别人的文章而间接地积累生活。通过阅读进行积累除了积累材料、认识、情感等内容之外,还有很重要的一个方面是积累语汇。

阅读的另一个目的是为了借鉴,是通过阅读他人(前人与今人)文章而学习、借鉴其有益的成功的写作经验。写作需要创新,同时也需要借鉴,借鉴是为了更好地创新,二者的关系是辩证的。俄国大作家列·托尔斯泰说得好:"正确的道路是这样:吸取你的前辈所做的一切,然后再往前走。"④他的目标设定得很大很高,普通的作者很难完全做到,但道理是对的。

关于借鉴的必要性,毛泽东的论述十分精辟:"有这个借鉴和没有这个借鉴是不同的,这里有文野之分,粗细之分,高低之分,快慢之分。"⑤诗人何其芳也说:"读得多,写得少,常常会成为'眼高手低'。但如果只是盲目地写,而不广泛地阅读,那就会成为手低眼也低。"⑥通过阅读借鉴写作经验,既包括写作内容方面的启迪,也包括表现形式方面的"取法";既包括对其作者是如何实现从物到意的转化的探究,也包括对他又是怎样完成从意到文的

① 张抗抗.从读书到写书:小说创作与艺术感觉[M].天津:百花文艺出版社,1985:103.
② 叶圣陶.阅读是写作的基础:叶圣陶语文教育论集[M].北京:教育科学出版社,1980:491.
③ 张志公.读是写的基础·阅读教学论集[C].天津:新蕾出版社,1983.
④ 布罗茨基.俄国文学史(下卷)[M].北京:作家出版社,1954:1046.
⑤ 毛泽东.在延安文艺座谈会上的讲话,毛泽东选集[M].北京:人民出版社,1991:817.
⑥ 何其芳.关于写诗和读诗[N]//中国青年报,1982-8-22.

转化的分析。总之,学习借鉴的方面是十分广泛的,这就需要阅读者善于发现,善于汲取。

阅读的方式方法很多,一般来说,要做到精读与略读相结合,理解性阅读与积累性阅读相结合,博览与专攻相结合。如果从强调借鉴写作经验的阅读来说,我们认为应该以中外近现代以来的名家名篇、典范文章为阅读的起点和基点,而且要尽量做到精读。之所以提出近现代以来的时间范围,是鉴于这一时期和我们的现实生活比较贴近,更便于学习借鉴;之所以提出要优先精读名家名篇,是因为"必须高高地向上看,必须从优秀大师那里学习"。①

注重阅读,贵在一个"悟"字,即要能够善于用心去分析、揣摩、品味读物,达到读懂、读深、读透的境地,从而对自己的写作起到化为己有、"活"而用之的借鉴作用。

(三)勤于练笔

写作的实践性特点决定了要学会写作、要不断提高写作能力就必须勤写多练,"天桥的把式——光说不练"是无济于事的。为此,众多的写作大师都十分强调多写,甚至强调到夸张的程度。例如法国作家司汤达说:"应该鞭策自己每天写作";俄国作家契诃夫说:"请您尽量多写!! 请您写,写,写……写到手指头断了为止。"②多写,这是他们成功的经验之谈。

勤写多练所起的主要作用,是使得作者在这一过程中不断地积累自身的写作经验。对于一个学习写作的人来说,没有足够的写作经验的积累,就只能始终是一名写作的"门外汉"。

写作经验的积累,既有写作内容方面的积累,更有表现形式方面的积累;既有成功经验的总结与发扬,更有失败教训的反思和汲取。不少作者,包括中外一些著名的大作家,屡遭退稿后才获得成功,就是他们坚持长期练笔、积累所产生的飞跃。作家夏衍说:"不要怕'无效劳动',只有无数次的'无效劳动'才能使劳动有效。"③作家老舍也说:"写过一遍,尽管不像样子,

---

① 高尔基.给初学写作者[M].北京:三联书店,1949.
② 宇清信德.外国名作家谈写作[M].北京:北京出版社,1980.
③ 夏衍.夏衍近作[M].成都:四川人民出版社,1980:12.

也会带来不少好处。"①他们说的,正是学习写作者通过多写多练所起到的积累写作经验的作用。

勤写多练,积累写作经验,会使得作者从不会写到会写,从生疏到熟巧。"大抵文字须熟乃妙,熟则利病自明。手之所至,随意生态;常语滞义,不遣而自去矣。"清代文章家姚鼐在《与陈硕士书》一文中的这番话道出了勤于练笔的真谛。

练笔的方法也是多种多样的,一般可以采取片断练习性练笔和完整成篇的练笔相结合、广泛性练笔和重点练笔相结合的做法。

片断练习性练笔是指具有基本训练性质的不一定成篇的练笔,可以将其看作是正式写作的一种准备。其常见的写作种类有:观察笔记、思维笔记、读书札记、随记、杂记、日记等。但如果只有片断性练笔而无完整成篇的练笔,其缺陷是很明显的,因为它缺乏写作一篇文章所需要的总体、全面的写作智能与技能的练习,诸如选材、立意、结构、表达及整合为一体的种种能力。系统论有一个基本观点叫做"整体大于各孤立部分之和",那么对于写作来说,是否可以类比地说,完整成篇练笔的功效要大于相应的片断练笔的功效呢? 为此我们说,二者各有各的作用,既要进行基本训练的练笔,更不能忽略完整成篇的练笔。

所谓广泛练笔和重点练笔是就各种文体写作的练笔而言的。文章的文体,包括文学的,实用的,五花八门,洋洋大观,不下几百种。既不可能、也无必要都去练习,而是从中选取某几种加以练习即可,这就是重点练笔。

那么,选取重点文体的标准是什么呢? 可以把某些基础性文体作为重点练笔的文体,例如一般记叙文和一般议论文就是两种最基本的文体了,其他文体大多是在其基础上的发展。也可以根据自己的专业或者今后工作的需要或者自己的爱好选取练笔的重点文体。例如新闻专业的在校大学生可以把消息、通讯、新闻评论等新闻文体作为重点练笔的文体;文秘专业的同学可以把日后工作中必定要写的公文、事务文书等文体进行重点练笔;喜欢散文的同学则可以把散文作为重点练笔的文体;等等。

在重点练笔的基础上,根据不同习作者的需要,可以再适当拓宽练笔文体的范围,选择另外的若干种文体加以练习,这即是广泛练笔与重点练笔的

---

① 克莹,李颖.老舍的话剧艺术[M].北京:文化艺术出版社,1982:207.

结合。这种练笔方式的好处在于点面结合,既有"精专",也有"多能",可以更好地适应学习、工作、生活等多方面的需求。

勤于练笔,贵在一个"恒"字上,即要持之以恒、坚持不懈。如果三天打鱼、两天晒网,一日曝、十日寒,那就根本谈不上是勤于练笔,也就根本无法达到积累写作经验的目的。

除了上述的三个方面之外,我们认为,对于接受高等教育的大学生来说,还应该提出要较为系统地学习有关的写作理论知识的要求。这也就是说,掌握必要的写作理论知识也是提高写作能力的重要途径之一。

我们之所以对大学生(也包括具有一定写作能力的受过中等教育的成年人)专门指出这一点,是由于他们既经过了中学阶段的包括写作在内的语文课程的学习与训练,具有了一定的写作实践经验和写作能力,又达到了可以理解、掌握有关理论的文化水平。在此基础上如果能够较为系统地学习、搞懂必要的写作理论,使他们既知其然,又知其所以然,这对他们提高写作能力会起到如虎添翼、更上一层楼的作用。

我国不但是一个文章写作的大国,同时也是一个积累了源远流长的丰厚的写作理论的大国。早在先秦时期,我国最早的古典文集《尚书》就提出了"辞尚体要"的写作主张,意思是说言辞崇尚切实简要。孔子也曾提出"修辞立其诚""言之无文,行而不远"的写作理论观点。至魏晋南北朝时期,更是出现了刘勰所撰写的博大精深的写作理论专著《文心雕龙》。此后对写作理论的研究,始终绵延不断,愈加广泛与深入。

中国当代写作理论研究在继承了古代写作理论和现代写作理论的基础上,开拓创新,于上世纪 80 年代创立了中国当代写作学,建立了较为稳定的写作基础理论体系和文体写作理论体系。本教材所体现的就是当代写作学的基础写作理论的主要内容。

我们提倡学习和掌握必要的写作理论知识,是因为事实证明,写作理论对写作实践确有指导作用,写作理论通过写作实践也的确可以转化为写作者的写作能力。这正如作家、学者朱自清所说:"有了指点方法的书,仿佛夜行有了电棒,……当时确得了些好处。"①

当然,写作理论并非写作的"秘诀""单方",也不是写作的"模板""公

---

① 夏丏尊,叶绍钧.文心[M].北京:中国青年出版社,1983:3.

式"。它的指导作用、转化作用,要靠作者对理论的理解、领悟、"化"而用之为前提,为中介,为契机,教条主义的生搬硬套是无济于事的。

思考与练习

1.结合你自己以往的写作经历,谈谈你对"写作"的感受与认识。

2.谈谈你对"写作四要素"的认识。

3.谈谈你对"写作过程"的认识;如何理解写作过程具有立体性和往复性?

4.谈谈你对写作的"双重转化"的理解;你是否认为"双重转化"是写作活动的规律?为什么?

5.本章重点介绍了写作的 4 个特性,你感触最深的是哪个特性?请说说相关情况和你的认识。

6.你是否认同写作理论对写作实践具有指导作用?这一指导作用在怎样的情况下才能真正得以发挥?你如何理解本章提到的"运用之妙,存乎一心"的说法?

7.结合本章内容,在写作课老师讲解应该怎样写作"总结"文体之后,请你撰写一篇总结,对你中学阶段学习写作的情况进行认真回顾与总结,并归纳出几条具有理性认识的观点。

8.当堂写作一篇题为《展望我的四年大学生活》的作文,字数不得少于1 千字,其他不作任何规定,以使写作者充分发挥自己的综合写作能力与水平。

第二章 | 写作的起始阶段

在第一章里我们说到,写作是一个过程,写作过程是作者产生了较为明确的写作想法后所进行的一系列有关的精神与行为活动,并以创制出一篇文章作为本次写作整个过程的终结。

我们还说到,写作过程大致可以分为 4 个阶段:写作的起始阶段、写作的构思阶段、写作的行文阶段、写作的修改阶段。这 4 个阶段的关系不是线性的、流程性的和平面性的,而是相对的、立体的、交叉的、相融的与往复的。

当某个人产生了明确、切实的写作意念、想法,并开始着手进行相应的工作,这就意味着这个人已经进入了写作的起始阶段,他本人也由此而开始成为本次写作的一名作者。

作为写作过程的一个阶段,本章所涉及的内容包括:写作意念产生的种种情况与条件;确定写作的文体及所写文章的总体内容;写作材料的定向准备。

第一节 写作意念的产生

一、写作意念产生的情况

从大量的写作实践看,写作意念产生的具体情况是多种多样的:有的是缘情而起,有的是因事而生,有的是由于阅读而受到启迪,有的是由于听闻而萌发,如此等等。如果从不同的角度加以归纳,写作意念产生的情况分别有以下两组类型。

(一)突发型和积发型
这是从写作意念产生情况的自身角度来看。

1. 突发型

突发型是指作者的写作意念是在很短的时间内突然迸发、骤然来临的一种产生形式。它又有触发式和"自发"式两种具体情况。

(1)触发式。这是指作者因受到外界某种事物的触动而突然产生了写作欲望的情况,这也即我们平常所说的"一触即发"。

作家冯骥才有一次在火车上看到一对夫妻,丈夫很矮而妻子过高。由于这违反了"惯例",全车厢的人对他们都侧目而视。但这对夫妻却毫不理会,虽在旅途中也显得那么情深意长。这一情景立即引发了作家的写作冲动,回到住所后立即投入了短篇小说《高女人和她的矮丈夫》的写作。小说完成后得以发表并获奖。

因阅读、听音乐、看画展、听传闻等等而萌生写作意念的情况,都属于触发式。触发式是产生写作意念的常见形式。

(2)"自发"式。这是指作者并未明显、直接地受到外界事物的触发而自身突发了写作意念的情况。

最典型的例子莫过于俄国作家列·托尔斯泰的《安娜·卡列尼娜》的写作意念的产生。一天中午,托尔斯泰躺在沙发上休息。忽然,一个女子的形象出现在他的面前,她"用她那忧郁的目光恳求似地凝望着我。幻象消失了,但我已经不能再摆脱这个印象,它白天黑夜追逐着我,我应该想办法把它体现出来。《安娜·卡列尼娜》就是这么开始的。"[①]"自发"式写作意念的萌生,是作者大脑积极思维的产物,当作者或回忆,或想象,甚至出现幻觉时,导致了写作冲动的突发。

无论是触发式还是"自发"式,由于其写作意念是突如其来,如电石火花般在作者的头脑中闪现,以致有时连作者自己都说不清楚是怎么产生写作想法的,所以突发型写作意念的产生当属于灵感思维的一种表现形式。

2. 积发型

积发型和突发型的不同之处在于,它的写作意念的产生不是在很短的时间内突然迸发,并迅速发展成为强烈的写作冲动,而是在经过一定时间的积蓄、酝酿之后逐渐生发出来、强烈起来,属于一种"瓜熟蒂落"的情形。

---

① 苏·康洛穆诺夫.托尔斯泰传[M].天津:天津人民出版社,1981:192.

影响深远的长篇人物通讯《县委书记的榜样——焦裕禄》的写作就属于积发型。1965年12月,时任新华社副社长的穆青从北京来到河南进行采访,得知了在豫东兰考县有一位深受百姓爱戴的在工作中被"活活累死"的县委书记焦裕禄。穆青一行人到达兰考后访问了几十位基层干部和群众,走到哪儿,群众都满含热泪叙说着焦书记。穆青他们又亲眼看了焦裕禄带领群众挖的沟渠、栽的泡桐林。经过这样一番事实的、情感的、认识的积蓄之后,穆青最终确立起了此次写作的坚定意念,他对新华社记者冯健、周原(此篇通讯的另两位作者)说:"焦裕禄就是一代共产党员的典型!我们一定要把他的事迹原原本本写出来!"1966年2月7日,中央人民广播电台播出了新华社的这篇通讯,《人民日报》刊登了这篇文章,焦裕禄这个名字从此传遍了全国各地,震撼了千千万万颗心灵。

一般来说,长篇通讯、报告文学、调查报告、学术论文等文体的写作,大多是在搜集调查材料、初步分析研究的过程中逐步形成、确立的写作想法,即属于积发型。积发型也是产生写作意念的常见形式。

(二)主动型和受命型

这是从产生写作意念情况的作者的角度来看。

1.主动型

主动型是指作者的写作意念是由作者自身主动生成和发出的,即"我要写",无论是突发型还是积发型,都属于这一类。例如冯骥才写《高女人和她的矮丈夫》是他自己的决定,并没有他人指示;鲁迅写散文诗《秋夜》《好的故事》也同样是他本人自己的考虑、选择,没有他人的授意。

2.受命型

受命型是指作者的写作意图、想法最初并非是自己主动产生,而是他人的授意、指示、安排,即"要我写"。例如秘书受上级领导指示撰写某篇公文;律师受当事人委托代写相关的法律文书;学生考试时写作应考作文等等。

对于受命型的写作来说,作者需要完成一次意识和角色的转换,要从"要我写"转换成"由我写""我来写",即从一个被动接受写作意念的"他者",转换成为一个确立自身写作主体地位和具有自我写作意念的作者。只有完成了这一转换,作者才能进入实际的写作过程,否则只能是一次无法持续下去的写作。

新中国成立30周年的前夕,女作家柯岩接到《人民文学》编辑部的一个电话,邀请她写作一篇报告文学,主人公是事迹杰出的我国远洋货轮"汉川号"船长贝汉廷。这显然是一次"命题作文",很不符合柯岩的写作习惯。但当她认真阅读了贝汉廷的有关材料和主动采访了本人之后,女作家产生出了强烈的写作欲望,从"要我写"完全转换成了"我要写",并很快写出了报告文学佳作《船长》①。倘若柯岩始终未能实现这一转换,那么这次写作的结局只能是夭折。

由此我们可以看到,对于受命型写作来说,能否完成"转换"是十分重要的。而要实现"转换",要靠作者积极主动的努力。实际上,在现实生活中的受命型写作也是常见的,新闻写作、公文写作等实用文体的写作,常常是由上级领导的授命而发端的。需要指出的是,受命型写作也同样可以撰写出好文章,《船长》即是一例。再如即使是限制十分严苛的高考作文,其中相对可以称之为优秀之作的也还是年年都会有一些。

学习写作,了解写作意念产生的有关情况是必要的,它可以使作者在写作意念产生时清醒、及时地意识到,以便能有效地抓住"战机"、扩大"战果",自觉地进入切实的写作过程之中;它也可以使作者在处于受命型写作时通过自身努力,化被动为主动,尽力写出高质量的文章。

二、写作意念产生的基本条件

写作的意念、欲望,是作者在内外多种因素、多种条件的综合作用下所生成的一种心理欲念。对于不同的作者来说,这些因素、条件是不尽相同乃至大不相同的。但在诸多因素、条件中,又存在某些必须具备的基本条件。我们认为,一定的积累和对有关事物真切深入的感受与认识是产生写作意念的两大基本条件。

(一)一定的积累

这里说的"积累",是指作者在生活、思想认识、情感、知识等方面的贮备、积蓄,也即我们在"导论"中所谈到的作者的"写作素养"所包括的内容。这些积累是作者萌生写作意念的基础,没有这一"土壤""苗床",写作意念是

---

① 柯岩.《船长》的采访和写作[M].北京:北京出版社,1982:186.

无法生根发芽的。

对于"积发型"写作意念的产生来说，这一道理显而易见，因为"积发型"本身就是在经过一定积蓄之后才得以生发。或者说，"积发型"的情况从实质上说，是作者在原有积累基础上的进一步强化与深化。穆青等人的综合性素养、积累是十分深厚的，他们的河南兰考之行，是加强加深了他们原有积累的相应方面，从而使他们确立了报道焦裕禄先进模范事迹的决心。

对于"突发式"写作意念的产生来说，同样需要以一定的积累作为基础，否则写作意念也不会凭空突发，灵感也不会无故降临。作家王蒙听了乐曲《如歌的行板》后突发了创作冲动，当即表示要创作一篇 8 万字的中篇小说《如歌的行板》，但这一"触发式"的"突发"是以他 40 年的坎坷的生活经历为基础的。正如他自己所说："听一次《如歌的行板》用了 5 分钟。而《如歌的行板》的人物、情节、感情，我已经积累了 40 年，这积累的代价有血，有泪，更有一万四千六百一十个日日夜夜。"①列·托尔斯泰的《安娜·卡列尼娜》的创作冲动是一种"自发式"的突发，但此前托尔斯泰曾耳闻目睹过许多类似安娜的妇女的生活经历，其中一个名叫比比可娃的女人因和丈夫争吵而卧轨自杀，托尔斯泰还亲自赶到出事地点目睹了这一惨景。周恩来在论到文艺创作的灵感问题时曾说："作品的产生，可以是偶然得之，但是这种偶然得之是建筑在长期的生活和修养基础上的。"②有人把这句话概括成了 8 个字："长期积累，偶然得之。"这一名言式的概括，准确而精炼地反映了周恩来讲话的原意，用来说明突发式写作意念产生的情况也是十分恰切的。文学创作固然常常会出现此种情况，实用写作中一些新闻文体的写作，一些思想评论、文学评论、史学评论等的写作，也有这种情况出现。

（二）真切深入的感受与认识

一个作者之所以能够萌生出切实的写作意念，只有一定的积累还是不够的，还需要作者具有对相关事物的真切感受和（或者）深入认识。二者综合作用，写作的意念才会产生。打个不一定很贴切的比喻，前者犹如一个炸药包，后者犹如一支已被点燃的导火索。导火索引燃炸药包，爆炸得以产生，犹如写作意念得以生成。

① 王蒙.王蒙谈创作[M].北京:中国文艺联合出版公司,1983:66.
② 周恩来.关于文化艺术工作两条腿走路的问题[M].北京:人民文学出版社,1979:70.

　　"迫使"德国作家歌德创作《少年维特之烦恼》的"导火索"是使他感到"切肤之痛"的"心情"①；促使鲁迅创作《狂人日记》的动因，是他深邃独到的思想认识，他发现了每页都写着"仁义道德"的中国几千年的封建历史，原来字缝里却写满了"吃人"二字；冯骥才创作《高女人和她的矮丈夫》是因为作家既真切感受到了，也深刻认识到了那对"反常"夫妻的真挚爱情。散文作家魏钢焰说过一段有些拗口的又很"文学"的话："只有在某些历史和现实的生活和斗争，人物和自然的图像和变幻，击发了作者胸中的滚翻汹涌的带电云层，唤醒和集聚起作者脑中的生活形象，贯通和渗穿了他蕴蓄多年的内心土壤时，他才可能真正激动起来，产生创作的欲望，写出点扎实动人的东西。"②他所说的，正是关于写作意念的产生问题。而他所强调的，正是作者必须具备的一定的积累(第2句话)和真切深入的感受与认识(第1句话)这样两个方面的内容及其二者的交互作用。

　　我们平常说文章是真情实感的产物，指的正是写作需要真切的感受；我们还说文章是真知灼见的产物，指的正是写作还需要深入的认识。对于文学写作和记叙类文章的写作来说，二者都是必要的；对于议论类文章和总结、调查报告等应用类文章的写作来说，后者是必要的。宋代文人魏庆之在《诗人玉屑》一书中曾指出："作诗者陶冶物情，体会光景，必贵乎自得。"其实，不只是作诗，其他文体的写作同样"贵乎自得"，即作者要有自己独到的所得，也就是我们在这里所说的，要有作者自我的真切深入的感受和(或)认识。

　　如果说一定的积累具有使作者产生写作意念的可能性的品格，那么真切深入的感受与认识则具有使可能变为现实的品格。当然，当一个人对相关事物具有了真切深入的感受与认识，并不一定就准能产生出写作的意念，但写作意念的产生却必须要有真切深入的感受与认识。

　　能否产生写作的意念，是能否进入切实的写作之门的第一道门槛。既然一定的积累和真切深入的感受与认识是产生写作意念的两个基本条件，那么，对于学习写作者来说，就应该尽量丰富自己的多方面积累与素养，并不断增强自己的感受力、思维力，以促使自己的写作意念产生得更经常、更

---

① 歌德.歌德谈话录[M].北京:人民文学出版社,1978:18.
② 魏钢焰.创作——心灵震撼的记录:文学:回忆与思考[M].北京:人民文学出版社,1980:573.

强烈,始终保持一种活泼旺盛的写作活力。

第二节 确定文体和定向聚材

随着写作意念的切实、明确地产生,可以说写作者就已经进入了实际的写作过程。那么,在写作起始阶段的接下来的过程中,作者需要着手进行哪些事项呢?应该说,这并没有一个固定的程序,往往是因人而异。一般来说,我们认为需要确定所写文章的体裁及总体内容,并进行写作材料的定向准备。也就是说,要进行一下宏观大局方面的总体规划,还要开始最基本的"备料"工作——聚集写作材料。这两项工作相辅相成,也不存在硬行死板的先后次序,我们就先从"顶层设计"——"定体"谈起。

一、确定文章体裁及总体内容

(一)文章体裁的确定

1."合体"与"定体"

文章体裁,指的是文章的体式,是需要被遵从、恪守的文章类型。古人有时将其称之为"体制"。文章写作发展到今天,文章体裁已经很丰富细致,也已经相对很成熟了。因而我们进行写作,就存在一个需要"合体"的问题。也就是说,你所写的文章,要符合该文章所属体裁的要求。如果你写的是一首诗,就要符合诗歌的文体规范;你写的是一篇总结,就要符合总结的文体规范;这就叫"合体"。

如果你把诗歌写得很像小说,或者你把总结写得很像计划,这就叫不合体,那么你的这一写作就是不合要求的,就是失败的。它不但要被内行人所笑话,而且对实用写作来说还会贻误工作。

我国古人十分重视写作的"合体"。南北朝时期的刘勰在《文心雕龙·附会》中说:"夫才童学文,宜正体制。"就是说,有才气的童子要学习写文章,应该树立正确的文章体制的规范。宋代的倪思在《经锄堂杂志》一书中强调:"文章以体制为先,精工次之。"明代的徐师曾则说:"夫文章之有体裁,犹宫室之有制度,器皿之有法式也……苟舍制度法式而率意为之,其不见笑于识者鲜矣，况文章乎？"①对于写作来说，文章体裁之所以重要，就在于它既关乎到文章内容，更影响到文章的形式、表达。因此，每次写作就需要"定体"，即要确定所写文章的体裁，以便能够进行合体的写作。

2.定体的时段与依据

文章的体裁既然事关大局，对文章的内容与形式都会产生影响，那理所当然就应该在写作的起始阶段确定下来，以使其后的构思、行文等有所依从。我们不妨从作者写作意念产生的几种类型入手做具体分析。

受命型写作的定体经常不需要作者确定，授命者往往在授命之时就已经规定了写作的文体。例如柯岩写作《船长》，《人民文学》编辑部已经确定了要写成报告文学。上级领导指示秘书起草文章，也往往会明确写作的文体，或"通知"，或"总结"，或"讲话稿"等。

主动型积发式写作意念的产生大多是在搜集调查材料、初步分析研究的过程中逐步形成、确立的，因而这类写作的定体经常是和写作意念的确定同步进行的。例如穆青在确定了报道焦裕禄模范事迹想法的同时，也就确定了报道的文体是通讯。调查报告、学术论文的文体确定也大体是如此。

主动型突发式写作意念产生的写作，对于有经验的作家和作者来说，也常常是伴随着写作冲动的发生，就很快确定了写作的文体，我们上文提到的冯骥才、王蒙、列·托尔斯泰、歌德等就都是如此。

通过上述分析可以看到，作者在写作的起始阶段进行所写文章的定体是适宜的。那么，定体的依据是什么呢？

确定文章体裁的依据之一，是看作者所掌握的有关写作材料的多少、性质等具体情况，这里包括作者平时的素养积累、引发写作意念的有关事物、定向收集的写作素材等。这也即木匠、雕刻艺人所说的"因料成形"，即根据手头木料、石料的情况，做出相应形态的成品。鲁迅在谈自己的创作体会时说："有了小感触，就写些短文，夸大点说，就是散文诗……得到较整齐的材料，则还是做短篇小说。"②女作家冰心从日本回国时，在码头的海水中看到一只木屐，产生了写作的意念，刚开始想写成一首诗，但又觉得这不是写诗的材料，而是写散文的好素材。文体确定后，冰心创作出了散文名篇《一只

① 徐师曾.文体明辨序说[M].北京：人民文学出版社，1962：77.
② 鲁迅.《自选集》自序[M].北京：人民文学出版社，1981：456.

木屐》[1]。

确定文章体裁的依据之二,是看作者本身所擅长的写作文体是什么。冯骥才、王蒙、列·托尔斯泰等人在定体时首选往往是小说,因为他们主要是小说家,小说文体为他们所擅长。而学者、高校教师写作定体时往往是学术论文,因为这是他们的所长。

确定文章体裁有时还要考虑到读者的接受等,这里不再赘述。

3.文体的分类

文章写作需要合体,需要定体,就需要了解文章分类的情况及各类文体的特色。但这一内容已属于另外一门专门的学问"文体学"的范畴了,且本教材也篇幅有限,所以这里只简要地谈一下我们对文体分类的基本看法。

我们在"第一章导论"中谈到,本书的"文章"概念是广义的,它既包括文学文体,也包括实用文体;既包括单篇文章,也包括书籍。如此众多的文章,我们对其的分类采取多层次划分的方法。

首先:

将全部文章分为两大部类:文学文体、实用文体。

其次:

文学文体再分为:小说、诗歌、戏剧文学、散文、纪实文学、影视文学等。

实用文体再分为:记叙文体、议论文体、说明文体、应用文体。

再次:

文学文体:

小说可再分为:从篇幅分:长篇小说、中篇小说、短篇小说、微型小说等;从题材分:现实小说、历史小说、神话小说、科幻小说、武侠小说、侦探小说等;

诗歌可再分为:抒情诗、叙事诗、哲理诗等;

戏剧文学可再分为:从所属剧种分:话剧剧本、戏曲剧本等;从内容性质分:悲剧剧本、喜剧剧本、正剧(悲喜剧)剧本等;

散文可再分为:抒情散文、叙事散文、议论散文等;

纪实文学可再分为:报告文学、传记文学等;

---

[1]　冰心.谈点读书与写作的甘苦[M].上海:上海文艺出版社,1982:71.

影视文学可再分为：电影文学、电视文学等。

实用文体：

记叙文体可再分为：消息、通讯、家史、校史、传记、回忆录等；

议论文体可再分为：政论、社会评论、思想评论、文史评论、学术论文等；

说明文体可再分为：说明书、解说词、科普文、教科书等；

应用文体可再分为：公文、事务文书、专业文书、日常应用文等。

处于第3个层面的这些文体当然还可以再作进一步的分类，我们这里不再继续。

如果从写作的角度对文学文体和实用文体进行一下概要的异同比较可以看到，二者都是作者运用文字符号制作文章，都对人类社会产生着重要作用，这是二者的相同之处。二者的不同在于：

第一，写作的性质、目的、功用不同。文学写作是一种语言艺术的创作，它所创作出的多姿多彩的文学形象给人们提供丰富的审美享受。实用写作是人们为了工作、学习、生活的种种实际用途所进行的写作，以达到宣事明理、传递信息、沟通交流的目的，实现为社会的政治、经济、文化教育等和人们现实生活的实际需求服务。

第二，语言的运用、表达的方式方法等存在不同。文学写作往往运用比喻、夸张、描绘、抒情以及虚构等表现方法，具有情感性、形象性。实用写作需要以事实为依据，注重科学性、逻辑性，具有平实、质朴、直接、简洁、实际的特色。

这两大部类写作的不同之处，是需要学习写作者在每次写作过程的各个不同阶段都能给予注意的。

文章写作既要合体，也要"变体""创体"，这样文体才能不断发展。文体的两大部类在写作的"合体"与"变体"方面也存在差异，目前的总体趋势是分别向两端发展：文学文体的变体、出新较为活跃，实用文体尤其是其中的应用文体则更加要求规范、合体。这一状况当然是由于两大类写作的功用不同所决定的。

(二)文章总体内容的确定

在文章写作的起始阶段，随着写作意念的产生、明确，在初定所写文章体裁的同时或稍后，还有一件关系大局的事项要有所确定，那就是要确定本次写作的基本内容,即本次你准备写作的文章从总体上说是要"写什么"。这里说的不是确立主题,也不是具体的选材,而是你欲写文章的基本内容是什么。这个问题明确了,便于你定向地收集写作材料和进行其后的工作。

我们在上文说到,作家王蒙在听了美国哥伦比亚乐团演奏的柴可夫斯基的第一弦乐四重奏第二乐章《如歌的行板》后,立即产生了写作的冲动,马上对其妻子说要写一部中篇小说,并确定了小说的主人公和以自己坎坷的40年人生经历作为主要情节。也就是说,作家在写作意念产生后,很快就完成了两项"顶层设计":定体(中篇小说)、确定作品的总体内容(主要人物和情节),从而为其后的聚材、构思、行文等确立了依据。

实用文体的写作也是如此。2005年北师大著名教授启功先生去世以后,他的众多的学生和有关人士纷纷写文章纪念。由于启功先生可写的内容相当丰富,于是有些人着眼于他的书法艺术,也即这些作者确定的所写文章的基本内容是有关启功先生书法方面的。在此前提之下,有的作者的定体是议论文体的学术论文,于是其写出的文章是《论启功先生的书法艺术价值》;也有的作者的定体是记叙文体的回忆录,于是这个作者写出的文章是《启功先生教授书法往事》。还有的作者写出的文章是《谈启功先生对于〈红楼梦〉研究的贡献》,那么很明显,他所确定的该文的总体内容是关于启功先生研究《红楼梦》的内容,文章体裁是学术论文。假如作者写出的文章是《忆启功先生授课"〈红楼梦〉研究"》,那么和上文相比,二者在基本内容上是一致的,但后者的文体是回忆录。

二、定向聚材

"聚材",这是古人的一种说法,就是汇聚、搜集、摄取写作材料。这里说的搜集材料,并非没有写作目标的广义性写作准备的搜集材料,而是产生了写作意念后的乃至是初步确定了文章体裁和总体内容后的聚材,即基本明确了写作目标的聚材,所以称作"定向聚材"。

(一)定向聚材的常用方法

这里说到的几种方法,是作者聚材时经常使用的普遍方法。对于定向聚材而言,在具体运用时应注意围绕每次特定的写作方向、目标而进行。

1. 回忆

这是文学创作和实用文体回忆录写作的常用聚材方法。不少回忆性散文和回忆录的主体内容就是作者通过回忆汇聚的材料,如作家巴金的散文名篇《怀念萧珊》《小狗包弟》,王钟翰的回忆录《追忆启功元伯兄二三事》等即是如此。

人人皆知,回忆是人们在头脑中把过去的事物重新呈现出来的过程。对于写作来说,回忆就是要挖掘出作为"过去时"的事物所包含的价值内涵,使之成为写作材料的有机组成部分。"回忆是否以有预定目的为标准,可以分为有意回忆和无意回忆。"①定向聚材的回忆,属于有意回忆,它是作者根据写作需要而回忆起特定的记忆内容,是一种自觉追忆以往经验的回忆,心理学的说法是"表象的目的性的再现"。例如"文革"结束不久,巴金听到了一个艺术家和一只狗的故事,于是他由此也想起了他曾养过的一只小狗在"文革"中的悲惨遭遇,他萌发了写作这只小狗的意念。他为撰写这篇《小狗包弟》所进行的一系列的回忆显然是有意回忆。

为写作聚材所进行的回忆,应该防止笼统和粗疏,需要尽量具体、细致,或者说要注意细节的回忆。巴金在《怀念萧珊》中作了这样的回忆:

> 后来她的身体更不行了。医生给她输氧气,鼻子里整天插着管子。她几次要求拿开,这说明她感到难受,但是听了我们的劝告,她终于忍受下去了。开刀以后她只活了五天。五天中间……她除了两三次要求搬开床前巨大的氧气筒,三四次表示担心输血较多付不出医药费之外,并没有抱怨过什么。见到熟人她常有这样一种表情:请原谅我麻烦了你们。她非常安静,但并未昏睡,始终睁大两只眼睛。眼睛很大,很美,很亮。我望着,望着,好像在望快要燃尽的烛火。②

这是事隔 6 年后,巴金对临终前的妻子萧珊的回忆,具体、细致,其中对两只眼睛的回忆可称细节回忆,犹如特写镜头,令人动容。

回忆还需要能够尽量再现事物的特征。巴金在《小狗包弟》中回忆到

---

① 心理学名词解释[M].兰州:甘肃人民出版社,1984:108.
② 巴金.随想录(第一集)[M].北京:人民文学出版社,1980:21.

"包弟有一种本领:它有什么要求时就立起身子,把两只前脚并在一起不停地作揖"。[①] 这一富有特征的回忆所产生的作用,是使读者对包弟的活泼可爱留下了深刻印象。

2. 观察

观察是写作聚材的基本方法之一。鲁迅在《给董永舒》的信中曾说:"此后如要创作,第一须观察。"契诃夫则说"作家务必要把自己锻炼成一个目光敏锐、永不罢休的观察家"[②]。由此可见观察对于写作的重要。下面我们从3 个方面谈谈怎样进行观察。

(1)开放五官,集中注意

什么是观察?人们一般的理解就是"用眼睛仔细看"。但这一理解显然是不够准确的。观察"是有目的、有计划、比较持久地认识某种对象的知觉过程"[③]。既然是知觉过程,就不仅仅是视知觉起作用,而是多种知觉的综合活动,即要"开放五官"。

观察首先要用眼睛,视知觉在观察中起着主导作用,这是毫无疑问的。根据视觉生理学的研究,一个正常人从外界所接受到的信息有 90% 是从视觉通道输入的,因而很多作家都十分注重眼力的锻炼。

但观察又并不限于视知觉。为了把握客观事物的各种属性,往往需要视知觉、听知觉、味知觉、触知觉等联合行动、"协同作战"。作家艾芜曾说:"要练习我们的眼睛,善于观察人的动作、态度和表情。练习我们的耳朵,善于听取别人讲话的语句、声调和他的特殊用语。"[④]王蒙也以观察"春雨"为例谈到这一问题。他说:"你看到了雨丝,这是一种视觉的形象……也可能你感觉到了一种凉意,有时候,你还会闻到由于下雨泥土潮湿的气息;甚至下雨以后树叶和花的颜色、气味,都会发生变化。……所以说,下雨这么一件很普通的事情,它是与你的视觉、嗅觉、听觉和你的许许多多的一系列复杂的感觉都分不开的。"[⑤]这就充分说明,非视觉官能(耳、鼻、舌、身)所摄取的信息虽然只占人接受信息总量的 10%,但其在写作的观察活动中是不应忽

① 巴金.随想录(第二集)[M].北京:人民文学出版社,1980:23.
② 段宝林.西方古典作家谈文艺创作[M].沈阳:春风文艺出版社,1980:638.
③ 宋书文.心理学名词解释[M].兰州:甘肃人民出版社,1984:138.
④ 艾芜.练习写小说先从哪里开始[M].北京:人民文学出版社,1979:216.
⑤ 王蒙.王蒙谈短篇小说创作[N].电大文科园地,1982(1).

视的。因而,观察要"开放五官",就是要用眼睛去看,用耳朵去听,用鼻子去闻,用舌头去尝,用皮肤去触。这既是怎样观察的问题,也是观察什么的问题。

"集中注意",就是集中注意力。这是郭沫若在《战士如何学习与创作》一文中的提法:"多体验,多读书,多请教,多练习,集中注意,活用感官,尊重口语,常写日记,除此以外,别无善法。"

对于一个正常人来说,客观事物作用于他的感官,他便会产生感觉。如靠近火会感到热,贴近冰能感到冷,吃饭时能闻到香气、尝出味道。但这些"官感"一般说是属于一种被动的简单反射式感觉,不能算是观察。

观察是具有能动性的,它是人们根据特定需要有意识有目的进行的。这就是说,观察是自觉的,不是盲目的;是主动的,不是被动的。观察的这一特性就决定了它始终是和有意注意结合在一起的。为了保证观察的有效进行,观察者必须要把自己的注意力有意地集中和保持在观察对象上,这就是"集中注意"。德国诗人海涅从布罗肯高峰上观察日出是"一言不语地观看";作家竣青在北戴河看日出是倚着鹰角亭的亭柱"默默地眺望";鲁迅谈到观察时说要"静观默察"[1]。之所以要"静",要"默",就是为了集中注意。郭沫若指出:"注意力不集中,我们的耳目五官是死的,心思也是散漫的,所谓'心不在焉,视而不见,听而不闻'。"[2]这就很好地说明了观察为什么要集中注意的道理。那种漫不经心地张望,走马观花地浏览,和我们所说的"观察"是相去甚远的。

(2)处理好观察的位置、角度与顺序

进行观察,必然会有一个观察的立足点,此即观察的位置,又称观察点。观察点对于观察来说,尤其是对于景物观察和事物观察来说,是十分重要的,观察对象的情态状貌往往会因观察位置的不同而呈现出很大的差异。

例如同是观看日出,海涅位于山顶,他的眼前是"绯红的小球在天边升起,一片冬意朦胧的光照扩展开了"[3];竣青位于海边,他的眼前是"一轮红得耀眼、光芒四射的太阳……猛地一跳,蹦出了海面"[4];作家刘白羽是坐在飞

---

① 鲁迅.《出关》的关[M].北京:人民文学出版社,1981:519.
② 郭沫若.战士如何学习与创作[C].吉林人民出版社,1981:4.
③ 刘白羽.刘白羽散文选[C].北京:人民文学出版社,1984:140.
④ 朱金顺,刘锡庆.范文读本[C].北京:北京出版社,1982:292.

临万仞高空的飞机里,他从舷窗里看到的是"从墨蓝色云霞里矗起一道细细的抛物线,这线红得透亮,闪着金光……然后在几条墨蓝色云霞的隙缝里闪出几个更红更亮的小片……再一看,几个小片冲破云霞,密接起来,飞跃而出,原来是太阳出来了"[①]。当然,他们 3 人看到的并非同一次日出,但造成各异其趣的原因,主要还是因为空间位置的大不相同。这就说明了,注意并尽可能选取最佳观察点的重要。

观察位置和观察角度紧密相连,观察角度对观察对象的感知同样有着直接的影响,也应予以注意和进行优化选择。对于同一观察对象来说,观察位置与观察角度的关系不外乎 4 种情况:

位置与角度均不变,即"定点定角度观察"。朱自清在《背影》中写到的坐在未开动的火车车窗前"观察"父亲去买桔子的一幕,就是这种情况。这是一次难得的对人物的观察。海涅、峻青各自对日出的观察也是此种情况。

位置不变,角度变化,即"定点变角度观察"。这正如人们熟悉的苏轼的《题西林壁》诗中所写:"横看成岭侧成峰,远近高低各不同"。同是这座庐山,之所以在诗人眼中呈现出各不相同的状貌,既有观察点的不同造成的(远近),也有观察点相同但观察角度不同造成的,如横看(正看)、侧看、高看(仰视)、低看(俯视)就是观察角度在变化。

位置变化,角度不变,即"变点定角度观察"。这一般是观察者仅仅是在作观察点远与近的前后竖直移动。宋代画家郭熙在他的山水画论著《林泉高致》中谈到对山的观察时说:"山近看如此,远数里看又如此,远十数里看又如此,每看每异,所谓山形步步移也。"这说的是观察点在不断后移,而观察角度其实并没有变化。

位置变化,角度也随之变化,即"变点变角度观察"。作家李健吾在游记《雨中登泰山》中这样写道,从山脚下开始登山时,望见"南天门,影影绰绰,耸立山头……紧十八盘仿佛一条灰白大蟒匍匐在山峡当中";当走到紧十八盘的石阶下时,"仰起头来朝上望,紧十八盘仿佛一架长梯,搭在南天门口"[②]。很显然,作家处于登山途中,其观察的位置在不断地不规则变化,观察角度也就不断发生着变化,观察对象自然也随之不同,这即人们平常所说

---

① 刘白羽.刘白羽散文选[C].北京:人民文学出版社,1984:142.
② 李建吾.雨中登泰山[N].人民文学,1961(11).

的"移步换形",即使是同一观察对象也会呈现不同面貌。例如"紧十八盘",作者在山脚看如"大蟒",近前看如"长梯"。

除了观察的位置、角度之外,还有个观察顺序的问题。毫无疑问,观察是要按照一定的顺序进行的,那种盲无次序地瞎"观"一通、乱"察"一气是不会收到良好的观察效果的。这个顺序可以是由近而远或由远而近;由左而右或由右而左;由上而下或由下而上;由外而内或由内而外;由细部到局部再到总体或由总体到局部再到细部,等等。

(3)既抓特性,也抓共性

发现和抓住被观察对象的特性,是进行观察的重要目的之一。只有抓住了事物的特殊性,才能把此事物与他事物明显区分开,才能更准确更鲜明地认识这一事物。法国小说家莫泊桑初学写作时,他的老师、大作家福楼拜曾这样指导他:"为了要描写一堆篝火和平原上的一株树木,我们要面对着这堆火和这株树,一直到我们发现了它们和其他的树、其他的火不相同的特点的时候。"福楼拜所谈正是观察要抓住特性的问题。

抓特性,往往需要比较。比较一般有"自比"和"他比"两种方法。

"自比"是指对处于前后不同时期的同一事物自身所进行的比较,又被称作"纵比"。鲁迅小说《故乡》提供了一个很好的"自比"案例:少年闰土英武活泼可爱;中年闰土老迈穷困麻木。从而深刻揭露了当时的社会对广大农民在物质与精神上的双重压榨和摧残。

"他比"一般是指同类事物之间此事物与他事物的比较,又被称作"横比"。朱自清在散文《绿》中的"横比"堪称经典,从而准确地把握住了温州梅雨潭"绿"的特征:"我曾见过北京什刹海拂地的绿杨,脱不了鹅黄的底子,似乎太淡了。我又曾见过杭州虎跑寺近旁高峻而深密的'绿壁',丛叠着无穷的碧草与绿叶的,那又似乎太浓了。其余呢,西湖的波太明了。秦淮河的又太暗了。"而梅雨潭的"绿"则是不浓不淡、不明不暗,"宛然一块温润的碧玉,只清清的一色"[①]。福楼拜指导莫泊桑观察篝火和树木,也属于"他比"。

无论是"自比"还是"他比",都是为了在观察中达到"同中求异"。

在观察中既需要同中求异,也需要"异中求同",即要能够发现和捕捉不同事物之间的相同之处,也就是说观察还需要抓共性。只有既抓住了个性,

---

① 朱自清.朱自清作品欣赏[M].南宁:广西人民出版社,1981:75.

也抓住了共性,才能达到对相关事物的透彻、全面的认识。高尔基曾说,除了要"善于看到差别",还要"善于发现类似之处",这才叫"具有高度发达的观察力"①。冰心散文《笑》的写作,就得力于抓共性的观察。作者在凭窗观雨后月夜之后,转过身来,只见墙上画中的"安琪儿""抱着花儿,扬着翅儿,向着我微微的笑。"这一观察使作者想到了5年前对古道边的一个孩子的观察,想到了10年前对海边茅屋前的一个老妇人的观察。这3幕情景从时间、地点、人物等方面看,本没有什么相同之处,但冰心却从中发现了共同点,即都是在"雨后",都有人"抱着花儿""向着我微微的笑"。正是对这一共同性的抓取,使作者构思了一篇清新、优美的散文。此外,像岑参的"胡天八月即飞雪。忽如一夜春风来,千树万树梨花开"的诗句,刘心武在小说《班主任》中对坏学生小流氓宋宝琦与好学生团支书谢惠敏一致称《牛虻》为"黄书"的情节设置,都和抓共性的观察密切相关。我们由此也可以对"观察"有了更为深入的认识:"但它(指观察)又不仅仅局限于知觉,而是在思维的参与下进行的。"②

3.调查

调查是一种通过向他人了解情况(包括口头的和书面的,直接的和间接的)来获得写作材料的方法。和观察一样,调查也是写作聚材的基本方法之一。纪实文学、新闻文体、各类调查报告、总结等文体的写作,往往需要通过调查来获取写作材料。

(1)调查的方式

调查的方式多种多样,常用的有:

开调查会。也称作开座谈会、讨论会。这是调查者与多人进行的谈话。这种方式简单易行,参会者也可以互相启发、补充和确证。因此无论是全面了解情况,还是重点搞清两三个问题,都可以采用这种方式。开调查会需要注意的是,每次参加会议的人员不宜多,三五人或七八人即可。人多了,会场不好掌握,也会影响到发言的充分与深入。确定参会人员时,需要注意与会者的代表性,各方面的代表都要有。一般来说,事先应尽量把调查的内容告诉参会者,以使参会者有所准备。

①　高尔基.谈我怎样学习写作[M].济南:山东人民出版社,1982:553.
②　宋书文.心理学名词解释[M].兰州:甘肃人民出版社,1984:138.

个别访问。也称个别访谈。这是调查采访最基本、最常用的方式。它是调查者(采访者)与采访对象所进行的个别谈话,采访对象包括当事人、知情人及其他有关人员。如央视新闻频道的"面对面"栏目,凤凰卫视中文台的"名人面对面"栏目,就都属于专门性的"个别访谈"栏目。

实地察访。也称现场调查,现场采访。这是调查者亲自到工厂、农村、部队、学校、商场、灾区、案发现场等有关现场进行观察、体验、采访,从中获得第一手材料。例如长篇报告文学《唐山大地震》的作者钱钢在 1978 年 7 月 28 日的唐山地震后的第 4 天赶往了唐山进行了现场察访。

蹲点调查。也称蹲点采访。这是指调查者需要在采访对象的所在地生活一段时间,同时进行相应的调查。这样做有利于调查的细致深入。当年穆青一行人为了报道焦裕禄的模范先进事迹,在兰考县生活了十多天,进行了广泛深入地采访,这就属于蹲点调查。

问卷调查。也称问卷法。这是调查者运用统一设计的问卷向被调查者了解情况、收集信息的一种调查方式。这其实是调查者在借助问卷和调查对象进行"谈话",只是进行这种"谈话"每次常常是"一次性"的。根据载体的不同,问卷调查可以分为纸质问卷调查和网络问卷调查。纸质问卷调查就是传统的问卷调查,调查者向调查对象分发这些纸质问卷,对方填写之后予以回收。这种形式的问卷存在的缺点是分析与统计结果比较麻烦,成本比较高。网络问卷调查就是调查者依靠一些在线调查问卷网站,这些网站提供设计问卷、传发问卷、分析结果等一系列服务。这种方式的优点是无地域限制,成本相对低廉,缺点是答卷质量无法保证。设计、编制调查问卷是问卷调查的首要的工作,可以说,编制调查问卷的水平在很大程度上决定了调查结果的质量。

(2)调查的类型

这里的 5 种调查类型,是按调查对象的范围及性质予以划分的,是进行调查的常见类型。从方法的角度看,这 5 种调查类型其实也都是调查方法

全面调查。又称普遍调查。即调查者对在某个范围内的所有调查对象逐一进行调查。如在全国范围内或者某个城市在该市范围内所进行的人口普查。普查所收集到的材料较为全面可靠,但如果范围大、调查对象多,则调查花费的人力、物力、财力会相对较多,且调查时间较长。

抽样调查。非全面调查之一。它是调查者从需要调查对象的总体中随机抽取若干个体即"样本"进行调查,并根据调查的情况来推断总体情况的一种调查类型。它主要用于不能或不便进行全面调查而又需要了解总体一般情况的调查,它和全面调查有着相辅相成的关系。它可以把调查对象集中在少数样本上,并能获得与全面调查相近的结果。这是一种较经济的调查方法,因而被广泛采用。例如某工厂生产了1万台电脑,为了了解其合格率,随机抽取100台(样本)进行检测,检测结果为96％合格,由此推断出全部电脑的合格率为96％。当然,这只是一个简单举例,属于单纯随机抽样,其他多种形式的抽样调查要复杂得多。尽管抽样调查用样本指标代表总体指标不可避免地会产生误差,但只要严格遵守随机原则,通过抽样程序设计加以控制,抽样调查的结果是有可靠的科学依据的。

典型调查。非全面调查之一。它是调查者根据调查的目的与要求,在对被调查对象进行全面分析的基础上,有意识地选择一个或少数几个具有代表性的典型单位进行深入细致地解剖、调查,以达到对整个调查对象的总体特征与本质的认识。典型调查又被称作"解剖麻雀"。"麻雀"之所以能够被作为典型拿来解剖,是因为"麻雀虽小,五脏俱全"。举例来说,如果要研究工业企业的经济效益问题,就可以在同行业中选择一个或几个经济效益突出的单位作为典型进行深入调查,以达到从中找出经济效益好的原因和经验的目的。"典型调查由于所选单位少、范围小,可用较少的人力物力,在较短的时间内,对事物作及时和深入的研究。"[1]但这种调查由于受"有意识地选出若干有代表性"的限制,在较大程度上受人们主观认识上的影响,因此,必须同其他调查结合起来使用,才能避免出现主观片面性。

重点调查。非全面调查之一。它是调查者在全部调查对象中选择一部分重点单位进行调查,其目的是为了了解总体的基本情况。这里所说的重点单位,是指在总体中具有举足轻重的单位,这些单位虽然数目不多,但就调查的标志值来说,它们在总体中却占了绝大部分比重。通过对这些单位的调查,能够反映出整个调查对象的基本情况。例如要了解今年全国茶叶生产的基本情况,只要对全国为数不多的几个主要的产茶地区进行重点调查,就可以掌握我国今年茶叶生产的基本情况了。重点调查的主要特点和

---

[1]　《简明社会科学词典》编辑委员会.简明社会科学词典[M].上海:上海辞书出版社,1984:612.

典型调查有类似之处,投入相对较少,调查速度相对较快,通过对少数几个重点单位进行调查即可取得所需要的调查材料。但它同样也只是一种补充性的调查方法,它的调查数据只能反映总体的基本情况而不能以此来推断总体的全部。它也常常和其他调查类型结合起来使用。

个案调查。也叫个别调查。它是调查者对特定的个别调查对象所进行的深入、详尽的调查研究。这个"个别的调查对象"可以是一个人或一件事,也可以是一个群体、一个社会集团或一个社区等等。由于个案调查的对象相对"单一",所以它的优势是调查方法灵活多样,在调查时间和活动安排上有一定弹性,便于全面深入地把握个案全貌。但由于个案调查主要是调查研究"这一个""特殊""个别",虽然个案对象在某种程度上也能反映"一般",但总的说它的调查目的只在于认识个案本身,并不要求推及其他事物。例如 2016 年第 7 期的《教育》期刊刊登了一篇题目为《学习心理的个案分析报告》的文章。从文中可以看到,该文作者李某某对某大学一位在读的 22 岁林姓女生进行了学习心理方面的个案调查,之后撰写了这篇个案调查报告。该调查报告主要通过对该学生的学习心理的 4 个主要问题的描述分析,并结合专业理论与实证研究指出其不足,阐述了针对性的改正意见,以提高其学习效率。

(3)怎样进行采访

采访,是进行调查的一种基本的和主要的方式,也是调查的一项基本功。"采访",顾名思义,采是采集、搜集,访是访问、访谈。采访既是新闻学的术语,也是写作学的术语,它是指作者通过访问、交谈的方法进行写作材料的收集。"采访"一词,早在我国晋代史学家干宝的《〈搜神记〉序》中就已出现,含义和今天相近。进行采访一般应做好以下 3 个环节的工作。

首先,要做好采访前的准备工作。采访前准备的充分、周密,常常意味着采访成功了一半。有经验的记者、作者都深知访前准备的重要。例如中央电视台记者水均益就曾说到,你们在屏幕上看到的"流畅自如"都是因为"有备而来",采访前要"将采访对象研究透了之后"才能"抢占主动"[①]。这些准备工作主要包括两大方面:

一是了解、掌握和采访对象有关的材料、情况等。要尽可能多地占有这

---

① 俞虹.节目主持人通论[M].杭州:杭州大学出版社,1996:258.

些材料,这对将要进行的采访会起很大作用。柯岩采访"汉川号"船长贝汉廷之前,查阅、研究了他的大量材料,包括有关的新闻报道、各种业务报告、谈话记录、嘉奖令、给新船员的讲课稿等。上船后柯岩又找了贝汉廷周围的各方人士了解情况,之后才对贝汉廷进行了正面的采访。由于柯岩已经十分熟悉采访对象了,所以两人一连谈了 3 天,谈得"聚精会神,兴致勃勃,笑声不断",从未冷场。成功的采访奠定了《船长》的写作成功①。

二是拟制采访提纲。为避免采访的盲目性,采访前应拟制好采访提纲。这正如《人民日报》记者田流在《采访学艺随笔》中所说:"采写一个东西,采访前的准备工作非常重要。就和打仗一样,要先制订作战方案。"他所说的"作战方案",实际就是采访提纲。采访提纲一般包括以下几方面的内容:采访目的、采访方式、采访对象、提问提纲(采访提纲的核心内容,应设想有针对性的多个问题)、采访步骤、可能遇到的障碍、克服障碍的办法等。

当然,还需要有一些物质方面的准备,如备好笔、记录本、照相机、录音机、录像机等。

其次,要进行好采访时的"交谈"。交谈是进行采访的基本手段,怎样交谈大有讲究。例如刚开始交谈时采访者要善于尽快缩短和被访者的心理距离,以免对方由于陌生、紧张或有戒备心理致使谈话陷入窘境;再如在交谈过程中采访者要善于灵活"处理"、应对。遇到健谈者,要防止离题太远;遇到寡言者,需要根据了解的情况细细询问;遇到"卡壳"时,不妨缓和一下情绪,换个话题谈;遇到关键处,则需要紧追不舍;等等。

交谈中最主要的是要善于提问,提问的首要之点是要得体。前些年,国内一家大电视台的记者采访时向一位 80 多岁靠捡破烂为生的老人一再发问:"你幸福吗?"老人面对着摄像镜头,先是装聋作哑,后以"听不清"搪塞,硬是没有正面回答记者的提问,记者最后只得沮丧地离去,这是提问不得体的一个典型个案。提问的得体还体现为防止提大而空的问题,例如"你们单位的基本状况如何?""你们有什么经验体会?"等问题就存在空泛之嫌,使人难于很快明确回答,不如化整为零地提问"你们单位有多少人?""有哪些部门?""你在工作中遇到过哪些困难?"等,这样问要具体、合适得多。有人归纳了提问"五忌":太泛无从答,太死无心答,太硬烦恶答,太文不懂答,太俗

---

① 朱金顺,刘锡庆.范文读本[C].北京:北京出版社,1982:187.

不愿答①。此外,还有人建议"一次只问一个问题""提问宜短不宜长"等,也都可归于提问得体的范围之内。提问的方式可以采用:开门见山(正面提问)、侧面提问、引导性提问、追问等。

最近,《人民日报》的两名记者采访了热播电视剧《人民的名义》的编剧周梅森,向他提出了一系列问题,如创作本剧的缘由、剧中贪官是否有原型、周创作反腐题材的过程、周个人的生活创作经历等。最后一个问题问得很有必要,也很得体:"反对腐败和展示腐败是两个不同的层次,如何把握这个尺度?"②这些提问,给我们以启迪。

再次,记好采访笔记。尽管现在有录音机、摄像机等先进的器材设备,但采访时一般还是应记写采访笔记,二者各有所用,可以起到相互补充的作用。

采访笔记一般是边交谈边记录,即"口问手写"。记录采访笔记不需要一字不漏地记下对方的讲话,而是有选择、有重点地进行"要记"。"要记"的内容需要根据采访的目的、重点加以确定。可以着重记基本观点、事情梗概,也可以着重记典型事例、生动细节等等。记录时应注意两点:

一要尽量以被访者的原话来记,特别是那些关键的重要的原话要原原本本记下来。因为"言为心声",原话体现被访者用语的习惯、风格,很能反映其思想、性格等方面的特点。如需要,还应记下被访者的神态、情感、声调等。

二要对谈话涉及的人名、地名、时间、数据等予以准确无误地记录、核对,以免使用时出错,造成文章失实。

此外,采访结束后应及时整理采访笔记,趁热打铁,效果最佳。有些记录材料有时还需要再作进一步的甄别。

4. 阅读

这里说的阅读,是通过读书看报、阅览杂志、检索文献资料与网络资源等进行写作聚材的一种方法。写作既需要直接性的材料,也需要间接性的材料。直接材料是作者通过亲身经历、观察、调查等方式获取的,间接材料

---

① 林可夫. 基础写作概论[M]. 福州:福建人民出版社,1985:41.
② 任珊珊,程龙. 文学应为社会带来巨大思考量——访作家周梅森[N]. 人民日报,2017-4-4(8).

就需要作者通过阅读来获取。古人曾说"读万卷书,行万里路"①。一个人不可能事事亲历亲为,所以在"行万里路"的同时,还要"读万卷书",对于写作来说,的确如此。

(1)检索文献资料

通过阅读进行定向聚材,检索文献资料就是首要的一环。学术论文、科普说明文、教材等文体的撰写固然需要查阅、检索文献资料,即使是文学创作有时也同样需要查阅大量文献资料,例如托尔斯泰创作长篇小说《战争与和平》,姚雪垠创作长篇小说《李自成》就是如此。文献资料包括报纸、期刊、书籍、手稿、图表、图片等一切记录和传播人类知识的信息载体。文献资料的检索可以通过两个途径:

通过传统的纸质版检索工具进行检索。传统的纸质版文献检索工具一般有:字典和辞典、类书和政书、百科全书、目录、索引、年鉴、手册、文摘、表谱、图录等。利用图书馆或资料室的这些中文工具书,就可以查找到所需要的材料。下面简要介绍一下书目和索引的使用。

书目,"是按一定体系编排的图书的目录。它一般记载书名、卷数、作者、版本等项目,有的还有提要。"②书目历来被公认是读书治学的门径,鲁迅先生就把阅读书目看作是"治学之道"。如果查考我国清代以前的古籍,可以利用《四库全书总目》,亦称《四库全书总目提要》,清永瑢、纪昀等编修,1981年中华书局影印出版。如果查考1949年以前的图书,可以利用《(生活)全国总书目》,1935年生活书店出版。如果查考1949年以后的图书,可以利用《全国总书目》和《全国新书目》,由中华书局出版。

索引,"是将书刊资料中的各种事物名称(如字、词、句、人名、地名、篇名、书名或主题等)分别摘录,按一定的检索方法编排起来,并注明出处的工具书"③。索引的作用,顾名思义,就是指明某种资料的出处,提供相应的线索。如果查找报刊资料,可以利用《全国报刊索引》,上海图书馆编印,月刊,分哲学社会科学版和自然科学版,取材于全国4000多种报刊的资料,是全国主要报刊资料的重要检索工具。如果查找中国的历史人物,可以利用《二

---

① 南京大学.古人论写作[M].长春:吉林人民出版社,1981:23.
② 祝鼎民.中文工具书及其使用[M].北京:北京出版社,1987:343.
③ 祝鼎民.中文工具书及其使用[M].北京:北京出版社,1987:7.

十四史纪传人名索引》,1980 年中华书局出版。如果查阅中国古诗的佳句,可以利用《中国旧诗佳句韵编》,岳麓书社 1984 年出版。

通过电脑上网进行检索。随着世界和我国电子信息技术的快速发展,互联网的应用在资源共享方面正日益发挥着巨大作用,通过互联网检索、搜集资料已成为了写作聚材的新常态,网络检索的方便与快捷是传统检索方式难以达到的。国内较大的综合性网站有 360 安全中心、百度、腾讯等,有影响的学术性网站有中国知网、中国期刊网、中国人民大学书报资料中心复印报刊资料全文数据库等,只要具有这些网站的进入权,就可以通过多种检索方式查找到所需要的材料。

从不同作者的需求情况看,目前这两种检索途径各有所用、相辅相成。尤其是网上检索在准确性、可靠性与权威性上还存在某些问题的情况下,就还需要使用纸质版的检索工具和有关的文献资料本身加以对照、印证。

(2)阅读方式

如果对阅读对象掌握程度的不同要求予以划分,阅读可以大致分为略读与精读两种方式。

略读是一种浏览式乃至跳读式的阅读,它对读物掌握程度的要求不是很高。鲁迅所说的"随便翻翻",诸葛亮所说的"略观大意",陶渊明所说的"不求甚解",英国培根所说的"只需浅尝",都可以归入此种阅读方式之内。写作定向聚材的阅读有时属于略读,作者通过浏览、跳读,以较快的速度查找到读物中自己需要的有关材料即可。

但只有略读又是不够的,诸如学术论文、论著的写作,史志文体的写作,教材的撰写等,都需要对有关的阅读对象进行精读。精读是对阅读对象仔细认真认读、反复深入揣摩、务求透彻理解的阅读。它花费的时间、精力相对较长、较大,但只有如此,才能对检索、查阅的文献资料予以准确地使用或评价,否则就会产生差错。

为了聚材的阅读,不但要用眼、用脑,还要动手,用手抄、打字、照相、复印等方式保存有用的材料。如果需要,还应该写出阅读笔记,例如摘录读物的有关内容就是阅读笔记的一种,此外还有提要式笔记、索引式笔记、批注式笔记、心得式笔记等。

(二)定向聚材的要求

作者定向聚材,应达到怎样的要求呢? 很明显,搜集的材料要丰富,要齐全。巧妇不但难为"无米之炊",巧妇也同样难为"缺米"之炊。宋代文人魏庆之在他所编纂的《诗人玉屑》一书中提出的要求是"凡作者须饱材料"。古人治学和写作的一项基本要求是"竭泽而渔",即掏干池水,捉尽池鱼。这是一个比喻性的说法,其字面意思是说,在占有材料方面,围绕一个有关内容,要能够做到占有全部材料。在今天"信息爆炸"的时代,这当然是不可能的,但当代的一位老一辈的写作学家则指出,"竭泽而渔"作为一个"聚材的基本法则","取法乎上,心向往之,还是很有必要的"①。"饱材料"也好,"竭泽而渔"也好,或者说聚材要做到丰富、齐全也好,它其实包含了两方面的意思:第一,摄取的材料在数量上要多;第二,摄取的材料在类型上要全。

1. 材料的数量要多

材料是构成文章内容的血肉,是产生认识形成观点的基础。只有摄取的材料多了,在写作时才有选择的余地,才能左右逢源、游刃有余,才能从众多的材料中选择出更典型、更生动、更有说服力的材料写入文章。同时,只有摄取的材料多了,才能从中发现带规律性的东西,才能形成正确的认识,得出正确的结论。"多"看起来只是对数量的一个要求,其实它是对质量的一个保证,没有一定的数量也就没有质量。从唐代韩愈的《进学解》一文中可以看到,韩愈对待读书和写作储材的态度是"贪多务得,细大不捐"②。就是说,贪图众多,务必要得到,小的、大的材料,一概都不舍弃,捐是舍弃之意。这是聚材的一种海量。现代作家茅盾也十分强调摄取材料要多,他在《有意为之》一文中说:"采集之时,贪多务得,要跟奸商一般,只消风闻得何处有门路,有货,便千方百计钻挖,弄到手方肯死心,不管是什么东西,只要是可称为'货'的,便囤积,不厌其多。"③

2. 材料的类型要全

摄取材料要有数量上的保证,这是必需的。但如果只有数量的保证而无种类方面的要求,就有可能产生数量虽多但类型单一的弊端。那么由此产生的认识就可能是片面的,据此写出的文章就可能是有问题的。因此,只有把数量多和类型全结合起来,才能说达到了摄取材料的全面要求。

---

① 刘锡庆.基础写作学[M].北京:人民教育出版社,2007:71.
② 韩愈.韩愈文选[C].北京:人民文学出版社,1980:127.
③ 茅盾.茅盾论创作[C].上海:上海文艺出版社,1980:520.

从不同的角度说,摄取材料的类型要全就是要尽量做到:

(1)既要摄取现实的材料,也要收集历史的材料。这是从材料的时间性上说的。历史是现实的前身,现实是历史的继续。要达到对事物全面、深刻的认识与反映,往往需要既了解它的现状,又了解它的历史。新华社1977年10月23日发表了一则题为《"飞蝗蔽日"的时代一去不返》的消息,报道了我国科研人员已控制住了危害我国数千年的东亚飞蝗之灾这一重大科学成果。消息中除了正面报道了现实情况而外,还专门用了一个自然段来介绍蝗虫之害在历史上的有关记载:

> 翻开我国的历史,远在公元前707年,就有了蝗虫为害的文字记载。从那时以来的两千六百多年间,见诸史籍的重大蝗灾就有八百多起,差不多每三五年就发生一次。飞蝗为害的惨景,使人怵目惊心。《五行志》记载唐代一次蝗灾,是这样写的:"唐贞元元年夏蝗,东自海,西尽河陇,群飞蔽天,旬日不息,所至草木叶及蓄毛靡有孑遗,饿殍枕道。"《元史》叙述山东、河东、河南、关中等地的一次蝗灾时说:"飞蔽天,人马不能行,所落沟堑尽平。"……

正是由于这几则史料的引用,使得我们既清楚地了解了蝗虫为害的极其严重性,又深刻认识到我国取得的这一成果的重大价值和意义。这就足见历史材料的收集是多么必要和重要。

(2)既要摄取正面的材料,也要收集反面的材料。这是从材料的性质上说的。正面材料一般构成文章的主体内容,而反面材料可以起到"反面教员"的作用,对于全面深刻地认识事物同样十分重要。曾经入侵我国的"八国联军"统帅、德国人瓦德西就是这样一个反面教员,他在1901年2月给德皇威廉二世所上"奏议"中这样写道:"(中国)武备之虚弱,财源之衰竭,政象之纷乱,实为一个千载难得之实行瓜分时机!"《人民日报》1978年3月2日刊登的《奔向二○○○》一文引用了这句话。作为报道、表述全国人民迈向新世纪的登在头版的这篇文章来说,侵略者瓦德西的这则材料当然属于反面性质的材料了,而且是一篇相当难得的反面材料,因为它明白无误地告诉国人:不振兴中华不行,不强大富足不行,不安定团结不行。不如此,就要被凌辱、被瓜分、被灭亡。

反面的材料还可以体现为相反的观点和事实。例如人们普遍认同"生命在于运动"的看法,也有大量事实证明这一观点的正确,有的作者以此为题写成文章,发表在刊物上。但也有人不同意这一看法,认为"生命在于静养",举出动物界的龟、象,佛教的打坐长寿高僧等为例加以证明,也写成相应的文章发表出来。那么这两类内容相反的文章可以看作互为反面的材料。人们目前对此内容的观点已经基本统一在这样两篇文章的标题上了:《寿在动静相宜》①《生命在于平衡》②。

注意收集不同性质的材料,可以拓展、深化认识,避免片面性。

(3)既要摄取直接的材料,也要收集关联的材料。这是从材料和文章内容的关联程度上说的。直接的材料是指和文章内容直接相关的材料,这当然需要摄取;关联的材料是指和文章内容具有某种联系但并不直接的材料,可它有时能对直接材料起到比照、补充、深化的作用,同样不能忽视。例如对于唐山大地震来说,东京、智利、阿拉斯加的大地震当然不是直接的材料,至于遭受美国原子弹轰炸的日本广岛,似乎就更没有什么关系了。但我们不妨看看报告文学《唐山大地震》中的两段:

唐山大地震的死亡人数,是举世震惊的东京大地震的 2.4 倍,智利大地震的 3.5 倍,阿拉斯加大地震的一千三百多倍!

唐山——广岛,两座蒙难的城市……地震科学家说,仅唐山 7.8 级地震释放的地震波能量,约等于四百个广岛原子弹的总和(而地震波的能量仅为地震全部能量的百分之几!)③

这样一比较,唐山地震的惨烈程度一目了然。从而也清楚地反映出收集关联材料的重要性。

(4)既要摄取"有形"的材料,也要收集"无形"的材料。这是从材料的形态上说的。所谓"有形",就是指的一般所搜集的具象的事实材料。所谓"无形",指的是理论材料及数字材料等,它们不具备具象性。一般来说,我们搜集的材料多为有形的材料,对无形的材料注意不够。但对于议论文体的写作来说,各种理论观点材料的收集当然就是十分重要的事了;而数字材料在写作中也是时常要用到的。2017 年 4 月 17 日的《人民日报》登载了一篇由

---

① 叶水泉.寿在动静相宜[J].金秋科苑,2000(4).
② 张剑祥.生命在于平衡[N].中国中医药报,2010 - 5 - 20.
③ 钱钢.唐山大地震[J].报告文学选刊,1986(4).

3 个自然段构成的动态消息《高技能人才总数达 4791 万》，其中第一自然段主要是以数字构成的，体现了数字材料的特定作用：

> 记者日前在深圳召开的全国职业能力建设工作座谈会上获悉：2016 年职业能力建设各项工作取得新的进展，全年新增高技能人才 290 万人，高技能人才总量达到 4791 万人；全国技工院校招生达到 127.2 万人，比上年增长近 5 个百分点；全年开展政府补贴职业培训 1775 万人次，结业考试或鉴定合格总量为 1370 万人次；全年开展职业技术鉴定 1755 万人次，1446 万人次取得职业资格证书；完成国家级职业技能一类大赛 6 项，二类竞赛 42 项，各类竞赛蓬勃开展，全国 1000 多万人员参赛。

（5）既要摄取概括的材料，也要摄取具体的材料。这是从材料的疏密程度上说的。概括的材料较为疏阔，体现的是面上的情况，又被称作"一般材料"；具体的材料密度较大，具体细致，体现的是点上的情景，又被称作"骨干材料"。我们下面从 1966 年 2 月 7 日《人民日报》发表的长篇人物通讯《县委书记的榜样——焦裕禄》中摘录了内容相关的两段表述，其中第一段为概括材料，第二段为具体材料，这样既有面，又有点，二者相得益彰地表现了相应内容：

> 县委先后抽调了一百二十个干部、老农和技术员，组成一支三结合的"三害"调查队，在全县展开了大规模的追洪水、查风口、探流沙的调查研究工作。焦裕禄和县委其他领导都参加了这次调查。那时候，焦裕禄正患着慢性肝病，许多同志担心他在大风大雨中奔波会加剧病情的发展，劝他不要参加，但他毫不犹豫地拒绝了同志们的劝告。

> 有一次，焦裕禄从垌阳公社回县城路上，遇到了白帐子猛雨。大雨下了七天七夜，全县变成了一片汪洋。焦裕禄想："嗬，洪水呀，等还等不到哩，你自己送上门来了。"他回到县里后，连停也没停，就带着办公室的三个同志察看洪水去了。眼前只有水，哪里有路？他们靠着各人手里的一根棍，探着，走着。这时，焦裕禄突然感到一阵阵肝痛，不时弯下身子用左手按着肝区。三个青年恳求他："你回去休息吧，把任务交给我们，我们保证按照你的要求完成

任务。"焦裕禄没有同意,继续一路走,一路工作着。

在记叙类文体的写作中,往往是概括材料和具体材料结合使用,达到有略有详、疏密相间的效果。如果都是概括材料,文章会空泛粗略、缺乏"血肉";如果都是具体材料,文章又会繁琐拖沓、节奏太慢。在议论类、说明类和应用类文体中,若使用有关的材料,多数为概括的材料,但有时也会用到具体材料。

除了上述不同类型的材料外,还有诸如中与外、主与次、一手与二手等不同种类的材料,都需要注意摄取与收集,这里不再细述。还是韩愈说得好,"俱收并蓄,待用无遗"①。就是说,各种材料全部都予以收集、储备,待到需要使用时就不会有遗缺。

在结束本章时还想说明一点的是,我们对定向聚材提出的数量多、类型全的要求,由于有着基本明确的写作方向、目标、体裁、总体内容的统领,所以它的聚材是有"限"的、可"控"的,而不是漫无边际的,这是它和广义的积累材料的明显区别之所在。

思考与练习

1.请尽力回忆一下,你有过"我要写"的清晰记忆吗?你当时是怎样对待的?你有过"受命"写作的经历吗?你当时又是如何处理的?

2.本教材的"文章"概念是怎样的?文章分类的情况是怎样的?

3.请比较一下文学文体和实用文体的同与异。

4."合体"的含义是什么?谈谈你对写作需要"合体"的看法。

5."定体"的含义是什么?谈谈你对"定体"的依据的看法。

6."定向聚材"的含义是什么?比较一下"定向聚材"和广义积累写作材料的异同。

7.积累写作材料的常用方法有哪些?请简述之。

8.古人搜集写作材料的一项基本要求是"竭泽而渔"。请解释一下它的含义,并从当前时代特点的角度谈谈你对这一要求的看法。

9.搜集写作材料为什么要注意做到"类型要全"?写作材料的常见类型有哪些?

---

① 韩愈.进学解[C].北京:人民文学出版社,1980:129.

10.请对你上写作课的教室进行观察,并写出一篇符合要求的不少于600字的观察笔记。

11.依据本章所谈关于"调查"的内容,对本班 3—5 名同学中学期间学习写作课的情况予以调查,之后写出一篇较详细的调查笔记,并归纳出自己的几条结论。(如能写出较为符合要求的调查报告就更佳。依据调查材料写作其他文体的文章也可。)

12.综合运用本章内容,以《入大学来印象深刻的一件事》为题,写作一篇不少于 1 千字的符合相应写作要求的文章。

第三章 | 写作的构思阶段

随着写作起始阶段的定体、确定所写文章总体内容的大致明确和定向聚材的初步完成,作者的写作就逐步进入了构思阶段。

"构思"一词最早见于《晋书·左思传》:"造《齐都赋》,一年乃成。复欲赋三都……遂构思十年,门庭藩溷皆著笔纸,遇得一句,即便疏之。"①意思是说,西晋的文学家左思写作《齐都赋》,用了一年的时间完成了,之后又准备写作《三都赋》……于是用了 10 年的时间构思,门旁庭前,篱边厕所,都放着笔和纸,偶然想到一句话,就立即记写下来。

依据《辞源》的解释,构思的词义是"运用心思"。作为写作学同时也是文艺学的一个重要概念,构思"是指写作或制作艺术品时的酝酿思考"②。

构思的概念又有广义与狭义两种界定:

广义的构思"指由生活到作品的全部思维活动。"③在刘锡庆老师主编的《写作》教材中,对此有更为详细的表述:"广义的构思,包括整个文章写作过程的全部思维活动,它从搜集材料的时候就已经开始了,并且一直贯串到最后的修改完善。"④

狭义的构思"指动笔前在头脑中对未来作品从内容到形式的构想和思考,即作品的孕育和酝酿过程。"⑤《写作》一书中更为明确的解释是:"狭义的构思,是指在积累材料阶段与行文阶段之间对文章的总体设计","是指作为写作过程中第二阶段的构思,这个阶段有相对的独立性","是作者对自己将

---

① 房玄龄.晋书(第六册)[M].北京:中华书局,1974:1627.
② 刘锡庆.写作学辞典[M].石家庄:河北教育出版社,1989:223.
③ 刘锡庆.写作学辞典[M].石家庄:河北教育出版社,1989:223.
④ 刘锡庆.写作[M].北京:高等教育出版社,1988:87.
⑤ 刘锡庆.写作学辞典[M].石家庄:河北教育出版社,1989:223.

要动手写作的文章从内容到形式所作的整体设想"①。

本教材的"构思"含义,大体相当于上述的狭义构思的含义。确切地说,是指写作起始阶段的尾声至写作执笔起草之前这一阶段中,作者对所欲写作文章的定向的创造性思维活动。

犹如盖大楼要预先设计"蓝图"、举办大型活动要预先制定"活动方案"一样,写作的构思是作者对将要写作的文章在头脑中预先进行的"蓝图设计"和"方案制定"。无疑,写作的构思阶段在整个写作过程中是一个十分重要的阶段。南北朝时期的大文论家刘勰在《文心雕龙·神思》中指出,构思是"驭文之首术,谋篇之大端"②,即构思是写作文章的首要之道,是谋划篇章的一个重大问题。当代作家任大霖强调说,"难度最大的是构思阶段,它是作品成败的关键"③;美学家朱光潜也指出构思是"作文的第一步重要工作"④。

我们之所以认为构思具有定向性,是因为对于作者准备撰写的文章来说,其构思既不是天马行空般的漫无边际,也不是事无巨细的面面俱到,而是主要集中在事关文章大局的两个方面:一是文章内容方面的大局——确立主题;二是文章形式方面的大局——安排结构。

第一节　主题的确立

一、主题的含义和重要性

(一)主题的含义

一般来说,作者写作一篇文章,总是为了表达一个主要的中心的意思,或者是一种思想、一种观点、一种看法,或者是一种情感、一种意念、一种感触,如此等等。那么,作者通过文章的全部内容所表达的中心意思亦即思想、情感的主要倾向就是文章主题。例如长篇人物通讯《县委书记的榜

---

① 刘锡庆.写作[M].北京:高等教育出版社,1988:88.
② 刘勰.文心雕龙[M].哈尔滨:黑龙江人民出版社,2004:144.
③ 吴泽永.文艺格言大全[M].南宁:广西人民出版社,1990:556.
④ 朱光潜.大师的作文课[M].北京:台海出版社,2015:413.

样——焦裕禄》的主题,就是通过文章的全部内容,提出了焦裕禄是县委书记的榜样的思想观点,表达了对舍生忘死为人民的焦裕禄精神的深情赞颂。这一主题至今仍被广大人民群众所认可。再如叶圣陶的一篇文学评论文章《〈普通劳动者〉是一篇很好的小说》,作者通过全文的充分论证,表达了自己的基本观点(即主题),也即文章的标题所明确显示的:《普通劳动者》是一篇很好的小说。

　　主题在不同的文体中有不同的称法。在文学作品和记叙类文章中一般称为"主题""主题思想""中心思想";在议论类文章中称为"中心论点"或"基本观点""主要观点";在说明文和应用文中称为"主题""中心思想"或"中心意思"。主题有时还被称作"主旨",即全文的主要意旨。

　　"主题"据说源于德语"thema",意为"主旋律",它表现一个完整的"音乐思想",是乐曲的核心。后来,这个术语才广泛用于一切文学艺术作品的创作。"日本把这个概念译为'主题',我们从日本翻译它时就借用了过来"①。

　　"主题"的内涵,在我国古代已有很多论述,多被称为"志"或"意"。如《尚书》中说"诗言志";《荀子·儒效》中说"诗言是其志也";白居易《新乐府序》写道:"首局标其目,卒章显其志。"唐代诗人杜牧在《答庄充书》中认为,"凡为文以意为主";明代黄子肃在《诗法》中说:"大凡作诗,必须立意。意者,一身之主也。"清代李渔在《闲情偶寄》中写道:"古人作文一篇,定有一篇之主脑。主脑非他,即作者立言之本意也。"②这里的"志""意""主脑"等大致都是主题的意思。

(二)主题的重要性

　　古今中外关于文章的主题有着太多的论述,由此也从一个侧面突显出主题的相当重要性。例如清代刘熙载在《艺概·文概》中说:"古人意在笔先,故得举止闲暇。后人意在笔后,故至于手脚忙乱。"他不但强调了主题的重要,而且强调了在动笔之前就要事先立意。本教材之所以把"确立主题"放到构思阶段的第一个内容来谈,体现的正是"意在笔先"的理念。俄国作家契诃夫也说:"一切艺术品都应当含有一个鲜明的、十分明确的思想。你

---

① 刘锡庆.基础写作学[M].北京:中央广播电视大学出版社,1985:91.
② (清)李渔.闲情偶寄[M].杭州:浙江古籍出版社,2000:11.

应当知道你为什么要写作。"①他这里说的是文章需要确立一个明确的主题。那么,文章主题的重要性究竟体现在哪些方面呢?

1.主题是文章的灵魂与主脑

这是从主题在文章中的重要地位而言的。

所谓"灵魂"说,俄国文艺评论家别林斯基有过这种说法:"艺术没有思想就如同一个人没有灵魂,不过是一具死尸罢了。"②我国现代作家唐弢在《创作漫谈》中也有过类似的说法:"一篇作品内容丰富,而主题思想不明确,这就好像是没有灵魂的行尸走肉。"③"主脑"说,我们在上文已经引用到,是清代戏剧家李渔的说法。

灵魂也好,主脑也好,都是一种比喻性说法,文章有了主题,犹如人有了灵魂、大脑一样,这才能是一个鲜活的生命体,否则只是个死物,主题重要、首要的地位已经不言而喻了。中国有句成语叫画龙点睛,传说梁武帝时期,金陵安乐寺内画的4条白龙,两条点睛后飞走,两条未点睛仍留在墙上。文章有了主题,就好像画龙点了睛,这才具有生命力。写作学上往往把文章中作者的点题之笔(揭示出主题)称之为"画龙点睛"。

2.主题是文章的统帅与核心

这是从主题在文章中的重要作用而言的。

所谓"统帅"说、"核心"说,明末清初哲学家王夫之在《姜斋诗话》中曾明确说到:"无论诗歌与长行文字,俱以意为主。意犹帅也;无帅之兵,谓之乌合。李、杜所以称大家者,无意之诗,十不得一二也。烟云泉石,花鸟苔林,金铺锦帐,寓意则灵。"④他的意思表达得很明白,无论是韵文还是散文,主题都是核心、统帅,没有立意的文章,就像没有统帅的军队一样,不过是乌合之众。被称为大家的李白、杜甫的诗作,十之八九有主题,所以才飞扬灵动。俄国的文艺理论家车尔尼雪夫斯基则从另一个角度说道:"无论一个细节、场面、性格、情节多么奥妙美丽,假若它不是为了最完美地表现作品的主题,

---

① 林焕平.林焕平文集(第5卷)[M].桂林:广西师范大学出版社,2000:130.
② (俄)车尔尼雪夫斯基.艺术与现实的审美关系[M].北京:人民文学出版社,2009:125.
③ 岳海翔,詹红旗,赵同勤.名家谈怎样写文章[M].北京:中国言实出版社,2009:121.
④ (清)王夫之.姜斋诗话笺注[M].北京:人民文学出版社,1981:44.

它对作品的艺术性就是有害的。"[①]

既然主题身为一篇文章的统帅、核心,这就意味着它对文章的其他构成要素起着支配、制约的作用:

主题在文章中起着取舍素材、整合材料的作用。作者写作前所掌握的材料往往是孤立的、分散的,没有主题,文章的各种材料就失去了凝合的依据与方向。只有先明确主题,根据主题表达的需要,进行取舍和提炼,才能使材料富有生命力,成为表现主题的有机组成部分。这正如作家王汶石在《亦云集》中所说:

> 常常因为没有探索出生活事件的深刻思想意义,我们虽然有了大量的素材,它们还是静静地堆积在生活仓库里动也不动,鼓不起创作冲动;有时即便想写它,也鼓不起劲头。可是,当我们一旦明白了它的内在意义,获得一个深刻而新颖的思想,找到了主题,情况立刻就不同了。思想的火花一旦燃起,所有的生活事实、细节,就被统通照亮,活动了起来,向主题思想的光点聚集,各找各的位置,各显各的面目;一个作品的轮廓就明显起来,形成起来。"[②]

主题对文章的结构具有支配作用。文章的组织结构是承载文章思想内容的形体与骨架,也是主题表达的外部形态。主题的任何变化,都会引起结构的相应调整。作者只有确立了主题,才能决定如何安排文章的开头、结尾,如何展开主体部分,如何调整详略等等。结构若失去主题的统领,就无法形成完整、统一、严谨的文章构架。

主题制约文章的表达方式。文章的表达方式是呈现主题的技巧和手段,特定的主题需选择适合的表达方式。若文章主题为了突出作品中人物的精神、事件的意义,通常以叙述、描写为主;若为了解说事理、特征,通常以说明为主;若为了表达内心的情感,则以抒情为主;若为了论证清楚某个观点,则以议论为主。文章主题的情况不同,采用的表达方式也就相应不同。

主题也影响着文章的遣词造语。正如刘勰在《文心雕龙·神思》中所说"言授于意",即语言的表达必须由主题来授意、来决定,语言的运用要为主

---

① 周立人,周闻. 小说与小说杂论[M]. 上海:学林出版社,2014:87.
② 岳海翔,詹红旗,赵同勤. 名家谈怎样写文章[M]. 北京:中国言实出版社,2009:197.

题服务。立意不明的文章语言的表达即使再华丽,也只会造成辞藻堆砌,显得矫揉造作。而有了明晰的主题,哪怕朴素的言词,也有其价值与意义,因而清代袁枚在《续诗品·崇意》中比喻说:"意似主人,辞如奴婢,主弱奴强,呼之不至;穿贯无绳,散钱委地。"①

3. 主题是体现文章价值的重要因素之一

这是从衡量文章价值的角度而言的。

一篇文章价值的大与小、优与劣,衡量的标准当然是多方面的,既有思想内容的标准,也有形式表现的标准。而其中主题的正确、深刻、新颖与否,则占有十分重要的位置。在中国现当代文学史上,鲁迅先生之所以被誉为"五四"新文学运动的前驱者,这首先和他思想的深刻、犀利密切相关。他的小说《狂人日记》《祝福》,杂文《春末闲谈》《灯下漫笔》等至今仍闪烁着深刻彻底的毫不妥协的反封建的思想光芒,令读者震撼。"文革"后的七十年代末期,卢新华的短篇小说《伤痕》、刘心武的短篇小说《班主任》之所以能够成为"新时期文学"有代表性的发轫之作,也主要体现在立意的相对"深"和"新"上。两篇小说都不约而同地而且是较早地关注到了"文革"对年轻一代在精神层面的摧残,前者直接以"伤痕"为作品命名,后者在结尾处发出了类似于鲁迅在《狂人日记》结尾发出的呐喊:"救救孩子!"②

在阐述了主题十分重要的观点之后,我们需要说明一点的是,与此同时,不能绝对化、孤立化,不能"主题唯一"。任何文章都是个整体,是个系统,各个要素都有其相对独立性,都有其价值与意义,同样不能忽略。周恩来说得好:"作品总有个主题思想,解决个什么问题。当然,主题不能孤立,好花还要绿叶扶持。"③文学理论家孙荪也指出,任何一个艺术作品"不能没有思想内容","但同时也不能设想:艺术性低下,粗糙丑陋的形式能够包含深刻的思想内容",任何成功的艺术作品"也确实渗透着作者在艺术上的惨淡经营,技巧上的匠心独运"④。

---

① (清)袁枚.随园诗话[M].长春:吉林文史出版社,2004:273.
② 李朝全.短篇小说百年经典(1917—2015)[M].北京:中央编译出版社,2016:8.
③ 周恩来.周恩来论文艺[C].北京:人民文学出版社,1979:185.
④ 孙荪.让艺术的精灵腾飞[M].郑州:黄河文艺出版社,1986:78.

二、主题的要求

由于文体的不同,其对主题的要求也不尽相同。为此我们分出两个层次予以说明。

(一)主题的基本要求

所谓基本要求,有两个含义:其一,一般来说是所有文体的通行要求;其二,是所有文体都应达到的基本性层面的要求。

1. 正确

这是对所有文章主题的基本要求、第一要求。正确的主题能够给读者以启发、教育和积极的影响,具有正能量;反之,不正确的主题会对读者和社会产生不良的影响甚至带来危害;这是不言而喻的。

所谓主题正确,是指文章的思想观点要符合事物的客观面貌和科学规律;情感、情绪要美好健康。主题的正确性是文章社会意义与价值的体现。列夫·托尔斯泰曾说"主题必须是崇高的"[①],意即主题必须高度准确地反映出事物的发展规律。

我们试举一篇实用文体的文章为例作一下有关说明。2012 年召开全国"两会"的前夕,面对国内外经济环境的新变化,人们对经济形势认识分歧较大,主流媒体责无旁贷地承担起舆论引导的关键责任。《经济日报》记者阎卡林、齐东向、马志刚广泛征求国务院发展研究中心、中国社科院、国家发展改革委宏观经济研究院以及国防大学、科技部等有关部门专家意见,形成了署名"钟经文"的评论文章《崛起的中国势不可当——写在 2012 年全国"两会"即将召开之际》,文章从宏观着眼,微观入手,通过翔实的数据资料和严密的逻辑分析,针对当前和今后我国经济面临的挑战,从外贸、投资、消费三个角度进行了深刻剖析,并得出"西方模式的发展神话已难自圆其说;坚定地沿着中国特色社会主义道路开拓前进,中华民族伟大复兴就一定能实现"[②]的明确结论。文章围绕"我国经济发展势头良好和和平崛起的基本态势"这一主题,严密论证,在"两会"即将召开之际,起到了积极的舆论引导作

① 中国社会科学院文学研究所. 古典文艺理论译丛(卷 1)[M]. 北京:知识产权出版社,2010:198.
② 钟经文. 崛起的中国势不可当[N]. 经济日报,2012 - 03 - 02.

用。文章刊发于 2012 年 3 月 2 日,刊发当日即被新华社转发,《人民日报》用近一个版转载,百余家网站转登,并获 2012 年经济日报"十大精品奖"。由此可以看到主题正确的文章所起到的重要作用。

对于具有艺术性的文学作品来说同样如此。艺术的功能包括传播功能、审美功能、教育功能、净化功能等。好的文学作品其主题思想必须达到正确的基本要求,这样才具备很好地发挥作品所应承担的各种功能的基础。

2.明确

所谓主题明确,是指文章的总体思想倾向、情感倾向明朗、清楚,而不是模棱两可、似是而非、晦涩含混。毫无疑问,主题不明确势必会影响文章的接受效果,影响到文章自身的价值与意义。主题明确了,材料的取舍、结构的安排,语言的表达也才有更为清晰的依据。

议论文体的主题即中心论点要明确乃至鲜明,这应该是毫无疑义的。在议论文中,作者支持什么、反对什么,赞成什么、抨击什么,同意什么、不同意什么,应该怎样、不该怎样,都需要鲜明、清楚地表达出来,使读者通过阅读一目了然。众所周知,鲁迅的议论文,台湾作家李敖的议论文,就是以观点的尖锐、辛辣、深刻而著称于世。

记叙文体包括消息、通讯、回忆录、家史等文种,说明文体包括科普说明文、说明书、教科书等文种,其主题要求明确也是不言而喻的。试想一下,消息、通讯的主题模棱两可,说明书、教材的主题含混不清,那读者是无法理解的。

应用文体包括公文、事务文书、专用文书、日常应用文等,都是办理各种实际事物的文种,必须主题明确、清晰,否则就真是要贻误工作、造成损失了。所以不少应用文的标题就明确写明该文的主题,如《关于禁止在教室内饮食的通知》《××单位关于增拨技术改造资金的请示》《关于奖励 2016 届大学生到西部支教的决定》《提高产品质量决心书》《××学校征文启事》《我的检讨》等。

最后,作为语言艺术的文学文体的主题是否也需要明确呢? 这需要具体分析一下。先看报告文学、传记文学等纪实文学,由于其具有纪实性,所以其主题一般是应该明确的,事实也是如此。再看散文,由于散文不得虚构,具有真实性的要求,所以尽管有的哲理散文较为含蓄蕴藉,但散文的主题总体而言也是明确的。作为纯文学的诗歌、小说、剧本等,凡遵循古典主义、现实主义、浪漫主义创作方法的作品,主题大致是明确的,例如法国现实主义作家巴尔扎克的作品总集《人间喜剧》,始终围绕资产阶级必然崛起、封建贵族必然衰落、金钱罪恶的总主题进行创作,其每部作品的主题是清楚明朗的。俄国现实主义作家契诃夫说:"一切艺术品都应当含有一个鲜明的、十分明确的思想。你应当知道你为什么要写作。"①他这里说的就是关于文学作品主题需要明确的问题,而且说得很绝对,是"一切艺术品"。前苏联作家邦达列夫也明确说道,"作品的主题思想和主流应该始终明确"②当然,在现代派的一些文学作品中,主题的确很隐晦,很费解,但它也还是可以大体被认知的,即多少还是有着某种明确性的,我们并不赞成某些作品的主题隐蔽晦涩到不可理喻的程度。

总之,我们这里所说的明确,和"鲜明"具有程度上的差别,而且有着宽阔的中间地带。我们认为,除了少部分的文学文体而外,绝大部分文体的主题应该达到明确的要求,以利于更好地被读者接受和更大地发挥文章的效用。即使是那些少部分的文学文体,其主题朦胧隐晦有其特定的审美性,但也应该可以令人反复揣摩、品味,如果达到了令人完全不知所云的地步,那其审美性也就丧失了。

3. 集中

所谓主题集中,是指主题的单一性,即在一篇文章中,一般来说只能有一个主题,不宜同时存在两个乃至更多的主题。特别是在较为短小的文章中,主题就更需集中,不能分散、零乱。否则,就会出现古人所说的"意多乱文"③的局面,即多个主题、中心如果在一篇文章内并存,那么全文必然混乱。

清代刘熙载在《艺概·经义概》中明确指出:"立意要纯一而贯摄。"就是说主题要单纯集中,而且要贯通、统摄全文。日本小说家小林多喜二在《小说写作法》中谈到,"写'什么'这件事必须十分明确,一丝不苟地做出决定";且"写'什么'必须是独一无二,高度的集中"④,他提出了小说主题要集中的问题。我国当代诗人吕剑在谈到诗歌创作时提出:"主题要集中,而章法、结

① (俄)契诃夫. 契诃夫戏剧选[M].上海:上海三联书店,2015:121.
② 崔道怡,等.外国名作家论现代小说艺术[M].北京:中国工人出版社,1987:308.
③ 王运熙,顾易生.中国文学批评通史(6)[M].上海:上海古籍出版社,2011:370.
④ 宇清,信德.外国名作家谈写作[M].北京:北京出版社,1980:384.

构也好,素材处理也好,都必须紧紧服从于这一集中。"①

在四类实用文体的文章中,主题要集中应该是没有疑义的,如果在一则消息中、在一篇议论文中,或者是在一则说明书中、一份通知中,出现了多个主题,那读者就真的会感到丈二和尚摸不着头脑了。

那么在文学文体中主题是否也要集中呢?自20世纪80年代以来,一些作家提出了文学作品主题、形象的多义性问题,即主题、形象的内涵不必太集中、直白,即可以"多义"。我们认为这种看法是一种出新、进展,有其合理性。其实,文学作品的多义性历来存在,曹雪芹的长篇小说《红楼梦》,鲁迅的中篇小说《阿Q正传》,王蒙的长篇小说《活动变人形》等,其主题、主要人物形象一直存在着"仁者见仁、智者见智"的争议。但从总体来说,这些作品的主题又是基本集中的,没有人认为它们散乱。

总之,我们这里所说的主题集中,和我们上面所说的主题明确的思路是一致的,就是说高度集中和不大集中之间有着相当广阔的空间。我们认为,除了少部分的文学文体而外,绝大部分文体的主题应该达到集中的要求,以使得读者更好地接受和更充分地发挥文章效用。即使是少部分的文学文体,多义一点,含蓄一些,也都在主题相对集中的范围之内。如果一部文学作品中其主题多义到"山头"林立、"群雄"割据,那我们当然也是不赞成的。如果读者根本不知作品在表达什么,那它的审美价值也就不存在了。

最后说明一点,主题要集中和主题要明确联系紧密,明确了往往集中,集中了也往往明确;但二者又不是一回事,明确是相对隐晦而说的,集中是相对散乱而言的。这就是我们对这两个要求相提并论的原因。

(二)主题的特定要求

所谓特定要求,同样有两层含义:其一,它只是某些文体的相关要求,而非所有文体的通行要求;其二,它是较高层面的有关要求,而非所有文体都应达到的基本面的要求。

1.深刻

这是对主题在深度方面的要求。所谓深刻,是指文章主题要能揭示事物的深层次内涵,要能反映事物的某种本质和内部规律,而不仅仅是对事物

---

① 袁也.写作格言[M].北京:民族出版社,2002:42.

表面现象的表现。或者换个角度来说,主题深刻是指作者立意的卓越、高远,体现出对事物见解的独到精深和高人一筹。

清代刘熙载在《艺概》中说:"认题立意,非识之高卓精审,无以中要。"[①]道出了远见卓识对立意深刻所起的作用。鲁迅则强调"选材要严,开掘要深"[②],后一句说的是要能够从材料中开掘出深刻的主题。前苏联美学家齐斯指出:"一部作品的艺术价值和意义,是由它的中心思想的深度和社会意义所决定的。"[③]这意味着,主题的深刻与否,关系到文章价值的高低。

文学作品中的传世之作,在思想性上往往和深刻、独到相关联。就以人们熟悉的长篇小说《红楼梦》来说,它以宝黛钗爱情为基本线索,以贾王史薛四大家族的兴衰来表现封建社会由盛而衰的必然趋势。在这一基本主题的涵盖之下,它还深刻揭示了封建社会的女性悲剧、婚姻悲剧、爱情悲剧。红楼梦中的女性,上至核心人物贾母,中至黛玉、宝钗、元迎探惜四春等名门闺秀,下至晴雯、袭人、鸳鸯、司棋等丫鬟,所有女性在故事中均以悲剧命运收场,正如第五回宝玉梦游太虚幻境时所饮的"千红一窟"茶,"万艳同杯"酒,已用谐音暗示出所有女性的最终悲剧命运。黛死钗嫁,宝钗即便终于有了和宝玉的婚姻,也终究是空壳婚姻,从而折射出由于价值观不同而导致的婚姻悲剧,这也是对封建礼教的另一种方式的批判。不仅宝玉跟黛玉是木石前盟难聚合的爱情悲剧,小说中所有的男女真挚情感最终都是以悲剧收场,如晴雯对宝玉、尤三姐与柳湘莲、司棋与潘又安、张金哥与守备公子。小说以真挚爱情的破灭,折射出封建礼教对人性的扼杀和封建制度的残酷,可谓识见的"高卓精审"。有学者指出:基本主题是以最大深度渗透在作品的全部内容中[④],许多局部的事件所表现出的分支主题,如枝叶般共同丰富并深刻细致地衬托作品的基本主题。小说《红楼梦》正是如此。

其实不只文学作品,实用文体中不少文章体裁都有主题要深刻的要求,诸如整个议论文体,记叙文体中的消息、通讯,应用文体中的公文、事务文书等,即使是写作日常实用文体中的"检讨书",也要挖掘思想根源,即要深刻,否则也是过不了关的。由此观之,主题要深刻是具有一定普遍性的要求,但

① 于忠善.历代文人论文学[M].北京:文化艺术出版社,1985:73.
② 鲁迅.二心集[M].北京:北京联合出版公司,2014:157.
③ (苏)齐斯.马克思主义美学基础[M].北京:中国文联出版公司,1985:153.
④ 李树谦,李景隆.文学概论[M].长春:吉林人民出版社,1957:149.

又不是所有文体都要刻意追求的要求。

2. 新颖

这是对主题在出新方面的要求。所谓新颖,是指文章主题要有新意、新识、新见,即要有创新性,要能"见人所未见,发人所未发",要能给人以新的感受、新的启发,而不是老调重弹。

清代诗人郑板桥有一副对联:"删繁就简三秋树,领异标新二月花"①。下联说的就是文章写作需要出新,其中当然包括主题的新颖。清代戏剧家李渔在《闲情偶寄》中也说:"新也者,天下事物之美称也。而文章一道,较之他物,尤加倍焉。"②强调了文章写作尤须出新。

文学文体对主题出新的要求是较高的。大凡优秀的文学作品,就主题而言,要么有深意,要么有新意,要么二者兼有。如俄国作家屠格涅夫的小说《木木》,对农奴命运的描写超越了以往作品,以新的角度和深度表达了对农奴制更为强烈的愤恨。《木木》描述了一个普通农奴哑巴格拉西姆的悲惨命运,但作者并未叙写农奴主对他经济上和肉体上的压榨与摧残,而是主要展现了格拉西姆在精神上、心理上所遭受的三次沉重打击,体现了作者对农奴悲剧命运的表现进行了新的艺术探索。小说的结尾也别出心裁、不同凡响,描写了格拉西姆在沉默中奋起抗争,勇敢地选择自己新的生活道路。他离开农奴主的大院,"头也不回地只顾往前走,他这是在回家的路上","他迈着坚定的步伐走着,心里交织着豪迈、失落和喜悦的感情","格拉西姆像一头雄狮,迈着强健有力的步伐前进"③。作者赋予了主人公不同于之前忍辱负重"小人物"的性格特点,多了英雄气概与无畏的精神。正如英国作家高尔斯华绥在读了《木木》后感言:"在艺术的领域中,从来没有比这更大的对于专横、暴虐的抗议。"④

在实用文体中,议论类文体、说明类文体和记叙类文体中的新闻文体的主题都有新颖性的要求,读者需要新的思想、新的观念、新的认识、新的信息。这里举经济新闻为例,经济新闻在普通百姓的新闻消费中以其指导性

① 龚联寿. 中华对联大典[M].上海:复旦大学出版社,1998:150.
② (清)李渔. 闲情偶寄[M].杭州:浙江古籍出版社,1985:8.
③ (俄)屠格涅夫. 木木[M].长春:吉林大学出版社,2010:97-99.
④ 智量. 论19世纪俄罗斯文学[M].上海:复旦大学出版社,2009:152.

为主要价值取向,扮演着越来越重要的角色。如 2003 年 10 月 4 日发表于《湖南日报》的一则经济新闻《与狼共舞显身手——长沙商业开放篇》,作者在采访收集资料的基础上,理性思考,转换了表达方式,生成了新的形式与新的主题,文章用三个小标题"引'狼'入城""'狼'争'虎'斗""与'狼'共舞"①标示层次,尽显妙趣横生。长沙"外来狼"指的是由日本平和堂株式会社投资的平和堂商厦,建于长沙最繁华的五一广场;"本地虎"指的是长沙国有商业。从 1998 年 11 月平和堂开业以来,外来狼与本地虎形成了龙虎斗的局面。六七年间,长沙本地虎借"超市经营"蒸蒸日上。至 2003 年,世界零售业巨头纷纷登陆长沙,在与狼共舞中,"友阿""通程""马王堆""长饮"等本土商业,在竞争中越斗越勇,将长沙人的学习与创新精神发挥得淋漓尽致,而这正是这篇新闻稿的中心思想所在,具有鲜明的时代性与新鲜感。文章发表后受到人们的关注与好评。由此也可以看到,主题的新颖性与时代性是有着密切关系的。

3. 含蓄

首先要说明,这是一个针对文学文体的要求,而且主要是针对诗歌、小说、剧本等纯文学的要求;而且和上述要求均不同的是,它不是一个需要怎样的要求,而是一个可以怎样的要求。也就是说,文学作品的主题不是非得含蓄,而是可以含蓄。

所谓主题含蓄,是指主题含而不露、委婉蕴藉、意味深长,而不是直白显露、一目了然。主题是否含蓄,由两种情况造成,一是由于主题本身内涵丰厚而产生含蓄的效果,如曹雪芹的长篇小说《红楼梦》的主题、英国莎士比亚的戏剧剧本《哈姆雷特》的主题等。二是诗人、作家对主题的艺术表现产生含蓄的效果,也即如唐代司空图在《二十四诗品》的第十一品"含蓄"中所说"不著一字,尽得风流";如南宋吕本中在《童蒙诗训》中所说"言有尽而意无穷"。这里主要谈一下第二种情况。

古今中外,关于文学创作需要含蓄的论述不胜枚举。南宋张表臣在《珊瑚钩诗话》卷一中说:"篇章以含蓄天成为上。"清代沈祥龙在《论词随笔》中论到:"含蓄无穷,词之要诀。含蓄者,意不浅露,语不穷尽,句中有余味,篇

---

① 左丹,陶小爱,李密荣. 与狼共舞显身手[N].湖南日报,2003－10－04.

中有余意。"清代刘大櫆在《论文偶记》中写道:"文贵远,远必含蓄。……说出者少,不说出者多,乃可谓远。……然言止而意不尽者尤佳。"如果说上述古人所论的含蓄是针对抒情性诗文的话,那么下面所论就主要是针对叙事性的小说、剧本的了。

恩格斯早在1885年给敏·考茨基的信里就指出:"我认为倾向应当从场面和情节中自然而然地流露出来,而不应当特别把它指点出来"①;1888年恩格斯又再次指出:"作者的见解愈隐蔽,对艺术作品来说就愈好。"②中国当代小说作家达理说道:"这两年,我们一直想把小说写得含蓄、内在一些,不那么浅露直白,也不那么直奔主题,多给读者留点回味的余地。"③出身于农民的作家刘绍棠说:"主题先行,或在确定的具体主题支配下写作,往往流于图解概念……而艺术的极致,是真实、含蓄、自然、从容。"④文艺理论家许觉民写道:"含蓄的笔墨,在于作家艺术家的本领。作家艺术家在作品中表现倾向性时,常常不在于露,而在于藏,作品的倾向性要让读者自己去发掘,去领受,去寻求答案。"⑤

文学文体尤其是文学性强的诗歌、小说、剧本等的主题之所以可以表现得含蓄、隐蔽、隽永,就在于它们的功用、性质主要是审美性,而含蓄的作品有着更为广阔的审美空间,它的意味深长、"余音绕梁"、意在言外,可以使读者产生丰富的联想、想象、思考,从而获得更多的思想启迪与精神愉悦。

在中国现代文学史上,诗人卞之琳的一首小诗《断章》可谓是既短小精致又韵味无穷了:

断　章

你站在桥上看风景,
看风景人在楼上看你。
明月装饰了你的窗子,
你装饰了别人的梦⑥。

① 中共中央马克思恩格斯列宁斯大林著作编译局.马克思恩格斯选集[M].北京:人民出版社,2012:454.
② 中共中央马克思恩格斯列宁斯大林著作编译局.马克思恩格斯选集[M].北京:人民出版社,2012:462.
③ 徐振宗.学术论文[M].北京:教育科学出版社,1992:94.
④ 王培洁.刘绍棠年谱[M].北京:文化艺术出版社,2012:128.
⑤ 吴泽永.文艺格言大全[M].南宁:广西人民出版社,1990:626.
⑥ 赵志峰.中国现代诗歌经典选读[M].北京:中国民主法制出版社,2012:100.

诗作于 1935 年发表不久,文学评论家李健吾认为,这首诗"寓有无限的悲哀,着重在'装饰'两个字"[①]。之后各种看法纷至沓来。有人认为是哲理诗,表现了事物的相对性;有人认为是爱情诗,一对恋人热恋于朝朝暮暮;还有人认为就是一首情感深沉的抒情诗,表达了一种思念之情。如果套用一句西方的说法"有一千个读者就有一千个哈姆雷特",那么可以说"有一千个读者就有一千个《断章》",这就是高度的含蓄所产生的莫大的艺术魅力。

台湾作家陈启佑写有一篇十分含蓄的微型小说《永远的蝴蝶》,转引如下:

永远的蝴蝶

那时候刚好下着雨,柏油路面湿冷冷的,还闪烁着青、黄、红颜色的灯火。我们就在骑楼下躲雨,看绿色的邮筒孤独地站在街的对面。我白色风衣的大口袋里有一封要寄给在南部的母亲的信。

樱子说她可以撑伞过去帮我寄信。我默默点头,把信交给她。

"谁叫我们只带一把小伞哪。"她微笑着说,一面撑起伞,准备过马路去帮我寄信。从她伞骨渗下来的小雨点溅在我眼镜玻璃上。

随着一阵拔尖的刹车声,樱子的一生轻轻地飞了起来,缓缓地,飘落在湿冷的街面上,好像一只夜晚的蝴蝶。

虽然是春天,好象已是深秋了。

她只是过马路去帮我寄信。这简单的动作,却要叫我终生难忘了。我缓缓睁开眼,茫然站在骑楼下,眼里裹着滚烫的泪水。路上所有的车子都停了下来,人潮涌向马路中央。没有人知道那躺在街面的,就是我的,蝴蝶。这时,她只离我五公尺,竟是那么遥远。更大的雨点溅在我的眼镜上,溅到我的生命里来。

为什么呢? 只带一把雨伞?

然而我又看到樱子穿着白色的风衣,撑着伞,静静地过马路去了。她是要帮我寄信,那,那是一封写给在南部的母亲的信,我茫然站在骑楼下,我又看到永远的樱子走到街心。其实雨下得并不

---

① 赵志峰.中国现代诗歌经典选读[M].北京:中国民主法制出版社,2012:100.

大，却是一生一世中最大的一场雨。而那封信是这样写的，年轻的樱子知不知道呢？

妈：我打算在下个月和樱子结婚。[①]

很显然，作者写了一次交通事故、一次车祸，一场发生于日常生活中的悲剧。一个年轻美丽如蝴蝶的花季少女、鲜活生命转瞬之间就香消玉殒了，一场即将举行的新婚庆典突然之间就"灰飞烟灭"了。掩卷之后，在为樱子的不幸遭遇哀恸的同时，人们也不禁思索，作品在表现什么？红颜薄命，生命脆弱，人生无常，人有旦夕祸福，美好的事物易逝，偶然性酿成的苦果（下雨、晚上、一把伞）？还是对一切人为造成的人生悲剧的别一种方式的谴责？然而，作家与作品什么都没有说，说的只是两个字：含蓄。含蓄的语言、情境、主题和作家有节制的情感抒发，这就使得读者尽可以去探寻、思考、品味、感悟……文学作品中写车祸的不止这一篇，但写得如此哀婉、如此凄美、如此感伤、如此含而不露、意味深长的却也难得一见。清代诗评家沈德潜曾说："写离情不可过于凄惋，含蓄不尽，愈见情深。"[②]《永远的蝴蝶》写的不是一般的离情，而是生离死别之情，却也可谓"含蓄不尽，愈见情深"了。

三、怎样确立主题

（一）立足于定向聚材的全部有关材料

一篇文章的主题从何而来？它当然不会凭空而来，也不是作者从外部随意"贴"上去的，而是存在于客观事物当中，存在于写作对象当中，具体说，就蕴含在作者定向摄取的全部写作材料当中。当然，它不是现成的，这就需要作者立足于定向聚材的全部相关材料，去理解、去领悟、去发现，从而把它概括出来，提炼出来。因而人们把确立主题又称为"提炼主题"。

所谓提炼主题，就是运用各种思维方式，从相关的全部写作材料中高度概括出其蕴含的意义，以形成某种思想、观点或事理。这也正如毛泽东所说："详细地占有材料，在马克思列宁主义一般原理的指导下，从这些材料中

---

① 微型小说选刊杂志社.中国微型小说百年传世经典（第2卷）[M].南昌:百花洲文艺出版社,2012:4.

② （清）蘅塘退士.唐诗三百首注评[M].南京:凤凰出版社,2015:24.

引出正确的结论。"①由此可以看到,主题具有客观性的一面,它是从客观材料中提炼、升华出来。主题和材料密不可分地辩证统一在一起,主题通过文章的全部材料来体现,材料需要根据主题来选取、来结构。

之所以要以定向聚材的全部相关材料为确立主题的基础,就在于主题具有正确性的要求。如果不从相关的全部材料出发,就有可能出现偏颇乃至错误,通常所谓观点的"以偏概全",就是偏颇的常见表现之一。

实用文体中的记叙、议论、说明、应用四类文体的立意需要立足于定向聚材的全部材料是显而易见的。马克思的《资本论》属于议论类的科学著作,他为了撰写这部巨著,阅读了几万部书,摘录笔记达250本以上。长篇人物通讯《县委书记的榜样——焦裕禄》《人民的好医生李月华》《为了周总理的嘱托——记农民科学家吴吉昌》,调查报告《只有党风正,才有富路通——河北省蠡县辛兴村调查》《关于黑龙江省国有林情况的调查》《依靠科技,发展经济,穷山区变样》等实用文体文章都是作者在经过全面深入的采访调查基础上形成的主题②。

2017年1月29日大年初二下午两点半左右,宁波雅戈尔动物园老虎咬人致死事件一时间成为各大门户网站的头条新闻,如《"宁波老虎咬人"官方通报:死者未买票翻墙进入动物园》《宁波老虎咬人事件:死者翻墙进入老虎散放区》等;不少网友也纷纷猜测是动物园的管理不善,还是救护不及时,还是游客自身的问题?《新京报》在充分了解了全部事实的基础上,并同半年前发生在北京八达岭野生动物园老虎咬人事件相比较,于次日(1月30日)1点09分发文《宁波老虎咬人:生命堪悯规则当守》。显然,"生命堪悯,规则当守"的主题提炼不但是正确的,理性的,也是准确的和较为深入的。这也体现出,新闻主题的提炼往往是随着采访的逐渐深入予以同步思考而进行的③。

文学文体的小说、剧本、影视文学等是可以进行虚构的,而具有历史感、责任感的作家往往从历史和现实的大量客观事实中选取材料,提炼主题,创作出作品。姚雪垠的长篇小说《李自成》,列夫·托尔斯泰的长篇小说《战争

① 汤洪俊.毛泽东思想和中国特色社会主义理论体系概论学习与实践[M].上海:上海交通大学出版社,2013:17.
② 毛正天,等.现代文体写作学[M].南昌:江西教育出版社,1990:80-102.
③ 孙越.吹尽黄沙始得金——浅议新闻主题的提炼[J].青年记者,2016(26).

与和平》，都是作者在查阅了浩繁的历史文献和亲赴实地考察后创作出来的。反映当代农村生活的长篇小说《芙蓉镇》的作者古华深有感触地说："短短十五六万字，囊括、浓缩了二三十年来我对社会和人生的体察认识，爱憎情怀，泪水欢欣。"①

总之，"材料是提炼主题的基础和依据"，应该力求做到"主观认识与客观实际相一致，主题思想和全部材料相吻合的要求"②。

（二）尽力开掘出材料的深层内蕴

作者立足于定向聚材的全部相关材料确立文章主题，并不是被动的、消极的、镜面反射式的，并不是完全被材料制约而无所作为的，而是能动的、积极的、有所作为的。也就是说，作者的思想、价值观、世界观对材料具有主观能动的烛照作用。什么是烛照？就是照耀、照亮，洞悉。同样的事物，同样的写作材料，不同的作者会写出很不相同的文章，这就是不同的烛照所起的作用。例如同是描写塞外之雪，南朝范云的笔下是"寒沙四面平，飞雪千里惊。"（《效古诗》）；唐朝李白的笔下是"五月天山雪，无花只有寒"（《塞下曲》）；而唐朝岑参的笔下是"忽如一夜春风来，千树万树梨花开"（《白雪歌送武判官归京》）。三种不同的情境，反映出不同作者对相同事物的不同感受与情感。诗句是如此，文章主题也同样如此。例如对于蜜蜂的辛勤采蜜，有人写诗表达了人道主义的同情；有人写诗表达了利己主义的奚落；有人写散文表达了对利他、奉献精神的赞美③。三种不同的态度，体现了作者思想、情感的大相径庭。由此不难看到，主题既有客观性，同时又有很强的主观性，或者说是主客观的有机统一。

一般来说，事物外在的表象的层面容易被人们所认识，而内在的深层的就要困难得多。因而，立意时对定向摄取材料的认识、烛照，往往更强调对其深层内涵乃至本质的开掘。所以确立主题又往往被称为开掘主题或挖掘主题，这也正如鲁迅在《关于小说题材的通信》中所说"开掘要深"。清代黄宗羲在《论文管见》中说："玉在璞中，凿开顽璞、方始见玉，不可以璞为玉也"，说的也正是同一个意思。这其实也是主题要深刻的自身要求。

---

① 古华. 芙蓉镇[M]. 北京：人民文学出版社，2013：204.
② 刘锡庆. 基础写作学[M]. 北京：人民教育出版社，2007：90.
③ 刘锡庆，朱金顺. 写作通论[M]. 北京：北京出版社，1983：63.

我们在上文"主题要深刻"的问题中曾经指出,文学文体和实用文体中的大部分文章体裁都有主题要深刻的要求,这是一个具有一定普遍性的要求。这里我们来看一篇获得第 25 届中国新闻奖一等奖的评论文章《公共辩论:求真比求胜更重要》。该评论从方舟子和崔永元互诉名誉侵权的事件出发,联系 2014 年马航客机失联,苹果手机定位,到海南棉被捐赠,再到转基因论争,探讨了公共辩论的价值与规则,呼吁"公共辩论的本质,不在于辩倒对方,而在于对真理的不懈探求"与"和而不同的理念"①。文章这一主题的开掘、烛照,的确高人一筹,触到了事物的本质,而不是简单地就事论事地给辩论双方当个裁判员。该文很快引起了社会的广泛反响,东南快报、网易新闻等媒体跟进发表了《公共辩论莫偏离求真轨道》《先有求真的空间,后有求真的辩论》等文章。此文也入选了由清华大学、中国人民大学、复旦大学等八大名校新闻学院院长评出的"2014 年影响中国的十大评论"。

由于开掘出材料的深层内蕴乃至本质具有难度,所以很难一蹴而就,往往需要作者反复多次地加以掘进,故而古人有"三番来意"的说法:"凡作文发意,第一番来者,陈言也,扫去不用;第二番来者,正语也,停止不可用;第三番来者,精语也,方可用之"②。这里的"三",当然是虚指,意为多次。这番话说得是很精辟的,最初想到的主题,往往是陈言,老一套,人人都能想到,"扫去不用";其次想到的,纯正一些了,但也一般化,也先放在那里"停止不可用";只有经过再三地开掘、认识、思考,方能获得精深、独到的主题。古人把对主题的开掘又称为"炼意","三番来意"的说法,形象地描述了"炼意"逐步深入的艰辛过程。

提炼、开掘主题,还应体现出时代精神。我们上文提到的经济新闻《与狼共舞显身手——长沙商业开放篇》、新闻评论《公共辩论,求真比求胜更重要》等文章,都有着鲜明的时代色彩,这里不再赘述。

总之,"只有努力地登攀时代思想的峰巅",用先进、深刻的思想"去观察生活、烛照事物,我们才能高瞻远瞩,洞幽显微,鞭辟入里,溯本求源,我们才能具有卓异的识见和深邃的眼力。……主题的深刻程度,是和作者对事物

① 范正伟.公共辩论:求真比求胜更重要[N].人民日报,2014 - 07 - 28(005).
② 张恩普,任彦智,马晓红.中国散文理论批评史论[M].长春:东北师范大学出版社,2015:258.

的认识程度成正比的"①。

四、"点题"之笔：文章体现主题的特定笔法

概括地说，文章体现主题的方式一般有两种：

第一种，作者不直接写明主题，主题蕴含在全文的内容之中，由读者自己去理解、分析、领悟、概括。这种情况存在于各类文体中，而在文学作品尤其是小说、诗歌、剧本、影视文学中较为多见。这也正如恩格斯所说："我认为倾向应当从场面和情节中自然而然地流露出来，而不应当特别把它指点出来。"②

第二种，作者在文章的某个部位，用明确、简练的语言，直接写出主题。也即晋代陆机在《文赋》中所说："立片言以居要，乃一篇之警策。"这样的文章往往主题明确、中心突出，便于读者理解和把握。这种做法在四类实用文体中和散文、纪实文学等文学文体中较为多见。

我们一般把作者在文章中直接写明主题的做法称之为"点题"之笔，又称"点睛"之笔、"点意"之笔。可以有 4 种方法：

（一）标题点题

又称"题中见'意'"。就是文章的标题即是这篇文章的主题，使得读者一看标题就明白全文主旨，便于读者用最经济的时间掌握文章核心，并可决定是否需要阅读全文。例如：《光明日报》2015 年 10 月 6 日消息《屠呦呦获诺贝尔奖》《人民日报》1966 年 2 月 7 日通讯《县委书记的榜样——焦裕禄》《人民日报》2017 年 4 月 15 日评论《为官当学廖俊波》、老舍的散文《我热爱新北京》《光明日报》1978 年 5 月 11 日思想评论《实践是检验真理的唯一标准》、叶圣陶的文学评论《〈普通劳动者〉是一篇很好的小说》、公文《关于奖励2016 届大学生到西部支教的决定》等。标题即主题的标志，它往往是个判断句，或者明确写明了某种情感、态度或主要事实。还有的文章标题是双行题，当正题为虚题时，副题往往为实题，有时起到点明文章主题的作用。例如周定舫的《人民英雄永垂不朽——瞻仰首都人民英雄纪念碑》即是如此。

---

① 刘锡庆.基础写作学[M].北京：人民教育出版社，2007：258.

② 马克思，恩格斯，列宁，斯大林.马克思恩格斯选集(第 4 卷)[M].北京：人民出版社，1972：454.

(二)开篇点题

又称"开宗明'意'"。这是在文章的开头就明确写出文章主题,为全文的展开奠定基调,即"纲举目张";也为读者把握全文要领提供一把"钥匙"。例如:

茅盾散文《白杨礼赞》开头第一自然段,也即文章的第一句话,就高声赞美白杨树,既是照应题目,也是点题之笔:

白杨树实在不是平凡的,我赞美白杨树![1]

叶圣陶所写说明文《景泰蓝的制作》的开头,用平实简练的语言,点明了全文的主旨:

一天下午,我们去参观北京市手工业公司实验工厂,粗略地看了景泰蓝的制作过程。景泰蓝是多数人喜爱的手工艺品,现在把它的制作过程说一说。[2]

《今晚报》2012年4月9日的新闻评论《向网络谣言"亮剑"》的第一段,也是开宗明义亮出中心论点,并照应标题:

当今时代,论坛、博客、微博等网络传播平台越来越多地走进百姓生活。然而,网络所具有的发布信息快速、便捷的特性,也给一些别有用心的人造谣传谣提供了渠道,发布传递网络谣言扰乱互联网秩序,危害社会诚信,激化社会矛盾。我们要果断向网络谣言'亮剑'。

经2013年4月25日十二届全国人大常委会第二次会议通过的《中华人民共和国旅游法》属于应用文体的法律文书文种。全文文本共112条,总体结构形式为条文式。第一章"总则"的第一条,是整个文章的开头,也是全文的主旨:

为保障旅游者和旅游经营者的合法权益,规范旅游市场秩序,保护和合理利用旅游资源,促进旅游业持续健康发展,制定本法。

[1]　朱自清,等.世界最美的散文经典集[M].南京:江苏美术出版社,2014:37.
[2]　叶圣陶.卖白果[M].北京:人民文学出版社,2014:186.

(三)文中点题

又称"文中点'意'"。这是在文章开篇之后、收尾之前的行文过程中,恰当、自然地引出主题,点明题旨。其作用,或是提领全篇,或是加以强调,或是对相关内容的照应。有的文章是以文中小标题的形式逐层点明题旨。

茅盾的散文《白杨礼赞》在点题方面是一篇很独特的文章,它不但标题点题,开头点题,结尾点题,而且在文中还数次点题,但由于作者运用得自然恰当,并没有重复和矫揉造作之感,而是使读者感到情感逐步加强,前后文连接紧密:

> 那就是白杨树,西北极普通的一种树,然而实在不是平凡的一种树!
> ……这样枝枝叶叶靠紧团结、力求上进的白杨树,宛然象征了今天在华北平原纵横激荡用血写出新中国历史的那种精神和意志①。

杂文作家邓拓写有一篇杂文《事事关心》,开篇从明代东林党人的一副对联谈起:"风声、雨声、读书声,声声入耳;家事、国事、天下事,事事关心。"②这个开头不是开门见山,属于曲折入题。作者在经过5个自然段的铺垫、分析之后,水到渠成地在第6自然段引出了文章的中心论点,使读者明确了文章的要旨:

> 把上下联贯串起来看,它的意思更加明显,就是说一面要致力读书,一面要关心政治,两方面要紧密结合。③

科学家钱伟长发表过一篇讲话稿《和大学生谈学习方法》,如果从内容的性质来说,这其实可以看作是一篇学术性的论文。文章的中心论点,就是文内5个小标题的合成。或者说,作者是以文中小标题分别点题的方法,逐层完成了对全文基本观点的呈现(当然,如果我们苛求一下,把第二个小标题改为"要学会记好听课笔记",那么5个小标题就是非常规范的总论点下属的5个分论点了)。文中的5个小标题依次是:

---

① 朱自清,等.中国最美的散文 世界最美的散文经典集 上 两卷版[M].南京:江苏美术出版社,2014:38.
② 张保林.最好的杂文大全集[M].北京:外文出版社,2012:162.
③ 邓拓.邓拓读本[M].福州:福建教育出版社,2015:81.

一、不要死记硬背

二、怎样记好笔记

三、大学生一定要学会自学

四、研究生要会看论文

五、博士研究生要有满脑子的问题[①]

(四)篇末点题

这就是人们平时说的"卒章显志",又称"卒章结'意'"。这是在文章结尾处用简明扼要的话语概括出全文主旨;或作出总结,得出结论。总之,画龙点睛,写明主题。

茅盾的散文《白杨礼赞》在篇末再次点题,使全文的思想内涵和情感抒发融为一体,上升到高潮:

> 我赞美白杨树,就因为它不但象征了北方的农民,尤其象征了今天我们民族解放斗争中所不可缺的朴质、坚强,以及力求上进的精神。
>
> 让那些看不起民众,贱视民众,顽固的倒退的人们去赞美那贵族化的楠木(那也是直干秀的),去鄙视这极常见,极易生长的白杨罢,但是我要高声赞美白杨树[②]!

《人民日报》2017年1月20日评论《但愿屠呦呦不是孤峰》的结尾照应题目,点明了文章的中心论点:

> 《中医药法》将于今年7月1日实施,这是中医药创新发展的重大历史机遇。希望继屠呦呦之后,新人辈出,群峰竞秀,让中医药为世界贡献更多礼物。

美联社的通讯《清朝贵族:我过上了真正幸福的生活》,报道了末代皇帝溥仪的弟弟溥杰的现状。文章结尾处作者以直接引语的方式点明主题,照应题目,收束全文,对中国新时期以来的改革开放进行了赞颂,令人回味:

> 这位清朝皇族最后一名成员合上双臂、神态满足地微笑着。

---

①　钱伟长.钱伟长文集(1931—1986)[M].上海:上海大学出版社,2013:412-420.

②　朱自清,等.世界最美的散文经典集[M].南京:江苏美术出版社,2014:39.

"过去的岁月像一场梦。现在,我才过上了真正幸福的生活。"他说。①

应用文体的"求职信"也往往采用篇末点题的方法强调求职者的意愿。下面是某工商学院酒店物业管理系一名毕业生写的《求职信》的结尾:

我热爱酒店管理工作,希望能成为贵酒店的一员,和大家一起为促进酒店发展竭尽全力,做好工作。如能给我面谈的机会,我将不胜荣幸②。

上述的4种点题之笔,是从其所处文章中的位置着眼的,都是一种直接明确的点题。还有一些含蓄的、暗示性的点题方式,这里不再多说。

第二节　结构的安排

一、结构的含义和作用

(一)结构的含义

文章的结构是文章形式方面的要素之一,它是指作者对一篇文章的全部材料进行有序有机地组织、安排之后所形成的文章的总体形态。它既有外在的形式,也有各组成部分之间的内在联系。

例如人们熟悉的朱自清的散文名篇《背影》③,它的正文呈现出来的外在形式是由6个自然段依次排列而构成,中间没有小标题及序号;第1自然段是文章的开头,第2、3、4、5自然段是文章的中段,第6自然段是文章的结尾。全文6个自然段的内在联系体现在是由具有相互关联的内容将其依次组结、连缀在一起,又可以分为3个部分:第一个自然段为第一部分,交代了事情的原由、背景;第二、三、四、五自然段是第二部分,这是全文的主体,重点是详细记写了父亲过铁道买橘子的经过;最后一个自然段是第三部分,再次回忆、思念父亲,收束全文。以上就是《背影》一文的基本结构形态。

---

① 白庆祥.中外新闻名著鉴赏大辞典[M].北京:新华出版社,2001:330.
② 张明.日常实用文体写作[M].北京:北京师范大学出版社,2009:191.
③ 季羡林.中华散文珍藏本[M].北京:人民文学出版社,2000:87-89.

再如诗歌的外在结构形式往往分节分行；剧本的结构形式一般是分幕或分场，采取人物对话的表达方式；章回小说的结构形式是分回；公文的结构形式一般由特定要求的标题、主送机关、正文、发文机关署名、成文日期等格式组成，等等。

"结构"一词原为建筑学上的一个术语，指建筑物各部分的构造和整体的布局①，后来被借用到文艺学和写作学中。我们在第一章对文章的定义是：文章"可以表述为是指以文字符号为媒介的具有篇章组织形态的信息载体"。"具有篇章组织形态"，指的就是文章的结构。在文章中，人们常常把主题比喻为"灵魂"，把材料比喻为"血肉"，那么结构就是"骨骼与经络"。

如果从词性的角度考察一下"结构"就会发现，在不同的语境中，"结构"有时是名词，有时又是动词。例如在短语"结构完整""结构严谨""安排结构"中，"结构"是名词；但在"结构材料""予以结构""进行结构"中，"结构"是动词。这就需要读者加以辨析。作为名词"结构"的含义，就是我们在上文给"结构"所下的定义，指的是文章形式方面的总体形态。作为动词"结构"的含义，指的就是作者对文章内容所进行的组织与安排，具体包括对开头、结尾的设计，层次、段落的安排，过渡、照应的设置等。

和结构概念密切相关的还有一个术语叫"谋篇布局"。文章的篇章需要谋划，格局需要布排，也是指的对文章结构的组织与安排。但谋篇布局主要是指对文章结构的大的框架、整体格局的考虑、安排，这是它和"结构"概念有所不同的地方。

(二)结构的作用

美国当代美学家兰德尔指出，"结构是一切意思和意义的基础"，"没有结构任何东西都不存在，都不可设想"②，从而强调了结构在一切事物中的重要性与作用。文章写作同样如此，没有文章结构，也就没有文章主题与材料的存在形态，即没有文章内容的依附、寄托之所。

作者通过定向聚材，占有了丰富的相关材料，这就解决了文章写作的"言之有物"的问题；通过确立主题，解决了"言之有理（思想观点）"的问题。这还不够，还需要把有关的材料、观点紧密恰当、富有条理地组合起来，以解

---

① 刘锡庆.写作学辞典[M].石家庄:河北教育出版社,1989:321.

② (美)李普曼(Lipman,M.).当代美学[M].北京:光明日报出版社,1986:146.

决"言之有序"的问题,以使文章能够真正成其为一篇完整、统一、有机的文章,这就是结构所承担的重任和应起的作用,以最终达到很好表现文章内容的目的。

关于文章结构的职能与作用,在我国古代谈得既早又较全面的要首推刘勰。他在《文心雕龙·附会》中所说的"附会",在很大程度上就相当于今天说的"结构",正如学者王元化指出的:"大体说来,所谓附会也就是指作文的谋篇命意,布局结构之法。"①刘勰写道:"何谓附会?谓总文理,统首尾,定与夺,合涯际,弥纶一篇,使杂而不越者也。若筑室之须基构,裁衣之待缝缉矣。"②这段话的意思是说:"什么是'附会'? 就是说要总括文章的内容条理,贯通文章的开头与结尾,决定材料与章句的取舍,衔接上下文意,组合构成一篇完整的文章,使其丰富、交织的内容并不游离于中心。这就像建筑房屋必须打好基础的构架,裁剪了衣料需要缝合在一起一样。"③很明显,其中除了"定与夺"之外,其他谈的都是关于结构的内容。

当代文学评论家李元洛指出:"结构之美,是形式美的一个主要方面,任何艺术,从来没有结构缺乏美感而能给人以美的享受的。"④前苏联美学家卡冈认为"作品的结构……保证作品的完整性,保证它体现和转达其中所表现的艺术内容的能力"⑤。日本作家小林多喜二也说:"一篇作品,缺乏'结构力'可以说是作品的致命伤。"⑥

总之,文章结构的作用是多方面的,是相当重要的,受到了古今中外的作家、文章家、理论家的一致重视,他们的观点、经验、体会,值得学习写作者在构思中和写作中予以学习、借鉴、运用。

二、结构的要素

不同文章的结构虽千姿百态、各不相同,但也有一些基本的结构要素是一般文章都具备的,如开头、结尾与中段,层次与段落,过渡与照应,线索与

---

① 王元化.文心雕龙讲疏[M].武汉:湖北教育出版社,2007:221.
② 刘勰.文心雕龙[M].哈尔滨:黑龙江人民出版社,2004:225.
③ 王志彬.文心雕龙[M].北京:中华书局,2012:478.
④ 李元洛.李元洛文学评论选[M].长沙:湖南人民出版社,1984:29.
⑤ (苏)卡冈.美学和系统方法[M].北京:中国文联出版公司,1985:65.
⑥ 吴泽永.文艺格言大全[M].南宁:广西人民出版社,1990:564.

脉络等。前两组体现的是文章的"体形""骨骼",后两组体现的是文章的"筋腱""经络"。

(一)开头、结尾与中段

古希腊哲学家亚里士多德对什么是"完整的结构"说过一段话:"我所谓的完整是指一件事有头,有中段,有尾。头不必承接别的事,但当然引起以后的事;中段当然是承前启后;尾当然是在一些事情的后面,却无须有事物在后面承接。"①他所指出的正是文章结构的一个基本形式,也是对结构的 3 大构成部分的一般要求。

1. 开头

开头是一篇文章的开端,古人称之为"起笔"。对于由多个自然段构成的文章来说,开头是第一自然段或第一、二自然段;对于只有一个自然段的文章来说,开头是第一句话或前几句话。人们常说"万事开头难""好的开端是成功的一半",文章写作也是如此,所以写作者需要重视文章开头的安排。

古今中外关于文章开头的说法是不胜枚举的。明代学者谢榛在《四溟诗话》中写到,"起句当如爆竹,骤响易彻"②。意思是说,开头要像爆竹一样,猛地炸响开来,令人为之一震。清代戏曲家李渔在《闲情偶寄》中则说:"开卷之初,当以奇句夺目,使之一见而惊,不敢弃去。"③前苏联作家高尔基则强调开头的重要和写好开头的难度:"最难的是开头,也就是第一句,就像在音乐中一样,第一句可以给整篇作品定一个调子,通常要费很长时间去寻找它。"④

开头的写法多种多样,概括起来,大致有两类:

第一类,开门见山式。也就是说,这一类的文章开头均比较直接、正面地触及了文章的基本内容,起笔即入题,而非侧面迂回。具体有以下一些情况:

概括说明全文内容。例如作家叶圣陶所写说明文《景泰蓝的制作》的开头:

---

① (古希腊)亚里士多德. 诗学[M].北京:商务印书馆,2005:25.
② 陈伯海. 唐诗汇评(增订本)[M].上海:上海古籍出版社,2015:4309.
③ (清)李渔. 闲情偶寄[M].杭州:浙江古籍出版社,2000:64.
④ 高尔基. 高尔基论文学[M].北京:人民文学出版社,1978:274.

一天下午,我们去参观北京市手工业公司实验工厂,粗略地看了景泰蓝的制作过程。景泰蓝是多数人喜爱的手工艺品,现在把它的制作过程说一说。①

直接揭示文章主题。例如央视主持人欧阳夏丹所写学术论文《浅谈主持艺术中的美学修养》的开头:

很多人说,一个主持人,应该是一个杂家,天文地理、琴棋书画、国事民情,都得略知一二,信手拈来。在这十八般武艺当中,笔者以为,最能体现品位和内涵的,就是美学修养。因为美,贯穿于节目始终,无时无刻不涉及形象塑造、语言表达、音乐、画面、情绪、意境、心理等内容。能否对其自如驾驭和把握,为我所用,是一门学问。②

明确写出写作对象与情感倾向。例如作家吴伯箫的回忆性散文《记一辆纺车》的开头:

我曾经使用过一辆纺车,离开延安那年,把它跟一些书籍一起留在蓝家坪了。后来常常想起它。想起它,就像想起旅途的旅伴,战场的战友,心里充满了深深的怀念。③

说明相关情况、写作缘由等。例如科学家钱伟长在应用文体讲话稿《和大学生谈学习方法》的开头就首先说明了有关的情况,并简介了全文内容:

关于学生的学习方法问题,是教育界长期以来有争论的一个问题。有人提倡这样的学习方法,有人提倡那样的学习方法,每个人的认识是不尽一样的。我讲的是自己的一些经验,以及我所熟悉的一些人的经验。④

当然不止上述的几种。开门见山式的开头一般都相对平实,由于其直接了当、"单刀直入"的风格特点,大多能起到谢榛说的像"爆竹"一样"骤响易彻"的效果。

第二类,曲折委婉式。这一类的文章开头一般为宕开笔墨、间接入题,也即人们平常说的"曲径通幽"。具体情况有:

---

① 叶圣陶.卖白果[M].北京:人民文学出版社,2014:186.
② 欧阳夏丹.浅谈主持艺术中的美学修养[J].电视研究,2014(10):41-42.
③ 刘川鄂.中国当代文学作品选[M].武汉:武汉出版社,2015:303.
④ 钱伟长.钱伟长文集 上[M].上海:上海大学出版社,2013:412.

描写环境，营造氛围，引出人物。例如作家王蒙的短篇小说《灰鸽》的开头：

> 一百块洋灰砖上，闪耀着一百个白热的太阳，楼房挡住了仅有的一点风，但风也是热的。槐树上的蝉在热风中声嘶力竭地叫喊。轰隆隆，各种各样的大小车辆，在楼前的柏油路上驶来驶去，一次又一次地轧过了他的神经和躯干。①

抒发感情，渲染气氛。例如女作家丁宁的散文《幽燕诗魂》的开头，该散文怀念的是"文革"中被迫害致死的散文家杨朔。这个开头其实是几句诗句：

> 大海哟，你是最美的诗。
> 你广阔的胸怀，深深藏着一个纯洁的诗魂。
> 诗魂呵，你回来吧！②

引用故事、传说、诗文等，以增添文章色彩。例如 1972 年 5 月 27 日《解放军报》发表的通讯《来自西双版纳的报告》，该文报导了一个寻找迷路的下乡女知青的新闻事件。文章的开头这样写道：

> 在美丽的西双版纳流传着这样一个神话：很久很久以前，有一个傣尼族姑娘，上山放牛的时候，迷路了。她在虎狼蟒蛇成群的大森林中度过了七天七夜，最后在吉祥的孔雀引导下走出了原始森林。……③

由远而近，曲笔道来。例如作家冯骥才的短篇小说《高女人和她的矮丈夫》的开头：

> 你家院里有棵小树，树干光溜溜，早瞧惯了，可是有一天它忽然变得七歪八扭，愈看愈别扭。……这是习惯吗？嘿，你可别小看了"习惯"！世界万事万物中，它无所不在。……甭说这些，你娶老婆，敢娶一个比你年长十岁，比你块头大，或者比你高一头的吗？

① 郭友亮,孙波.王蒙文集(第4卷)[M].北京:华艺出版社,1993:486.
② 王景科.新中国散文典藏(第4卷)[M].济南:山东友谊出版社,2015:193.
③ 蒙南生.蒙南生集[M].北京:线装书局,2010:183.

你先别拿空话呛火,眼前就有这么一对——①

设置悬念,引发关注。例如作家何为的散文《第二次考试》的开头:

> 著名的声乐专家苏林教授发现了一件奇怪的事情:在这次参加考试的二百多名合唱训练班学生中间,有一个二十岁的女生陈伊玲,初试时的成绩十分优异:声乐、视唱、练耳和乐理等课目都列入优等,尤其是她的音色美丽和音域宽广令人赞叹。而复试时却使人大失所望。苏林教授一生桃李满天下,他的学生中间不少是有国际声誉的,但这样年轻而又有才华的学生却还是第一个,这样的事情也还是第一次碰到。②

还有种种,不再列举。曲折委婉式的开头一般较为生动形象,艺术性较强,所以常常能具有李渔说的"奇句夺目,使之一见而惊,不敢弃去"③的效果。

总之,除了很少数的文体如消息及一些应用文体对开头有特定的要求而外,其他绝大部分文体的开头并没有现成固定的模式,而是需要作者根据所写的具体文章去构想、去探寻。但不管作者怎样起笔和采用何种类型的开头方式,有两个方面的情况是需要注意的:一是要看是否有利于后面内容的承接和全文主题的表现。如果开头就感到别扭、不顺,下面难以为继,用李渔的话讲叫"文情艰涩""朝气昏昏"④,那就说明这不是一个好的开头,就需要重新考虑;二是站在读者的角度,看是否能吸引读者的阅读兴趣并有利于读者继续阅读下去,这是读者意识的一个具体体现。

2. 结尾

结尾是文章的结束部分,可单独成段,也可以是文章最后的几句话。

结构文章,开头固然重要,结尾也同样重要。正如俗话所说,"编筐编篓,重在收口";"头难起,尾难落"。一个好的结尾,不仅使文章结构达到完美,而且可以使全文内容的表现锦上添花。反之,虎头蛇尾、草率收场的结

---

① 李朝全.短篇小说百年经典(1917—2015)[M].北京:中央编译出版社,2016:247.
② 李朝全.短篇小说百年经典(1917—2015)[M].北京:中央编译出版社,2016:202.
③ (清)李渔.闲情偶寄[M].杭州:浙江古籍出版社,2000:64.
④ (清)李渔.闲情偶寄[M].杭州:浙江古籍出版社,2000:62.

尾,有可能使全文的撰写前功尽弃。所以作家孙犁、冯骥才都曾表达过结尾比开头更为重要的意思,这也是有其道理的。

中外古今关于文章结尾的论述同样不胜枚举。宋代词人姜夔指出:"一篇全在尾句,如截奔马。"①主张"起句当如爆竹,骤响易彻"的明代谢榛在《四溟诗话》中接着写道:"结句当如撞钟,清音有余。"②作家叶圣陶指出:"结尾是文章完了的地方,但结尾最忌的却是真个完了。要文章字虽完了,意义还没有尽,使读者好像嚼橄榄,已经咽下去而嘴里还有余味,又好像听音乐,已经到了末拍而耳朵里还有余响,那才是好的结尾。"③前苏联电影艺术家爱森斯坦则说:"在该结束的地方结束,这是一种伟大的艺术。"④

结尾的写法同样多种多样,如果加以概括,大致也可以归为两类:

第一类,自然收束式。作为全文结束部分的结尾,在行文需要终止时恰当自然地"打住""收笔",用爱森斯坦的话来说可以称为"在该结束的地方结束",是这类结尾的共同特点。具体情况有:

事完而文止。例如作家贾平凹的散文《月迹》,写几个小伙伴从屋内到院子里,再到小河边寻觅月亮的过程。事完之后,文章也随之收尾:

> 大家都觉得满足了,身子也来了困意,就坐在沙滩上,相依相偎地甜甜地睡了一会儿。⑤

意终而停笔。当文章所要表达的意思表达完了,作者也就随之结束全文。例如叶圣陶的说明文《景泰蓝的制作》,文章内容是介绍景泰蓝的制作过程,当该工艺的最后一道程序介绍完了之后,文章结束:

> 全部工作是手工,只有待打磨的成品套在转轮上,转轮由马达带动的皮带转动,算是借一点儿机械力。可是拿着蘸水的木炭、磨刀石挨着转动的成品,跟它摩擦,还得靠打磨工人的两只手。起瓜楞的花瓶就不能套在转轮上打磨,因为表面有高有低,洼下去的地

---

①　孙敏强.中国古代文论作品与史料选[M].杭州:浙江大学出版社,2014:199.
②　陈伯海.唐诗汇评(增订本)[M].上海:上海古籍出版社,2015:4309.
③　叶圣陶.作文论[M].北京:北京教育出版社,2014:102.
④　(苏)爱森斯坦,C.M.爱森斯坦论文选集[M].北京:中国电影出版社,1962:477.
⑤　王景科.新中国散文典藏(第9卷)[M].济南:山东友谊出版社,2015:133.

方磨不着,那非纯用手工打磨不可。①

总括上文,结束全文。例如钱伟长的讲话稿《和大学生谈学习方法》的结尾:

> 综上所述,大学生、硕士生、博士生的区别就在于,一个是懂得自学书本,一个是懂得自学文章,一个是能寻找问题。而硕士生跟博士生的主要区别是,博士生应该有满脑子的问题,有独立工作的能力②。

作出结论,绾结全文。例如作家茅盾的文学评论《怎样评价〈青春之歌〉》的结尾:

> 由于时间关系,这篇粗糙的小文章只好在这里结束了。这篇小文章的目的只是企图说明:《青春之歌》是有一定教育意义的优秀作品,思想内容上没有原则性的错误,艺术表现方面却还有须要提高之处;因而,像郭开同志那样全盘否定它,而且从思想上否定它,是不对的!③

没有专门的结尾。有时也被称为"秃尾"。例如由陈琳、贾晓芬执笔的《中国公众的文化自信指数调查报告》④,全文共5个部分:第1部分是关于本次调研的背景与目的;第2部分以数据汇总了"公众关于文化与文化自信的认知";第3部分形成调研结论:"当前公众文化自信水平总体较高,积极理性热爱自身文化";第4部分分析了"影响公众文化自信水平"的多种因素;最后一部分是"提升文化自信的几点建议"。5个部分既有内在的联系,又相对独立。第5部分写完全文即告结束,干净利落,不必再画蛇添足。

也还有其他一些情况。总的说,这一类结尾在风格上都较为平实。由于其相对简洁明快、干脆利落的特点,所以也可以称之为"戛然而止"式,或者说具有姜夔所说的"如截奔马"的效果。

第二类,余音袅袅式。这一类型的结尾,即人们平常说的"言尽而意不

---

① 叶圣陶.卖白果[M].北京:人民文学出版社,2014:190.
② 钱伟长.钱伟长文集(1931—1986)[M].上海:上海大学出版社,2013:420.
③ 郭冰茹.中国当代文学批评大系(1949—2009)[M].苏州:苏州大学出版社,2012:544.
④ 人民智库.中国公众的文化自信指数调查报告(2016)[J].人民论坛,2016(36):122-125.

尽"，即谢榛所言"当如撞钟，清音有余"，即叶圣陶说的具有"余味""余响"。具体情况有：

富有哲理，启人思考。例如作家徐迟记写数学家陈景润的报告文学《歌德巴赫猜想》的结尾：

> 他生下来的时候，并没有玫瑰花。他反而取得了成绩。而现在呢？应有所警惕了呢，当美丽的玫瑰花朵微笑时。①

抒发情感，给人以感染。例如美国黑人民权运动领袖马丁·路德·金的演讲稿《我有一个梦想》的结尾，通过作者对所期待的梦想成真那一天的情景描绘，抒发了激情，令听众及读者震撼与向往：

> 当我们让自由之声响起，让自由之声从每一个大小村庄、每一个州和每一个城市响起来时，我们将能够加速这一天的到来。那时，上帝的所有儿女，黑人和白人，犹太教徒和非犹太教徒，耶稣教徒和天主教徒，都将手携手，合唱一首古老的黑人灵歌："自由啦！自由啦！感谢全能上帝，我们终于自由啦！"②

画龙点睛，令人回味。例如作家、翻译家曹靖华在散文《忆当年，穿着细事且莫等闲看》中写了民国时期由于社会的不合理、不平等，使得鲁迅一次因穿衣朴素而在"十里洋场"的上海受到不公正对待。文章结尾以鲁迅的话点题：

> 他喷了一口烟，最后结束说：
>
> "这样社会，古今中外，易地则皆然。可见穿着也不能等闲视之呀。"③

借景抒怀，寓意含蓄。作家周梅森长篇小说《人民的名义》的结尾描绘了一派冬天的景象。显然，他所寄寓的意思当然不是自然界的冬季与春天：

> 车窗外，严酷的冬季让广袤大地褪尽了五彩缤纷，裸露出素朴的本色，宛如卸妆后的母亲。北风凛冽，裹挟着原野上的残草败

---

① 徐迟.徐迟文集[M].北京:作家出版社,2014:258.
② 董小玉,骆鹏.中外演讲名篇赏析[M].重庆:西南师范大学出版社,2014:43.
③ 李朝全.散文百年经典(1917—2015)[M].北京:中央编译出版社,2016:146.

叶,不时地扑打着路面。然而冷峻的荒芜中,不也孕育着春天的希望吗?[1]

设置悬念,引发期待。作家沈从文的中篇小说《边城》的结尾,翠翠一人孤独地守着渡口,等候着心上人傩送归来:

> 这个人也许永远不回来了,也许明天回来![2]

发出号召,给人以激励。例如鲁迅1925年所写杂文《灯下漫笔》的结尾:

> 这人肉的筵宴现在还排着,有许多人还想一直排下去。扫荡这些食人者,掀掉这筵席,毁坏这厨房,则是现在的青年的使命![3]

还有其他一些情况,不再列举。总的来说,这一类的结尾较为生动形象,艺术性较强,所以能够产生李渔说的"终篇之际,当以媚语摄魂,使之执卷留连,若难遽别"[4]的效果。

总之,除了很少数的一些应用文体的结尾具有特定格式而外,其他绝大部分文体的结尾没有固定模式,需要作者根据所写文章的实际情况去构想、去安排。但不论作者怎样结尾,有3个方面需要注意:一是要有利于全文结构的完整、统一、有机;二是要有利于全文主题的体现与深化;三是要具有自身的或自然明快性或含蓄蕴藉性,力求达到"豹尾"(元代乔梦符语)、"凤尾"(当代话剧导演焦菊隐语)即有力、漂亮的要求。

3. 中段

除了亚里士多德谈到结构的中段以外,我国美学家朱光潜也曾指出一个完整有机的艺术品"第一须有头有尾有中段,第二是头尾和中段各在必然的地位"[5]

在一篇文章中,中段的地位是十分重要的,它一般是全篇的主干、主体。叙事类文体的中段往往是事件的发展和高潮部分;议论类文体的中段包括

---

[1] 周梅森.人民的名义[M].北京:北京十月文艺出版社,2017:384.

[2] 沈从文.永不泯灭的文学经典[M].武汉:崇文书局,2016:269.

[3] 季羡林.中华散文珍藏本·鲁迅卷[M].北京:人民文学出版社,2000:93.

[4] (清)李渔.彩色图解闲情偶寄[M].北京:中国华侨出版社,2016:84.

[5] 朱光潜.谈写作[M].北京:北京教育出版社,2014:36.

了整个的论证部分;说明类文体的中段一般包括了说明事物的性质、特征等的全过程;应用类文体的中段一般是除去头尾格式之外的正文部分。

　　元代末年的陶宗仪在《南村辍耕录》中指出:"乔梦符(吉)博学多能,以乐府称,尝云:'作乐府亦有法,曰凤头、猪肚、豹尾六字是也。'大概起要美丽,中要浩荡,结要响亮……"①。当代话剧导演焦菊隐说:"老前辈们传授过一句写作的口诀说,文章要写出'豹头、熊腰、凤尾'。"②"猪肚"也好,"浩荡"也好,"熊腰"也好,都是说文章结构的中段要充实、饱满、丰厚。两头小,中间大,这应该是文章结构的一般形态,否则就会出现头重身轻或尾大不掉等结构失调的弊端。

　　我们在上文曾说到一篇文章要言之有物、言之有序,这在很大比例上是针对中段而言的。茅盾指出:"一篇作品,不能平铺直叙,始终如一;也不能从头到尾,一味紧张;总得有错综变化,迂回曲折,这些就叫做结构上的技巧。"③茅盾这里所说,也主要体现在对中段的结构安排上。具体说,叙事类文体要事实充足、环环相连、跌宕起伏;议论类文体要论据翔实、论证充分、逻辑性强;说明类文体要材料丰富、循序渐进、周到细密;应用类文体要材料齐备、条理清楚、层次分明。

　　(二)段落与层次

　　1.段落

　　所谓段落,通常是指"自然段"。自然段是作者在文章中设置的在形式上相对独立、自成起讫、以首行空两格为标志的、意思上相对完整的结构单位。作为篇章而言,自然段是构成篇章的最小结构单位。我们在上文曾提到,朱自清的散文名篇《背影》就是由6个自然段依次排列而构成的。

　　文章分段的作用在于:

　　其一,为了表达相对完整、单一的意思,以逻辑地表现出作者思路进程中的每一转换、间歇、强调等。例如朱自清《背影》的第二自然段,它表达了父亲办完丧事和作者一齐北上的内容。就第一段记写了作者南下和父亲见面的意思而言,第二段的意思明显是作者思路的一次转换,同时也是一次

---

① 曾永义.中国历代经典宝库 37 黑暗时代的自由颂 元人散曲[M].北京:中国友谊出版公司,2013:126.
② 焦菊隐.焦菊隐戏剧论文集[M].北京:华文出版社,2011:239.
③ 茅盾.评论·创作经验·作家论[M].北京:中华工商联合出版社,2015:146.

间歇。

其二，为了使文章在外在形式上更加明晰、醒目，便于读者阅读、理解、回味。古人写文章是不分段的，整篇文章密麻麻一片，这给阅读造成了不小的麻烦、困难。直到20世纪五四时期的白话文运动兴起才时兴分段，可见分段也是文章写作的一大进步。

其三，某些特殊的段落（一般较短）还可以起到突出、强调和传达某种感情色彩的作用。例如鲁迅的杂文《论雷峰塔的倒掉》的结尾，也即最后一个自然段，只有两个字："活该。"鲜明地表达了鲁迅痛快、解气的情感。再如鲁迅的杂文《"友邦惊诧"论》的第3自然段："好个国民党政府的'友邦人士'！是些什么东西！"突出、强调了表达的内容，抒发了愤怒之情。

设置段落应注意如下几点：

第一，段落的意思应该具有单一性。这就是说，在一个自然段里，一般只应表达一个中心的意思，而不要把其他无关的意思硬塞进一个自然段，这就破坏了段意的单一性。其他的意思应该放到其他的适合的自然段内去表达。

第二，段落的意思应该具有完整性。这就是说，在一个自然段里，当表达某一个意思时，就要在这一段里把这个意思集中表达完，而不要在这一段里说几句，在那一段里又说几句，这就违背了段意的完整性。

第三，段落的长短要匀称适度、格调一致。匀称适度是就每个段落自身的长短而言的。在一篇文章中，各个自然段有长有短，十分正常，无须整齐划一。但一般来说，段落设置既不宜过长，也不宜过短，也就是说要大体匀称、长短适度。过长，意思相对繁杂，读者会感到沉闷和难于抓住要点；过短，会导致全篇结构过于零散、琐碎。格调一致是就一篇文章中所有段落形成的整体格调而言的。如果全篇的段落设置统一呈现为整齐均衡的状态或者呈现为长短错落的状态，那么其格调是一致的。如果全篇的段落设置一部分整齐均衡，而另一部分却参差错落，那么全篇的格调就不一致了，这就会形成全文结构不协调、不统一的弊端。

上述所说，仅是段落设置的一般情况，至于一些过渡段、特殊性段落、"意识流"作品的段落、小说中人物对话的提行等情况，应该视为是一种"特例"。总之，段落的构制，丰富多样，没有"教条"，需要作者根据所写文章的实际情况具体对待。

此外,还应注意段落与段落间应具有内在的逻辑性。

段落与段落之间的连接应符合客观事物内部自身变化的逻辑,符合自身发展的内在规律性。对写作对象自身发展规律认识得越清晰,呈现得越清晰,越容易让读者在阅读中了解到事物自身的发展规律,了解到事物的真相,也越容易达到表意效果。如生活中事情的发展通常是按照开端、发展、高潮、结局的过程,那么写作叙事文体的结构安排也应呈现出事物发展变化的轨迹。即使为了达到某种表意效果,有时可以使用倒叙或插叙,但在叙述的隐形脉络中,依然应理清事物本身应有的发展状况,不能因为倒叙或插叙,而错乱了本来发展的轨迹。

对问题的论述同样如此,对作者而言应思考的是如何把这个问题论证清楚。需要思考的问题有:"为何提出这个问题""有无论证的必要性和重要性""论证这个问题的目的是什么""文章的核心思想是什么""该怎样论证""从哪些角度论证""论据是否充分""有无理论支撑""最后可以得出什么结论""这个结论有什么意义和价值"等。把若干个问题归纳起来,就呈现出了议论文结构的内在逻辑,包括"引论""本论""结论"三部分形态。这样的结构符合作者、读者的思维逻辑,也基本上清楚地阐释了有关问题。

文章段落的设置应该遵循体现事物发展内在逻辑这一原则,不然就会造成思维断裂或跳跃,无法完整地展现作者思想脉络,使文章失去可读性与传播的意义。

2. 层次

所谓层次,就是我们平常阅读、分析文章时所说的"部分""大段",又被称为"意义段""逻辑段""结构段"。层次体现的是文章内容框架安排的先后次序,也即文章展开的大的步骤。在一篇文章中,层次是仅次于"篇"的结构单位,它主要是用来表示具有相对独立完整的意义的单位。

层次和段落的关系有3种情况:

第一,层次大于段落。即在一个层次中包含着若干个自然段。这是多数的情况。

第二,层次等于段落。即在一个层次里只有一个自然段。

第三,层次小于段落。有时,一篇较短的文章只有一个自然段,而在这个自然段中又包含着若干个小的层次。这属于少数的情况。

层次在文章中的外在形式有两种状况：

其一，作者并不标明层次的开端与结止。也就是说，处于这种情况的层次是内隐式的，它需要读者根据文章的思想内容自己予以划分，从而理清作者的思路。我们上文谈到朱自清的《背影》由 6 个自然段依次排列构成，作者并没有标明层次的起讫。根据对全文内容的分析，该文可以划分为 3 个层次：第一个自然段为第 1 层次，也即文章的开头，略写了作者南下奔丧见到了父亲；第二、三、四、五自然段为第 2 层次，记写了父亲和作者共同北上，父亲在南京火车站送作者上车的完整过程；第六自然段为第 3 层次，也即文章结尾，再一次表达了作者对父亲的深切思念。经过这样的层次分析，作者的思路也即该文的格局安排一目了然。

其二，作者以序号或者小标题或者序号加小标题或者空行的形式来显示层次，从而使作者的思路较为清晰地呈现，可以称之为外显式。例如美国当代经济学家米尔顿·弗里德曼的《需求、供给和弹性概念》一文就是以小标题的形式呈现全文的 3 个层次："需求概念""供给概念""弹性概念"[①]。再如冯骥才的小说《高女人和她的矮丈夫》，全文分为 5 个层次，作者分别以序号"一""二""三""四""五"明确标示。

对文章的层次进行谋划、构想、安排，这是结构文章的首要和重要之举，这也就是对文章的总体进行谋篇布局。由于层次的安排和文章的结构类型紧密相连，所以我们准备在下文"结构的类型"中涉及怎样安排层次的内容。

(三)过渡与照应

1. 过渡

所谓过渡，是指文章的层次之间、段落之间的衔接转承。它的作用是使文章前后连贯、结构紧密。清代学者方东树在《昭昧詹言》中曾说："天衣无缝者，以其针线密，不见段落裁缝之迹也。"[②]恰当地使用过渡，正是为了使得段落之间"针线细密"，以达到天衣无缝。

常见的过渡形式或手段有三种：

一是使用关联词语过渡。如"因此""由此看来""然而""但是""总之"

---

① 张继缙,孟繁华.写作简明教程资料汇编[M].北京:中央广播电视大学出版社,1986:233-245.
② 尹均生.中国写作学大辞典(第 1 卷)[M].北京:中国检察出版社,1998:143.

"综上所述"等。这些起过渡作用的关联词语一般位于自然段的段首。

二是使用过渡句过渡。也就是我们平常所说的承上启下、承前启后的句子。过渡句的位置,一般是位于上一自然段的最后一句话,或者是下一自然段的第一句话。

三是使用过渡段过渡。即用一个独立的自然段来承上启下。过渡段一般位于两个层次之间或两个段落之间。有的过渡段只有一句话,可以视为是独立成段的过渡句。

文章中需要过渡的情况大体有两大类:

第一类,当有关内容发生较大转换时,一般需要运用过渡手段。

例如在叙事性的文章中,当时空转移、事件变化时,作者往往设置过渡。作家孙犁的小说《山地回忆》是篇叙事性作品,文章开头第一段是写现实,"我"在天津一个展览会上遇到一个老熟人,临分手时"想买几尺布"送给他。文章下面就将进入回忆,进入抗战时期"我"在冀中平原和这个老熟人一家的交往过程。于是第二自然段的第一句话作者是这样写的:"为什么我偏偏想起买布来?"①这是一句明显的过渡句,通过这句话,连接起了两个自然段,也即通过句中的"布",连接起了从现实到过去、从城市到山区的内容转换。

在议论类的文章中,当议论内容发生转换时,有时也需要予以过渡。朱自清的议论文《论书生的酸气》一文,其议论的主要内容就是题目所揭示的。但作者在开头却宕开一笔,先谈书生的迂腐。那么如何从迂腐转换到酸气呢?作者在第二段开头这样写道:"但是还有'寒酸'一个话语,也是形容书生的。"②这同样是一句明显的过渡句。在这句话里,句首的"但是"一词,是个起过渡作用的关联词语,所以这句话其实是进行了双重过渡,使议论的内容得以顺畅转换。

在说明类的文章中也同样如此。作家梁衡的说明文《晋祠》在上一个层次说明晋祠的风景美之后,当作者准备转换到下一个层次说明晋祠的文化美时,他专门设置了一个过渡段加以过渡:"然而,最美的还是祖先留给我们的古代文化。这里保存着我国古建筑中的'三绝'。"③

① 孙犁.荷花淀[M].北京:人民文学出版社,2015:157.
② 滕浩.民国文化名家经典书馆(朱自清经典)[M].北京:当代世界出版社,2016:26.
③ 梁衡.晋祠[N].光明日报,1982-4-14.

包括实用文体、文学文体在内的各种文体在其有关内容变化时予以过渡的具体情况还有很多,这里不再列举。

第二类,当表达的方式、方法发生一定变化时,一般需要运用过渡手段。

秦牧的《土地》是一篇抒情散文,其中抒情和叙述是该文的两大表达方式。作者在文章的前几个段落进行了充分的抒情之后,在将要转换成叙述的表达方式时,他运用过渡段进行了过渡:"我想起了二千六百多年前北方平原上的一幕情景。"①由于这个过渡段只有这一句话,所以也可以认为这是一句过渡句。过渡之后,文章转入了对我国春秋时期晋国公子重耳在逃亡途中发生的和土地有关的叙述。

电视纪录片《舌尖上的中国》的解说词属于说明类文体,其第一集《自然的馈赠》的第一段写道:"中国拥有世界上最富戏剧性的自然景观,高原,山林,湖泊,海岸线。这种地理跨度有助于物种的形成和保存,任何一个国家都没有这样多潜在的食物原材料。为了得到这份自然的馈赠,人们采集,捡拾,挖掘,捕捞。穿越四季,本集将展现美味背后人和自然的故事。"②全段共四句话,很明显,前三句属于总括说明的表达方法,最后一句是过渡句,之后从第二自然段开始,全文就将从总括说明转入不同季节的分别说明。也就是说,这句位于段尾的过渡句连接了由总说至分说的表达方法。

短论《"不吹"》是一篇短小精悍的议论文。文章的前半部分分别论述了两类喜欢"吹"的人,之后作者予以了总括论述。从分论的表达方式到总论的表达方式之间,文章设置了过渡:"然而,无论哪一种'吹',都证明是'无实事求是之意,有哗众取宠之心'。既然如此,都将贻害自己,贻害别人,贻害工作。"③过渡的手段,主要是使用了关联词语"然而"。

倡议书属于应用文体,其正文部分往往由两部分构成:开头+主体。开头一般是总述,交代一下背景、意义等内容;主体一般是分述,以条文式列出倡议的事项。在总述和分述之间,"倡议书开头的最后一句话往往是:特提出如下倡议(后面加冒号)"④。显然,位于开头段尾的过渡句"特提出如下倡议",衔接了总述到分述的不同表达方法。

---

① 秦牧.秦牧散文[M].北京:人民文学出版社,2013:11.
② 孙宜君,唐黎.广播电视新闻作品评析[M].北京:国防工业出版社,2014:347.
③ 马铁丁.马铁丁杂文选[M].北京:人民日报出版社,1984:101.
④ 张明.日常实用文体写作[M].北京:北京师范大学出版社,2009:201.

还有其他一些具体情况，这里不再赘述。

2.照应

所谓照应，是指文章前后内容的关照、呼应。恰当巧妙地运用照应手法，不但能够使文章结构严谨、连接紧密，而且能使被照应的内容得到强化，从而给读者留下深刻印象与回味。

照应既然是前有所呼、后有所应，那么它的形式就必然是由前后相关的成双或是成组的语句、段落构成。一般的情况是：交代在前，回应在后；暗示在前，挑明在后；伏笔在前，应笔在后；等等。所以照应的手法又被称作"伏应"。

常见的照应方式有以下几种：

其一，正文和标题相照应。标题是一篇文章的"眼目"，为了使标题能很好地提领全文，也为了使题和文联系紧密，所以各类文体都十分重视行文与标题的照应。

文学文体如巴金的"忏悔性"散文《小狗包弟》，在行文中作者用了两种方法照应标题。一是解题，解释小狗包弟的来历，那是朋友送给作者的一条外国的小狗；二是应题，除了正面记写包弟的文字而外，作者多次以"您的小狗怎么样了""我不由自主地想到了包弟"等语句照应标题。直至文章结尾的最后一句话，作者再次照应标题，并"卒章显志"："我怀念包弟，我想向它表示歉意。"[①]由此可以看到，该文的题文照应，既加强了题与文的有机联系，又深化了主题，令人回味。

议论文体如作家刘征的短论《时文三弊》，文章开篇不久即照应标题："话说时文之弊，其弊有三。"[②]接下来，文章分别抨击了"一是长""二是空""三是涩"的时文之弊，照应了标题中的"三弊"。没有这番照应，该文的结构就不严谨，就有破绽。

应用文体如"通知""通报""倡议书""建议书"等，其主体部分的开头最后一句话往往分别是："特通知如下""特通报如下""特倡议如下""特建议如下"等，这其实也是对标题之中文种名称的一种照应。

其二，开头和结尾相照应。这也即人们平常所说的首尾呼应。这在各

---

① 李朝全.散文百年经典(1917—2015)[M].北京:中央编译出版社,2016:221.
② 牛永江,何宝民.二十家散文小品[M].北京:光明日报出版社,1992:40.

类文体中都较为常见,以下仅举几例:

朱自清的散文名篇《荷塘月色》的开头:"……我悄悄地披了大衫,带上门出去。"结尾:"轻轻地推门进去,什么声息也没有,妻已睡熟好久了。"①推敲一下,如果本文不设置结尾处的照应,那么结尾句就是"这令我到底惦着江南了",感觉似乎收束得太急了点,觉得后面还缺了点什么。有了这个照应开头的结尾,文章结构就完整了,稳固了,达到了首尾圆合。

鲁迅的杂文《二丑艺术》的开头:"浙东的有一处的戏班中,有一种脚色叫作'二花脸',译得雅一点,那么,'二丑'就是。……"②在下文中,作者论述了、撕开了如"二丑"一般的智识阶级替恶势力帮闲帮凶的真实嘴脸。结尾时文章照应开头:"这最末的一手,一面也在掩饰他并不是帮闲,然而小百姓是明白的,早已使他的类型在戏台上出现了。"从而使结构完整,又强化了中心论点。

英国前首相丘吉尔在二战中发表的鼓舞人心的演说及演讲稿《我们将战斗到底》,也运用了开头与结尾相照应的手法。首句为:"这次战役尽管我们失利,但我们决不投降,决不屈服,我们将战斗到底!"主体部分对此次战役进行了客观分析。结尾处再次强调"这次战役尽管我们失利,但我们决不投降,决不屈服,我们将战斗到底"③。这就不但达到了结构上的首尾呼应,而且是"反复"的修辞手法的运用,很好地表达了"决不屈服、决不投降、战斗到底"的坚强决心,极大地鼓舞了广大人民群众的斗志。

其三,行文中前后照应。此即人们所说的前呼后应,也有人称"行文中互相呼应"。为了使文章前后关联、浑然一体,不少文章也都十分重视前后的照应。

作家何为的散文《第二次考试》在前后的照应上是颇费了心思的。我们在上文提到,此文的开头设置了一个悬念:陈伊玲初试的演唱十分出色,复试却令人大失所望。悬念即是伏笔。接下来,作品详细地回叙了陈伊玲的初试与复试的情景,反差巨大,悬念在继续,在强化,这对开头来说也是在照应。此时,作者设置了第二处伏笔,而且是个"暗伏",即暗示性的伏笔:"他

① 季羡林.中华散文珍藏本·朱自清卷[M].北京:人民文学出版社,2000:109.
② 鲁迅.我们要批评家(鲁迅杂文精选集)[M].北京:中国言实出版社,2015:269.
③ 岳海翔,李树春.影响世界历史的经典演讲词赏析[M].北京:中共中央党校出版社,2013:97.

(指苏教授)生气地侧过头去望窗外。这个城市刚刚受到过一次今年最严重的台风袭击,窗外断枝残叶狼藉满地……一片惨淡的景象。"[1]文章的后半部分照应了前文,挑明了事情真相:正是由于台风,陈伊玲家附近发生了火灾,她毅然参加了救火,过度劳累使她的嗓子受到很大影响,导致复试失常。悬念解开了,伏笔回应了,文章在结尾处进一步照应,苏教授对陈伊玲的弟弟说:"告诉你姊姊:她的第二次考试已经录取了!她完全有条件成为一个优秀的歌唱家……"[2]既照应了开头,也照应了前文,还照应了标题。至此,文章的前后内容浑然一体,可以说是天衣无缝了。

叶圣陶写有一篇文学评论的文章《〈普通劳动者〉是一篇很好的小说》。文章的标题即中心论点,开头第一句话作者再次亮明观点:"……《普通劳动者》,我觉得是很好的短篇小说"。之后,作者不但围绕中心论点展开了"很好在哪里"的逐层论证,而且在全文不断以类似的语句予以照应,如"因此我说它好""是真正的小说""能够精心雕凿""这些细节目,都是我所说的必要的雕凿""写景写物都精""这些描写都能'体物入微'""体会、观察得极精细""这样结束真可说'余味不尽',叫人想得很远很多"[3],这就形成了行文中的前后照应、互相照应的局面。

马丁·路德·金的著名演讲稿《我有一个梦想》不但题文照应,文章中也是前后多次呼应自己的"梦想":"我梦想有一天,这个国家将会奋起……","我梦想有一天,在佐治亚州的红色山岗上……","我梦想有一天,我的四个小女儿……","我今天怀有一个梦"[4]等等,这就不但使全文结构紧凑,而且回环复沓,具有强烈的表达效果,给读者留下深刻印象。

还有多种情况,这里不再列举。

照应手法的运用,应注意自然、巧妙、严密和适度。

(四)文脉与线索

文脉即文章的脉络。"脉络"一词是中医对人体血脉、经络的总称,写作学借来指称文章的"经络""血脉"。所谓文脉,是指文章中连接上下文全部

① 李朝全.散文百年经典(1917—2015)[M].北京:中央编译出版社,2016:203.
② 李朝全.散文百年经典(1917—2015)[M].北京:中央编译出版社,2016:204.
③ 叶圣陶.叶圣陶散文[M].呼伦贝尔:内蒙古文化出版社,2009:60.
④ 吴宗刚.世界上最伟大的励志演讲[M].上海:上海大学出版社,2015:72.

思想内容、材料的线索、纽带和条理，它使得全文形成一个有机的整体。它是作者的思路在行文中的轨迹。文脉属于文章结构的要素。

文脉在中国古代写作学中又被称作"意脉""义脉""语脉""气脉""筋脉"等。古人写作十分讲究文脉的贯通。例如刘勰在《文心雕龙·章句》中说："故能外文绮交，内义脉注，跗萼相衔，首尾一体。"①中间两句，说的就是"内在的文意脉络贯通，像花房与花萼那样衔接"。反之，"义脉不流，则偏枯文体"②。就是说，文脉如果不通畅，就会使文章的一部分僵滞、枯萎。近代的林纾也十分强调文脉，在《文微》中有言："文中有此，虽千波百折，必能自成条理。"③

在不同种类的文体中，文脉有着不同的体现与形态。

在议论类文体中，文脉一般体现为作者进行议论的条理和步骤。如发表于 2014 年 12 期《文艺争鸣》杂志上的论文《基于伦理视角的新世纪中国都市爱情电影创作》，其脉络体现为先总论再分论再总论。文章的开头以案例、数据阐述了中国都市爱情电影已被越来越多人关注这一电影现象，并提出了本文的研究视角为"伦理学"，这是总说。主体部分则分别从"性爱观""婚恋观""家庭观""价值观""伦理观"④五个方面依次展开了论证。结尾部分以"综上所述"予以过渡，总括了全文。

在说明类文体中，文脉一般体现为作者进行说明的程序和顺次。梁衡的说明文《晋祠》的文脉，先说明晋祠的地理位置，"出太原西南行 50 里，有一座山名悬瓮。山上原有巨石，如瓮倒悬。山脚有泉水涌出，就是有名的晋水。在这山下水旁.参天古木中林立着百余座殿、堂、楼、阁、亭、台、桥、榭。绿水碧波绕回廊而鸣奏，红墙黄瓦随树影而闪烁，悠久的历史文物与优美的自然风景，浑然一体。这就是古晋名胜晋祠"。再介绍晋祠的自然风景之美，"晋祠之美，在山美、树美、水美"。再介绍晋祠的文化建筑之美，"然而，最美的还是祖先留给我们的古代文化。这里保存着我国古建筑的'三绝'"⑤。脉络十分清楚。

---

① 刘勰.文心雕龙[M].开封：河南大学出版社，2008：260.
② 刘勰.文心雕龙[M].开封：河南大学出版社，2008：301.
③ 穆克宏.文选学研究[M].厦门：鹭江出版社，2008：588.
④ 袁智忠，马健.基于伦理视角的新世纪中国都市爱情电影创作[J].文艺争鸣，2014(12)：201-205.
⑤ 梁衡.晋祠[N].光明日报，1982-4-14.

　　应用类文体较为纷杂,但一般来说,文脉同样体现为文章内容展开的条理与顺次。仅以"招聘启事"来说,其正文的脉络一般为:招聘方情况简介,对招聘对象的具体要求,应招人员受聘后的待遇,应聘办法。体现了文章的内在逻辑性。

　　在上述三类文体中,总体而言,其文脉是内在的,并没有外在的显现。这正如刘勰所说的"内义脉注"[①]。清代方东树在《昭昧詹言》一书中也指出:"章法在外可见,脉不可见"[②]。

　　但在叙事性的文学作品和记叙类的实用文章中,出现了不同的情况,文脉常常体现为是外在的明显的事物,于是被习惯地称作了"线索"。

　　所谓线索,是指文章中穿结全部材料、推进内容进展的纽带。线索的常见形式有:

　　以人为线索。如鲁迅的小说《祝福》,以作品中的"我"——鲁四老爷的侄子作为线索人物,通过"我"到鲁镇过年的几天内的所见所闻,贯穿起了全篇内容。但"我"并非小说的主人公,只是个穿针引线的次要角色而已。老舍的长篇小说《骆驼祥子》中的主人公祥子,是主人公,也是全书的线索人物。报告文学《追老姚》,线索人物即身为记者的作者"我",通过"我"追赶劳动模范老姚进行采访的过程,巧妙地报道了老姚的先进事迹。很显然,"我"充当了此文的线索。近年来,类似手法的单篇文章、系列报道时有所见。

　　以一个中心事件或者中心活动为线索。何为的散文《第二次考试》的线索就是顺着陈伊玲复试失常的中心事件展开的、延伸的。穆青等人写作的人物通讯《为了周总理的嘱托……》,是以农民科学家吴吉昌接受周总理嘱托进行棉花方面的科学试验开始,直至培育出了"多秆两层"棉花新品种为止,整个事件的发生发展过程即是文章的线索。作家贾平凹的游记《游西山》的线索就是这次登西山活动的过程。

　　以物为线索。例如昆曲《十五贯》剧本的线索就是贯穿全剧的物品"十五贯"铜钱。老舍的三幕话剧剧本《茶馆》,时间跨度50多年,人物几十个,其枢纽、线索之一是老北京这个名为"裕泰"的大茶馆(另一条主线是时间)。法国作家莫泊桑的小说《项链》的线索就是"项链"。作家曹靖华的回忆散文

---

① 刘勰.文心雕龙[M].开封:河南大学出版社,2008:260.
② 杨淑华.方东树《昭昧詹言》及其诗学定位[M].台湾:花木兰文化出版社,2008:227.

《小米的回忆》写得似乎很"散",但使其内容"聚"在一起的是"小米","小米"是组结全文内容的线索。

还有其他多种情况。我们上面所谈,还只是单条线索(单线),在有些文章中,还存在复线。复线又有明线与暗线、主线与副线等等情况,这里不再多说。

其实,不仅仅是记叙类文章,在一些抒情性的作品中,同样具有以外在明显的事物作为全文线索的情况。例如诗人闻一多的抒情诗《死水》,其线索就是那一沟的"死水"。作家秦牧有一篇抒情散文《土地》,全文的线索就是"土地"。

鉴于上述情况,有的写作教材提出:"脉络同线索虽然有相同之处,但两者是有区别的。线索多指外在的、明显的、实在的事物,脉络多指内在的、隐微的、虚化的义理。"①关于"线索"与"脉络"(文脉)两个概念在不同范围如何准确地使用,本教材基本同意上述观点。但同时我们又认为,这个问题也不能绝对化,因为实际情况本身就不绝对。例如一般认为抒情文是以作者的情感贯通全文,而情感是内在的,所以抒情文应该使用"脉络"的概念。但我们在上文已经谈到,一些抒情文同样具有外在显现的线索,《死水》《土地》就是,还有不少。再如议论文一般是论证义理的,义理也不是外在显现的实物,是内在的道理,所以议论文一般应该使用"脉络"的概念,这也是没错的,但也有例外。如秦牧的议论文《鬣狗的风格》,起到线索作用的就是实在的动物鬣狗,它组接起了全文的材料。之所以会出现这种情况,是由于鬣狗的习性和作者所议论的一类人的风格吻合了。也就是说,这篇议论文就可以使用"线索"这一概念。类似的议论文当然也还有。

总之,我们的看法是,"线索"与"脉络"(文脉)的概念的确各有侧重,但又不是绝对的,因而在概念的使用上不必过于拘泥,二者可以混用。这也正如有的写作学词典所指出的:"但有一些论著也将二者混用"②。

三、结构的类型

所谓结构的类型,是从文章的框架、格局着眼,也即从文章的谋篇布局

① 刘锡庆.写作[M].北京:高等教育出版社,1988:138.
② 刘锡庆.写作学辞典[M].石家庄:河北教育出版社,1989:684.

着眼,看看文章的结构都有哪些种类。而谋篇布局主要是指对文章层次(即部分、大段)的谋划、安排,所以结构的类型,是指在林林总总的各类文体的文章当中,就单篇文章内部层次与层次之间的关系而言,都具有哪些类型。换言之,从安排文章层次的角度来说,结构的类型其实说的就是安排层次都有哪些方法。

总的来说,结构的类型不外乎是纵式结构、横式结构、综合式结构。

(一)纵式结构

所谓纵式结构,指的是在一篇文章内各个层次之间的关系呈现为有先后之分的顺承关系。或者说,在一篇文章内按照有先有后的排列顺序进行层次安排的就属于纵式结构。纵式结构较为常见的情况有:

第一,以时间为线索安排层次。时间是个流程,有先有后,相应的层次也就有先后之别,所以这种层次的安排往往为纵式。很多具有记叙性的文章往往以时间为线索安排层次。作家刘白羽的散文《长江三日》是一篇典型的按时间的先后顺序安排层次的文章。该文 3 大层次,具有外在的标志,以小标题标示层次的起讫。全文的开头没有戴"帽",结尾也没有穿"靴",题目之下是第 1 个层次的小标题:"十一月十七日";第 2 个层次的小标题是"十一月十八日";第 3 个层次的小标题是"十一月十九日"①。显然,这是一篇鲜明的纵式结构的文章。女作家茹志鹃的小说《百合花》,穆青等人的通讯《为了周总理的嘱托……》,新华社通讯稿《华罗庚在日本的最后一天》,老舍的话剧剧本《茶馆》,前苏联作家奥斯特洛夫斯基的散文《我的一天》等都是以时间为线索安排层次的纵式结构。

第二,以事件或活动的过程为线索安排层次。过程也具有流程性,也同样有先有后,所以以此为线索进行层次安排的文章也是纵式结构。同样有很多记叙性的文章以过程为线索安排层次。孙犁的短篇小说《白洋淀》,就是以"告别""探望""打伏击"的事件进展过程结构的作品。小说分 3 个层次,以层次间空一行显示了其外在的形态。3 个层次体现了事件发生、发展、高潮与结局的完整情节轨迹。丁西林的独幕话剧剧本《压迫》,何为的散文《第二次考试》,王蒙的短篇小说《组织部来了个年轻人》等都属于以事件

---

① 李朝全.散文百年经典(1917—2015)[M].北京:中央编译出版社,2016:147-153.

的过程安排结构的纵式结构；贾平凹的游记《游西山》、散文《月迹》等属于以活动的过程安排结构的纵式结构。从实质上讲，过程体现的也是时间的先后，只不过它不是以时间为线索而已。

第三，以论理的逐层递进为线索安排结构。这主要体现在议论文当中，也即人们平常所说的"递进式"。既然是逐步递进，就产生了层次间的先后顺承关系，所以也是纵式。毛泽东 1942 年写有一篇议论文《一个极其重要的政策》①，是一篇较为典型的递进型纵式结构的文章。全文 4 个层次，一个层次一个自然段，贯通而下，没有外在的标志。第一层，提出问题，要充分认识"精兵简政"是个极其重要的政策；第二层，分析解放区物质困难是提出"精兵简政"政策的原因；第三层，分析精兵简政为什么是克服物质困难的重要办法；第四层，分析兵精政减之后为什么可以更有效地打败敌人。4 个层次，环环相扣、层层递进、顺序分明，纵式结构的特征明显。鲁迅的议论文《论"费厄泼赖"应该缓行》分 8 个层次，逐层推进，也属于这种逐层递进的结构形式。一些议论类文体习惯按照"绪论""本论""结论"的"三段式"来结构文章，如果其层次的顺序呈现为标准的"提出问题""分析问题""解决问题"的话，那么其呈现的脉络也是逐层递进，也可以归入纵式结构。但有的议论文开头不是提出问题，而是亮出观点、总括观点，之后再分论，那就不是纵式，而是总分式的综合式类型了，下文将会说到。

(二)横式结构

所谓横式结构，指的是在一篇文章内各个层次之间的关系呈现为平起平坐的并列关系，也即人们所说的并列式。或者说，在一篇文章内按照并列的关系进行层次安排的就属于横式结构。横式结构在各类文体中的情况有：

在记叙类文体中，包括叙事类文学作品，由于大量文章是以时间或事件为线索的纵式结构，所以纯然的横式结构不多见，但也有。如刊登在《十月》1981 年第 4 期的评剧演员新凤霞的回忆录《童年的回忆》，是以不同人物为线索的横式结构。全文两个层次，属于外显式的小标题式。第一个小标题："大伯母"；第二个小标题："傻二哥"。层次间的关系是明显的并列。鲁迅的

---

① 毛泽东.毛泽东选集(合订本)[M].北京：人民出版社，1964：836－839.

散文《从百草园到三味书屋》是以不同空间为线索的横式结构。全文也是两个层次,属于内隐式,但层次十分分明,第一层次写百草园,中间一个过渡段,第二层次写三味书屋。二者之间的关系如"双峰并立",也是横式。这里说明一点,有的写作教材认为凡是以空间位置为线索的文章都是并列式结构,这是不准确的。如有的游记虽然是以空间为线索安排结构,但游踪是有先后的,层次间其实是顺承关系,应该属于纵式结构。还有的游记其实是综合式的结构,如李健吾的《雨中登泰山》,这在下文我们将说到。

在议论类文体中,包括学术论文在内,有以论证内容为线索的横式结构。例如我们在上文提到的美国经济学家米尔顿·弗里德曼的《需求、供给和弹性概念》就是如此。该文以小标题的形式呈现全文的 3 个层次:"需求概念""供给概念""弹性概念"①,明显的并列关系,属于横式结构。

在说明类文体中,有的说明文以被说明事物的有关侧面为线索安排结构,其形态呈现为横式结构。如《雪花趣谈》②一文,全文 4 个自然段,也即 4 个层次,属于内隐式层次。每个层次的大意可以依次归纳为:说明雪花的大小、说明雪花的形状、说明雪花的颜色、说明雪花的用处。其并列的关系还是较明显的。

在应用类文体中,同样存在横式结构的文章。如日常应用文中的"守则""公约"等的结构,除了标题、落款之外,其正文部分往往是条文式,以"一""二""三""四""五"……的序号并列排列,如《中学生守则》《馆员守则》等③,不再细说。

(三)综合式结构

所谓综合式结构,指的是在一篇文章内各个层次之间的关系呈现为两种及以上线索并存的结构状态。或者说,在一篇文章内按照两种及以上的线索进行层次安排的就属于综合式结构。综合式结构又可以分出 3 种类型:时空综合式、总分综合式、首尾综合式。

第一,时空综合式。这种综合式结构主要运用于叙事类的文学作品和实用文体的记叙文中。其结构特点是作者既以时间线索安排层次,同时又

---

①　张继缅,孟繁华.写作简明教程资料汇编[M].北京:中央广播电视大学出版社,1986:233-245.

②　全国作文研究中心.说明文精选(第 2 版)[M].郑州:文心出版社,1994:150-151.

③　张明.日常实用文体写作[M].北京:北京师范大学出版社,2009:84.

以空间线索安排层次,甚至还有其他的线索穿插其中,从而使全文呈现出时空交织的状态。

较早的也被认为是最基本的时空综合式的一篇文章,是不少写作教材所谈及的通讯《为了六十一个阶级弟兄》。该文报道了 1960 年 2 月 3 日至 5 日抢救山西 61 个中毒民工的事件,为了及时找到一种特效药,涉及北京、山西平陆县、三门峡黄河渡口、首都军用机场等多地。全文有十多个层次,层次为小标题式,如:"1960 年 2 月 3 日,农历正月初七 现在,整整是下午 4 点钟""2 月 2 日,在山西平陆县""就在同一个时间内""2 月 3 日,下午 4 点多,在卫生部""现在,是夜里 11 点 23 分""就在同一个时间内"[①]……由此可以看到,文内有一纵一横的两条主线,时间是经线,空间是纬线,经纬交错,很好地体现了"一方有难,八方支援"的主题,属于时空综合式结构。但实际上此篇文章的结构还要更复杂一些,我们下文再说。人们所熟悉的朱自清的散文《荷塘月色》,如果我们采取一点简单化的做法,把其中作者回忆江南采莲的不长的文字忽略不计,那么该文倒是一篇时空综合式的文章:开头是"带上门出去",结尾是"推门进来"[②],算是以时间为线索;中间部分欣赏荷塘与周围的景致,算是以空间为线索。那么,层次间的关系勉强算是时空交错了。

20 世纪 70 年代末至 80 年代中期,中国一些当代作家所写的"东方意识流小说"也可归入时空综合式结构,但和《为了六十一个阶级弟兄》主体部分的一纵线一横线交叉的形式相比,其时空交错的状态就要复杂得多了。下面摘引作家王蒙意识流短篇小说《春之声》[③]中的几个片断:

> 咣地一声,黑夜就到来了。一个昏黄的、方方的大月亮出现在对面墙上。岳之峰的心紧缩了一下,又舒张开了。车身在轻轻地颤抖。人们在轻轻地摇摆。多么甜蜜的童年的摇篮啊!夏天的时候,把衣服放在大柳树下,脱光了屁股的小伙伴们一个猛子扎出十几米,谁知道谁在哪里露头出来呢?
>
> ……

---

① 白庆祥.中外新闻名著鉴赏大辞典[M].北京:新华出版社,2001:532-536.
② 李朝全.散文百年经典(1917—2015)[M].北京:中央编译出版社,2016:51-53.
③ 刘川鄂.中国当代文学作品选[M].武汉:武汉出版社,2015:76-84.

方方的月亮在移动,消失,又重新诞生。唯一的小方窗里透进了光束,是落日的余晖还是站台的灯?为什么连另外三个方窗也遮严了呢?黑咕隆咚,好象紧接着下午便是深夜。门咣地一关,就和外界隔开了。那愈来愈响的声音是下起了冰雹吗?是铁锤砸在铁砧上?在黄土高原的乡下,到处还靠人打铁,我们祖国的胳膊有多么发达的肌肉!呵,当然,那只是车轮撞击铁轨的噪音,来自这一节铁轨与那一节铁轨之间的缝隙。

……

过往的记忆,已经象烟一样,雾一样地淡薄了,但总不会被彻底地忘却吧?历史,历史;现实,现实;理想,理想;哐—哐—咣气咣气……喀郎喀郎……沿着莱茵河的高速公路。山坡上的葡萄。暗绿色的河流。飞速旋转。

……

不。那不是法兰克福。那是西北高原的故乡。一株巨大的白丁香把花开在了灰色的瓦瓴上。如雪,如玉,如飞溅的浪花。

……

不,那不是西北高原。那是解放前的北平。华北局城工部(它的部长是刘仁同志)所属的学委组织了平津学生大联欢。营火晚会。

……

不,那不是逝去了的,遥远的北平,那是解放了的,飘扬着五星红旗的首都。那是他青年时代的初恋,是第一次吹动他心扉的和煦的风。

……

《春之声》是王蒙"意识流小说"的代表作之一,从摘引的片断可以约略窥见到,作品是以主人公岳之峰春节期间坐在拉货的火车车厢内的意识流动为主线,交织进了时间的线索、空间的线索、人物经历的线索。但这些线索呈现的状态不是连贯的,而是被作者有意识地打乱、剪辑后再重新安排、组接的。于是,过去和现在、童年和中年、故乡和首都、中国和外国,纵横交错、跳跃闪回,形成了一种十分复杂的网状的时空综合式结构,完成了作者对"时代的春天重回祖国大地"的主旨表现。

第二,总分综合式。这是对"总分总"式、"总分"式、"分总"式 3 种结构形式的一个统称。在一篇文章中,"总"的层次与"分"的层次的关系是一种领属关系,具有顺承性,因而是一种以总－分为脉络的纵式结构;而"分"的层次一般是文章的主体部分,由多个段落构成,一般为横式。这样,全文就呈现为具有两种线索形式并存的结构状态,因而是综合式结构的种类之一。总分综合式在议论类、说明类、应用类文体中是大量存在的,我们作一些具体分析。

先看议论文体。可以说,总分综合式结构是议论文体的一种常见形式。我们在上文曾提到的一篇学术论文《基于伦理视角的新世纪中国都市爱情电影创作》的三个层次的安排线索就是先总论,再分论,再总论,我们上文说到,这是一种纵式结构。文章的主体部分是分论,分别从"伦理学"视角的"性爱观""婚恋观""家庭观""价值观""伦理观"①五个方面依次展开论证,这是一种并列线索的横式结构。全文有纵有横,属于综合式结构。我们在上文还曾说到钱伟长的讲话稿《和大学生谈学习方法》,其实从内容的性质来说,这也可以视为是一篇学术性论文,其结构类型和上面的关于爱情电影的论文是一样的:开头先总说一下;中段大体上是并列式的分说,"一、不要死记硬背","二、怎样记好笔记","三、大学生一定要学会自学"……;结尾以"综上所述"②作为过渡句,总论后收束全文。显然,这是一篇总分综合式结构的文章。

再看说明文体。总分综合式在说明文中也同样较为常见。明代魏学洢的《核舟记》是说明文的一个名篇。一般的写作教材把其归为横式结构,理由是它以空间位置为线索进行的结构安排。其实不然,横式结构仅是它的中段,它的全文结构是总分总式。该文共三个层次,开头先总说叫王叔远的那个手艺精巧之人曾经送给作者一个核舟。中段是主体部分,四个自然段,依次说明了核舟的中部船舱、船头、船尾、船背的情况,属于并列式。结尾再次总说:"通计一舟,为人五,为窗八,为……嘻,技亦灵怪矣哉!"③这是一篇

---

① 袁智忠,马健.基于伦理视角的新世纪中国都市爱情电影创作[J].文艺争鸣.2014(12):201－205.
② 钱伟长.钱伟长文集(1931—1986)[M].上海:上海大学出版社,2013:412－420.
③ 宋致新.明清性灵小品[M].武汉:崇文书局,2016:198.

标准的总分总式结构的说明文,属于总分综合式类型。这里顺便提到一篇和观察空间位置有关的说明性文章——新华社记者周定舫所写《人民英雄永垂不朽——瞻仰首都人民英雄纪念碑》①。有的写作教材分析它是横式结构,因为它说明的是人民英雄纪念碑有关的方位。这同样不准确。此文和《核舟记》一样,先总观,再分观,再总观,属于总分综合式。

　　再看应用文体。总分综合式结构在应用文中常见的是"总分"式和"总分总"式。我们上文曾提到的日常实用文"倡议书""建议书"等文种,其结构往往如此。例如《积极开展"三名"活动倡议书》②一文,其正文部分就是总分结构。全文两大层次:开头的两个自然段为第一层次,先总说了开展"读名著、听名曲、赏名画"活动的背景与意义,第二自然段的最后一句话为过渡句:"为此,我们倡议如下:";第二层次是条文式,并列的 5 条倡议是横式的分述;由此形成了该倡议书的综合式结构。总分总式如《求职信》一文,正文的开头先总说,提出求职的请求;中段分别介绍自己的业绩、优势;结尾再次总说:"望贵单位能够接收我、支持我,让我加入你们的大家庭,我将尽我最大的努力为贵单位发挥我的水平和才能。期盼和感谢您的选择!"③

　　第三,首尾综合式。在不少的文章中有这样的情况:作为文章的主体部分,是某一种线索的形式;而作为文章的首尾,或者仅是开头,或者仅是结尾,其与主体之间的层次关系则是另一种线索形式。这样,全文就形成了两种线索,符合综合型结构的条件,故称之为首尾综合式。下面作一些具体分析。

　　先来看记叙类的文章与文学作品。我们上文曾提到冯骥才的短篇小说《高女人和她的矮丈夫》④,全文有 5 个层次,分别以序号"一""二""三""四""五"明确标示。其中后四个层次是主体部分(没有单另的结尾),以高女人和她的矮丈夫的人生遭遇为线索展开情节,属于纵式结构。而第一个层次是文章开头,大谈所谓"习惯",和后面的情节没有直接关系,起的是铺垫、导引作用。也就是说,开头和主体的关系是另一种线索形式,二者属于一种偏正关系。这是首尾综合式的一种情况。

①　何平.新华社记者笔下的新中国[M].北京:新华出版社,2009:51－53.
②　张明.日常实用文体写作[M].北京:北京师范大学出版社,2009:202.
③　张明.日常实用文体写作[M].北京:北京师范大学出版社,2009:190.
④　李朝全.短篇小说百年经典(1917—2015)[M].北京:中央编译出版社,2016:247.

鲁迅的小说《一件小事》有头、有尾、有身,中间的主体部分以事件过程为线索,而头尾抒发感慨,相互照应,强调小事不小,"至今忘记不得"①,起一种渲染、烘托作用,和主体的关系显然也是另一种线索形式,也应属于首尾综合式。和冯骥才的《高女人和她的矮丈夫》相比,这是首尾综合式的又一种情况。朱自清散文《背影》的结构和《一件小事》类同,首尾照应,渲染烘托,主体进行叙事。文学评论家李健吾有一篇游记《雨中登泰山》,屡屡被人提及。有人说它以空间位置为线索,属于横式结构;还有人说它以游踪为线索,属于纵式。其实它应该属于首尾综合式。文章的开头进行铺垫,"几十年来"都在向往登泰山;结尾总括此次登泰山的特点:"有雨趣而无淋漓之苦"②;中间纵式结构,记写了登泰山的全过程。该文的总体结构大体类同于《一件小事》和《背影》。这里再次说一说通讯《为了六十一个阶级弟兄》。该文的头尾都相对独立,作者抒情、议论,赞颂"共产主义大协作的奇迹"③。所以该文从总体上说属于首尾综合式,主体部分属于时空综合式,其间还穿插有一条副线,是作者的议论式旁白。可以说此文是4条线索的交织。

再来看议论性的文章。上文提到鲁迅的杂文《二丑艺术》,开头是曲折入题,说到戏班中有一种角色叫作"二丑",这和下文并无直接关系,起一种导入、铺垫作用。主体部分作者抨击的是替恶势力帮闲帮凶的智识阶级,说他们的手段很像"二丑",属于递进式论证。结尾照应开头,"小百姓是明白的,早已使他的类型在戏台上出现了。"④很明显,全文两种线索,属于首尾综合式。

应用文体中也有这类首尾综合式结构的文章。例如有些"表扬信""感谢信",其正文部分的头与尾,往往相互照应,表示"表扬"或"感谢";中段往往是叙述被表扬或被感谢方的先进事迹,可以是纵式,也可以是横式;那么总体呈现为首尾综合式。不再细述。

通过上述分析可以看到,首尾综合式和总分综合式的形式很像,都是关于文章的首尾与中段的关系。只不过总分综合式是首尾为总,中段为分,其层次关系为领属关系;而首尾综合式中的首尾和中段的关系不是总分关系,

① 鲁迅.故乡·朝花夕拾 鲁迅专集[M].长春:吉林出版集团有限责任公司,2015:138.
② 李朝全.散文百年经典(1917—2015)[M].北京:中央编译出版社,2016:168-171.
③ 白庆祥.中外新闻名著鉴赏大辞典[M].北京:新华出版社,2001:532-536.
④ 鲁迅.阿Q与野草 鲁迅精选集[M].北京:北京工业大学出版社,2015:130.

而呈现为其他的更为多样的关系。或者应该这样说,总分综合式本来也是首尾综合式中的一类,但由于它的特点明显、成熟,所以它就从这个"大家庭"中"分家"出去"自立门户"了,而家里的其他成员还不能独立,还须继续留在这个大家庭之中,也还得用这个"家庭"的名字称呼之。

四、结构的要求

对文章结构的一般要求是:完整、统一、严谨、自然、灵活。

(一)完整

完整,是指文章在构成上有头、有身、有尾,首尾圆合,主体完备,没有残缺;在文章内部的脉络上没有断层和缺少成分的现象。这正如茅盾所言:"结构指全篇的架子。既然是架子,总得前、后、上、下都是匀称的,平衡的,而且是有机性的……有机性指整个架子中的任何部分,不论大小,都是不可缺少的。少了任何一个,便损伤了整体美。"[1]

完整是对结构的起码要求。具体而言:

第一,文章的各部分应构成一个统一的整体。局部应适应文章的整体而存在,彼此间具有内在的联系和适宜的外部组合,否则,局部再精彩,也无存在的意义。

第二,构成文章整体的各局部不可残缺。一般来说,每种文体都有其内在的构成逻辑。如记叙类文体,通常由事件的开端、发展、高潮、结局等环节构成。议论类文体,其结构通常为总分式或总分总式,体现论证过程的逻辑推演。抒情类文体,其结构通常体现出感情脉络的起伏跌宕。说明类文体,通常从不同角度或不同方面对说明对象特征做充分解释或说明。在文章中,若缺少某一部分,都会使结构不完整、不协调。在一些学生的作文中,往往前边有交代,后边却缺少呼应;前边说了"第一",后边就接着说"第三";开头的总述概说了五点原因,主体的分述就只剩下了四点等等。这些不经意的疏漏,都会造成文章的不完整。

(二)统一

统一,是指文章通篇贯通、浑然一体,无上下割裂之感,无前后乖异之

---

[1]　茅盾.茅盾全集(第27卷)[M].北京:人民文学出版社,1996:265.

病,全文格调一致,形式和谐。统一也是对文章结构的一个基本要求。

上文说到,文章应有文脉,文脉即作者思路的表现形态。思路不清、不畅,文脉就会紊乱,文章结构也必然凌乱、不统一。文章的内容不论多么复杂,其脉络必须一以贯之。如长篇小说《红楼梦》,人物众多,关系复杂,但始终围绕家族兴衰进行叙写,主线为贾府的由盛而衰,人物、情节围绕主线展开,首尾呼应,结构统一贯通。

结构的统一还应该包括各个部分在文章中的比重要大体适当。根据表达主题的需要和文章篇幅的大小,各局部应在整体中依其地位与作用占有相应的比例。如正文部分的比重要明显重于首尾部分。详略得当,张弛有度,疏密相间,轻重合理,才能使文章结构呈现出匀称、和谐、统一的效果。毫无疑问,一篇文章头重脚轻或尾大不掉都会破坏结构的统一,而这两种现象也是学生作文中时有所见的问题。

(三)严谨

严谨,是指文章结构的紧凑、细密,没有松散、脱节等毛病。李渔在《闲情偶寄》中说,"编戏有如缝衣,其初则以完全者剪碎,其后又以剪碎者凑成。剪碎易,凑成难,凑成之工,全在针线紧密。一节偶疏,全篇之破绽出矣"[1]。他用"针线紧密"强调了文章结构的严丝合缝,说的是编戏,也同样适用一般文章的结构安排。俄国文艺理论家车尔尼雪夫斯基也强调,"紧凑——是作品美学价值的第一个条件,一切其他优点都是由它表现出来的"[2],他把结构严谨的要求提到了相当高的位置。

结构的严谨,体现的是事物之间逻辑性的展现上精严细密,无互相矛盾或互不相关的现象。如对议论文来说,段落间或层层深入,或分条列项,或正反说理,都有着逻辑上的因果必然性。叙事类文体同样也需要按照事物发展的因果关系,环环相扣地叙述清楚。如荷马史诗《伊利亚特》中,阿伽门农先抢走了阿喀琉斯的心爱女奴,阿喀琉斯才怒而退战,因退战才导致希腊联军节节败退,因败退才导致阿喀琉斯好友帕特洛克罗斯偷了阿喀琉斯的盔甲替他迎战特洛伊,才导致好友之死,因好友之死最终促使阿喀琉斯再次出征,才导致特洛伊大将赫克托耳战死城下。所以该小说情节的安排是有

---

① (清)李渔.彩色图解闲情偶寄[M].北京:中国华侨出版社,2016:14.
② 车尔尼雪夫斯.车尔尼雪夫斯基论文学[M].上海:上海译文出版社,1979:247.

着严密的逻辑性的。

结构的严谨,还表现为文章内在的和外在的凝聚力。层次、段落的安排,材料与材料的组接,既有紧密的内部联系,也有过渡、照应等外部形式的紧密连结,从而使得文章结构十分细密、无懈可击。

应当说,对某些文学作品来说,严谨的强弱程度存在较大空间;而对绝大多数文章来说,严谨的要求也是需要达到的。

(四)自然

自然,是指整个文章的结构布局应顺理成章、自如和谐,无人工雕凿斧削的痕迹,更无牵强的生硬拼凑。用宋代苏轼在《答谢民师书》中的话来说就是"常行于所当行,常止于所不可不止,文理自然,姿态横生"。这段话用来评价苏东坡本人的文章也是很恰当的,特别是他的游记写作,如《喜雨亭记》《前赤壁赋》《后赤壁赋》《记承天寺夜游》等,似行云流水,自然天成,毫无人工的刻意雕琢。所以有专家评论苏轼的文章特点是:"挥洒自如,姿态横生,嬉笑怒骂,皆成文章。晚年更加自然超妙,是'绚烂至极归于平淡'的结果。"①

文章结构,总是需要作者进行安排的,安排却又要达到"自然",所以结构自然的要求,其实是有意为之和不着痕迹的辩证统一。如欲完全达到不露痕迹、自然天成也是不那么容易的一件事,但安排结构时不要生硬拼凑或矫揉造作,而是尽可能自然适宜,这应该是力求达到的一个目标。

(五)灵活

这个要求,和上述要求有所不同。上述要求都是针对一篇文章内结构自身的要求而言的,而"灵活"的要求,既是针对一篇文章的结构而言的,也是针对文章结构的总体而言的。

灵活,就一篇文章的结构安排而言,是指忌讳刻板、呆滞,要安排得生动活泼一些。就文章结构的总体而言,是指不要程式化,不要千篇一律,要富于变化、灵活多样。

先看一篇文章的结构需要灵活。就大多数文体的文章而言,其结构并没有特定的格式要求,作者可以安排得呆板一些,也可以安排得灵活一些。

---

① 姜光斗.苏轼散文精品选[M].西安:陕西人民出版社,1995:2.

但从读者的接受来看,在其他因素相同的情况下,当然结构灵活一些的接受效果要好。例如有的文章段落冗长,开头、结尾平淡,又缺乏必要的过渡、照应及"点题"之笔的安排,读者阅读起来不得要领,不好理解,往往感到沉闷无味。反之,段落简短,形式活泼,开头、结尾不落老套,善于过渡、照应,这样的文章读者当然更乐于接受。

当年何为的散文《第二次考试》刚一发表,立即吸引了大量读者,并获得了广泛好评,这和该文结构的灵活巧妙有着直接关系。作者在开头采用了倒叙的手法,并设置了悬念:陈伊玲第二次考试严重失常。在其后的结构安排中,情节曲折,又设置了第二个伏笔:台风袭击。至文章的下半部分,照应上文,逐步解开悬念和伏笔,结尾含蓄点题,给人以启发、回味。无疑,这一安排比死板的平铺直叙要活泼多了。鲁迅的杂文之所以被称为"匕首""投枪",发挥了巨大的作用,和其形式上的短小精悍、灵活多样也有着很大的联系。清代章学诚在《文史通义·古文十弊》中说:"文成法立,未尝有定格也。"这说的是很有道理的。

但也需要看到,在实用文体的应用类文章中,确有一些文体如法定公文(决定、通知、请示等)、专业文书(法律、经济、外交等文书)、日常应用文(申请书、感谢信、求职信等)等在格式方面有着较为严格的要求,灵活性的空间是很狭小的。即使如此,也仍然存在着作者发挥主体作用的余地。就拿上述文种的主体部分来说,是安排成小标题式,还是序号式,还是段落式,还是条文式?段落构成是长一些,还是短一些?作者是完全可以根据具体内容安排得相对灵活一些、可读性更强一些的。

再看从总体上说文章的结构安排需要灵活。这涉及的是文章结构有无固定模式的问题。就大多数文体而言,结构没有固定不变的模式,不能程式化,不能凝固化,要创新,要变化,要灵活多样,不然就会导致文章的僵化而走向末路。八股文的消亡就是一例。八股文的结构安排讲究起、承、转、合也不是完全没有道理,但它程式化了,凝固化了,僵死地规定每篇文章必须写成八股:破题、承题、起讲、入手、起股、中股、后股、束股。甚至每股讲什么内容,用多少字,都有规定,不得破格。最终走向了自己的反面,为社会所淘汰。金代王若虚在《文辨》中写道:"'文章有体乎?'曰:'无。'又问:'无体乎?'曰:'有。''然则果如何?'曰:'定体则无,大体须有。'""定体则无,大体须有"八个字,说得很辩证,也很对。这里的"体",是指文章的体式、布局、章法等。他的意思是说,固定不变的"体"是没有的,而大致的"体"又必须要有,体现了他的反对固定化,主张相对的灵活多样的文章观。

再来看一下三篇写人力车夫的小说。鲁迅的《一件小事》选取人力车夫拉车时不小心撞倒一位老妇人的小事,结构是"首尾综合式";郁达夫《薄奠》以片段连缀的方式概括了车夫贫穷的一生与高贵的精神;老舍的《骆驼祥子》以"三起三落"的戏剧化手法描述了祥子在城市奋斗最终失败的悲剧命运;三篇的结构方法是迥然不同的。为了增强表现力,三篇小说均设置了"比较":鲁迅的《一件小事》是"我"的自私心理与车夫的高大形象形成比较;郁达夫的《薄奠》是"我"与车夫相互衬托;老舍的《骆驼祥子》是祥子的前后变化所形成的自身对比。由此可见,同样的题材与文体,不同的作者在写作时,也会呈现出灵活多样的个人化特点。在保持文章结构严谨、自然、统一的前提下,灵活多样才会使文章生动,不雷同,有生命力。

同样,在我们上述的实用文体的应用类文章中,也确实存在着具有严格格式要求的文体,例如法定公文,即人们日常所说的"红头文件",其各项的格式要求是由有关部门用文件的形式规定的,必须遵守、照办。但和八股文有着很大不同的是,在公文的内容上并没有什么固定的限制,在公文正文的形式上也没有限制;换句话说,严格限制的只是文章外在的外围的一些格式,目的是为了公文管理上的规范化、高效化。当然,格式的限制,也会对结构的灵活性产生某种制约。

总之,对大多数文体而言,结构要灵活,要变化,要多样,不宜死板、僵化、一律;对有特定格式要求的应用类文体来说,既要符合相关格式的规范,又要在能够发挥写作主体能动性的方面体现出文章结构的相对灵活度。目前所有文体在形式方面的发展总趋势(包括结构),文学文体更趋向不断出新,应用文体则趋向格式的更为规范,其他文体基本处于中间地带。

五、安排结构的原则

(一)符合表现主题的需要

这是说安排结构要有"主题意识"。

上文说到,主题是文章的"统帅",作为文章形式要素之一的结构,当然也归主题"统领"。那么,作者在进行结构安排的时候,理所当然要首先考虑是否能很好地表现文章主题。换句话说,就是要依据表现主题的需要进行结构的安排。刘勰在《文心雕龙·附会》中明确指出了这一点:

> 凡大体文章,类多枝派,整派者依源,理枝者循干。是以附辞会义,务总纲领,驱万涂于同归,贞百虑于一致,使众理虽繁,而无倒置之乖,群言虽多,而无棼丝之乱;扶阳而出条,顺阴而藏迹;首尾周密,表里一体:此附会之术也。[①]

他的意思是说,无论文章的内容有多么复杂,只要以总纲主题为中心,围绕主题来安排结构,以纲统目,主次有序,这样文章就会上下连贯,严谨周密,条理清晰。这就是结构的方法,即"附会之术"。

依据主题安排结构,首先要考虑的是采用何种结构的类型,是纵式,横式,还是综合式?这其实就是在谋篇布局,考虑以怎样的主线贯通全文。至于其他的结构要素,一般需要在起草行文的过程中加以安排设置。

(二)适应文体的特点

这是说安排结构要有"文体意识"。

安排结构除了和主题的关系密切而外,和所写文章的体裁也有着紧密的关系。在长期的写作实践中,各类文体在结构上形成了相对独立的基本形态,具有一些特定的要求,所以安排结构就要适应不同文体的结构特性。

先看文学文体。例如诗歌体裁,讲究节奏、韵律,外在的结构形态是分行分节排列,诗行或整齐,或错落,注重形式美。传统小说在结构上要以人物为中心,要在情节的发展进程中体现人物性格;意识流小说以人物意识为主线,时空交错。传统的戏剧文学在结构上分幕分场,情节安排要有尖锐的戏剧冲突和强烈的戏剧性;后来曾兴起"无场次话剧""先锋派戏剧"等。艺术散文篇幅一般不长,形式较为自由,结构手段灵活多样。影视文学充分发挥"蒙太奇"作用,往往采用时空综合式,近年又出现所谓"套层结构"。

再看实用文体。议论类和说明类文体常见的形式是先总说,再分说,再总说;或者是先总说,再分说;因而往往是"总分综合式"的结构类型。但不可忽略的是其中也会出现纵式结构的递进式。消息属于记叙文,其构成往往为"导语""主体""背景""结尾"等部分。应用类文体一般具有特定的格式

---

① 刘勰.文心雕龙[M].上海:上海古籍出版社,2015:243.

要求,往往由标题、称谓、正文、署名、日期等格式构成,其中的法定公文的格式就更为复杂;其主体部分的构成,常见的也是总分总式,和议论文、说明文类同。

　　总之,作者安排文章结构要考虑不同文体的不同结构特点,因"体"制宜。既需要灵活、变化、出新,又需要妥当适宜。还是上文提到的王若虚在《文辨》中说的那八个字:"定体则无,大体须有"。

(三)利于读者的接受

　　这是说安排结构要有"读者意识"。

　　读者是写作系统的要素之一,现代写作要有明确的"读者意识",在写作的过程中始终要想到读者,这是本书在导论中已经谈过的问题,何以在这里又要专门涉及读者接受的内容呢? 这是因为,结构是文章形式的要素之一,从文章接受的角度来说,它和读者的关系相对更为密切一些,有必要作为一个原则再强调一下。

　　一般来说,文章是为读者(包括听众)而写的,这就需要充分考虑读者接受的效果,而文章的结构安排又直接关乎到传播、接受的效果,这就需要作者在安排结构时具有针对性。

　　例如演讲稿、广播稿的结构安排,就需要考虑是否便于听众清楚明白地理解、接受,因为他们是较为特殊的"读者",他们只能听而不能看。这就需要作者把结构安排得简明、流畅一些,注意过渡与照应,注意"点题"之笔的设置,在层次的衔接中注意环环相扣;同时,为了吸引听众的注意,还可以设置悬念或安排有关的问题等。再如儿童读物的结构安排,就要单纯、清楚,便于儿童理解;而给教师、专家看的毕业论文,结构就要摆出复杂的"阵式",要有绪论,有结语,中间的主体部分往往是具有数个小标题的分论,否则就达不到教师、专家对文章结构的衡量标准。再如纯文学作品的结构往往更重新颖与技巧性,因为其读者对象的文学素养一般较高;而通俗文学的结构往往需要线索清楚,情节连贯,交代明白,因为这样更符合广大中国老百姓的阅读习惯。如此等等,不再赘述。只有依据不同读者的特定接受状况,富有针对性地安排所写文章的结构,才能获得最佳的读者接受效果。

　　以上从三个方面谈了安排结构的总体的注意事项,这"三个意识"在运用时是相辅相成、综合一体的,而不是割裂的、"单打一"的,这是需要提示学习者予以注意的。

思考与练习

1. 什么是文章的主题？怎样理解主题是一篇文章的"灵魂"和"统帅"？

2. 本教材本章谈到古人有"意在笔先"的说法。怎样理解"意在笔先"的含义？你是否认同这一观点？为什么？

3. 本教材本章谈到，元代陈绎曾关于开掘主题有"三番来意"的说法，结合你自己以往的写作实践经验，谈谈对这一说法的理解。

4. 谈谈你对"点题"之笔的理解与看法。

5. 选取本学期所写的一篇作文，分析其有无主题；如有，请加以概括，并分析其是否达到了对主题的要求；如没有，查找有关原因并分析对所写作文产生的影响。

6. 阅读并分析下面的材料，请分别从两个人物的角度确立两个主题，并比较一下哪一个相对更深刻一些：

执竿入城

鲁有执长竿入城门者，初竖执之，不可入，横执之，亦不可入，计无所出。俄有老父至曰："吾非圣人，但见事多矣，何不以锯中截而入？"遂依而截之。（见《太平广记》262卷）

7. 综合本章第二节内容，谈谈"谋篇布局"都需要做哪些事情，"安排结构"（此处不包括谋篇布局）都需要做哪些事情。

8. 本教材本章谈到古人有"文成法立，未尝有定格"的说法。这一说法的含义是什么？你是否认同这一观点？为什么？

9. 开头和结尾各有哪些大的类型？有人认为结尾比开头更为重要，你同意这种看法吗？为什么？

10. 请根据下列两个题目，各拟制三个开头和相应的结尾：

(1)活着真好

(2)从明天起

11. 文章都有哪些大的结构类型？试比较一下"总分综合式"和"首尾综合式"的异同。

12.选取本学期所写的一篇作文,分析其属于哪种结构类型和是否达到了对文章结构的相关要求;如没有达到,分析存在的问题。

13.下面的文章刊登于2017年4月6日《人民日报》,阅读后请回答以下问题:

(1)该文章属于什么文体?

(2)概括该文的主题,并从主题应该达到的要求入手加以具体分析;

(3)具体分析该文的开头、结尾,层次、段落,过渡、照应及脉络的情况;

(4)指出该文的结构类型并说明理由,从文章结构所应达到的要求入手对该文予以具体分析。

俭以养德,俭亦是廉

尉承栋

清朝汤斌任江宁巡抚时,安于清贫,一日三餐常以豆腐汤佐食,人称"三汤巡抚"。后来,尽管官越做越大,他依然保持简朴的作风,因衣着朴素被称为"羊裘尚书"。这些衣食住行的小事,看似微不足道,却如同一面镜子,照见了为官者的做派与操守。

勤俭节约是中华民族的传统美德,对领导干部而言,俭亦是廉。曾国藩曾告诫子孙,"人一日所着之衣所进之食,与日所行之事所用之力相称,则旁人羡之,鬼神许之,以为彼自食其力也。"的确,一个人所吃所穿的,应当与所做的事、所用的力相匹配,只有这样才能得到认可。其实,无论何种身份,正常人每日不过三餐,起居不过一张卧床。心中的格局与人生的境界,从来与外在的物质享受无关。

老一辈革命家堪称俭与廉的典范。新中国成立之初,物资匮乏,百废待兴。毛主席一件毛巾睡衣穿了多年,朱德同志每顿不过是一碗米饭、三小碟菜、一个汤。回溯历史,从井冈山、延安到西柏坡,从"两个务必"到中央八项规定、反"四风",我们党历来提倡艰苦奋斗、反对奢靡享乐。共产党人没有私利,人民对美好生活的向往,就是我们的奋斗目标。忆往昔峥嵘岁月,对于在危难中诞生、在艰险中成长的中国共产党而言,崇扬节俭精神又何尝不是葆有先进性的一个秘诀?

　　提倡节俭，决非是让干部当"苦行僧"。实际上，与普通群众相比，有些领导干部在工资待遇等方面并不差。在电视专题片《永远在路上》中，云南省委原书记白恩培面对镜头如此忏悔："我自己一年有十来万块钱，爱人是央企领导，一年也有几十万，完全够了。"一些腐败分子正是由于丢弃了节俭的意识，纵容自己的贪欲，结果一步步滑向了罪恶的深渊，最终害人害己、追悔莫及。说到底，能不能坚守"俭"字，映照着党员干部的理想信念与精神追求。一旦放松懈怠，突破了做人做事底线，触碰了纪律法律红线，结局就不是好日子与苦日子之别了。

　　"廉不廉，看官员"，干部的生活细节是百姓观察党风政风的一扇窗口。党的十八大以来，从管住"舌尖"到看好"车轮"，从中央领导出行带头不封路到各级干部下基层自掏腰包吃工作餐……那些以前认为不可能做到的，现在已成常态；那些以前认为解决不了的问题，现在逐一得到破解。作风建设的巨变，验证了生活情趣非小事的道理，也警示人们必须从小节入手，持之以恒、久久为功，让俭与廉变成为官从政的自觉。

　　古人云，"居官之所恃者，在廉；其所以能廉者，在俭"。元代任仁发有《二马图》，画中一瘦一肥两匹马，分别代表勤政廉明的清官和欲望无度的贪官，耐人寻味的是，其中瘦马缰绳套在马颈上，意味自我约束，"瘠一身而肥一国"；而肥马的缰绳是松开的，意味脱缰，"肥一己而瘠万民"。以俭立德、廉洁从政，我们才能真正收紧自我约束，赢得群众的信任和称赞。

第四章 写作的成文阶段

当作者经过较为成熟的构思,大体确立了文章的主题与结构,开始进行实际的文章创制之时,他就进入了写作的成文阶段,即写成文章的阶段。由于我们强调文章的修改,并把它视为写作过程中的一个相对独立的阶段,所以这里所说的写成文章,是指文章的初成。本阶段所涉及的内容,包括文章的起草、表达的方式、文字的运用等。

第一节 起草行文

一、打腹稿和拟提纲

(一)关于打腹稿

"打腹稿"的"打",是作者在头脑中进行文章的酝酿、构想之意。作者进入写作的成文阶段后,一般来说,需要拟制写作提纲,之后以提纲为"蓝图"进行起草。但写作是一项复杂的精神与行为的综合性活动,有着很强的个体化特征。所以有的作者并没有拟写提纲的习惯,甚至也不打草稿,而是打腹稿,之后执笔成文、一气呵成,此所谓古人所说的"袖手于前,疾书于后"。例如鲁迅先生的写作就习惯于打腹稿。据许广平回忆,"鲁迅在写一篇稿件以前,常常有一个很长的酝酿时期。有时候遇见朋友,他就会谈起来……有时候也不讲,静静地读书,默默地思索,或者暗自打腹稿。有时候,看起来鲁迅写得很快,但这是日常不断多方面地学习、积累的结果"①。

我们对打腹稿的看法是:

---

① 许广平.鲁迅先生怎样对待写作和编辑工作[N].新闻业务,1961(2).

首先，从实质上说，打腹稿也是起草的一种形式。如果说运用纸笔或电脑打字起草是一种有形的起草、外在的起草，那么打腹稿就是一种无形的起草、内在的起草，它运用的工具是大脑。打腹稿和起草的功用是同等的。

其次，打腹稿是写作成文的常用方式之一，是不少作者的一种写作习惯，它的长处在于促使作者深思熟虑，一旦落笔，一气呵成，文章的整体性较强，连贯流畅。腹稿最终是要外化成文的，否则它将无法实现从"意"到"文"的写作规律的第二重转化。打腹稿和起草并行不悖，而且二者往往是结合使用的。我们在上文说到鲁迅具有打腹稿的习惯，鲁迅同样也有修改初稿的习惯，他在《答北斗杂志社问》一文中说："写完之后至少看两遍，竭力将可有可无的字、句、段删去，毫不可惜。"联系上文许广平的说法，说明鲁迅是把打腹稿和起草同时并举。

再次，打腹稿多适用于较短文章的写作，长文就难于胜任了。美学家朱光潜有过这方面的切身体验："我自己也尝试过，只有在极短的篇幅中，像作一首绝句或律诗，我还可以把全篇完全在心里想好；如篇幅长了就很难。"①这就是说，打腹稿、拟提纲、起草，各有所用，更宜结合使用，作者完全可以自由采取自己习惯的方式行文、成文，无须强求一律。

(二)拟制写作提纲

提纲，在这里是要点、纲目之意。众所周知，拟制写作提纲是写作动笔前的一项准备工作，属于对欲写文章的总体规划，犹如作战前制定作战方案，施工前绘制施工蓝图。

拟提纲一般是执笔行文前的常态性环节，国内外不少大作家如巴尔扎克、左拉、普希金、茅盾、老舍等都是如此。老舍曾经在《和工人同志们谈写作》一书中说道："尽管我们只写二三千字，也须先写出个提纲，安排好第一段说什么，第二段说什么……。有了提纲，心里就有了底，写起来就顺理成章；先麻烦点，后来可省事。"②

拟提纲其实是和构思阶段紧密相连的，它的必要之处，就在于它是把构思的相关内容外化、物化出来，固定起来，便于行文时全局在胸、心中有底、明晰有序、有条不紊。

---

① 朱光潜. 艺文杂谈[M]. 合肥:安徽人民出版社,1981:21.
② 刘锡庆. 写作[M]. 北京:高等教育出版社,1988:87.

提纲的最常见的样式是结构提纲,又称层次段落提纲。它的构成一般是三部分:首先居中写出作者拟制的文章题目;题目之下写出作者概括的文章的主题;再之下就是全文结构的布局,包括层次、段落的具体安排,怎样开头、结尾,如何过渡、照应,选用哪些材料和如何安排等。这种提纲的长处,在于它纲举目张:明确了主题、理清了思路、安排了结构、选取了材料、防止了遗漏。对于初学写作者和一般文章的写作,最适于采用此种提纲。

此外还有图表式提纲、情节提纲、人物分析提纲、要点提纲、论证提纲、说明提纲等,这里不再赘述。

我们的看法,写作提纲的拟制,其实大可以随便,没有什么固定的格式与写法,可以详细一点,也可以简略一点;可以是纲目的形式,也可以是要点的形式,还可以是文章缩写的形式乃至综合的形式等等。总之,只要有利和有助于作者行文、成文,作者习惯于怎样的写作提纲就拟制怎样的提纲。

以下我们以《湖北长阳县烟叶生产发展情况调查报告》的写作提纲为例稍作分析。

《湖北长阳县烟叶生产发展情况调查报告》提纲

A.导语写作(即开头)是情况加主旨式导语:

1.调查组调查范围及情况……

2.主旨:烟叶生产仍然是该县部分农民脱贫致富、地方财政增收的骨干产业……

B.主体内容(最见功底的部分)

一、持续稳定地发展烟叶生产仍然十分必要(提出问题)

(一)是农民脱贫致富、财政增收的需要

(二)是……进一步深化农村产业结构调整的需要

(三)是维护社会稳定、发展农村经济的需要

二、烟叶持续稳定发展的优势及可能性(分析问题<1>:积极因素)

(一)良好生态环境

(二)成为……农业产业中的优势产业

(三)有较好的干部群众基础

(四)有强有力的烟叶生产技术

（五）有稳定的市场保障体系

（六）烟草行业重视烟叶生产发展

三、影响我县烟叶持续、稳定发展的限制因素（分析问题＜2
＞：消极因素）

（一）烟叶生产的领导逐步削弱

（二）缺乏有效的政策导向机制

（三）管理和服务存在缺陷……

（四）劳动力、土地资源减少

（五）相关产业的冲击

（六）农民素质不平衡

（七）抵御自然灾害的能力差

四、关于进一步发展烟叶产业的建议（解决问题）

（一）完善机制，形成产业发展合力

（二）理清思路，统筹规划……

（三）逐步改善改造基础设施；

（四）加强技术指导和管理，提高……

（五）积极探索新的烟叶经营管理和种植模式

C.结尾（总结全文，发出号召。）

　　该提纲基本属于结构提纲的形式，也有人称其为小标题式提纲。这篇将近8000字的调查报告，写得深刻，针对性强，具有很强的规律性、本质深刻性和现实应用性，它对当地关于烟叶生产的政策制定和发展具有较为突出的意义。同时该文结构清晰，顺序自然，逻辑严密，是一篇优秀的调查报告。而我们从这篇文章中，可以明显地体察出作者清晰的写作思路，这和作者在动笔之前拟制了详细的写作提纲有着直接的关系。

　　假如我们再把这个提纲的主体部分简化一下，它严密的内在联系和突出的逻辑关系就能够充分地显示出来：

一、十分必要（提出问题）

二、优势可能（分析问题＜1＞：积极因素）

三、限制因素（分析问题＜2＞：消极因素）

四、意见建议（解决问题）

从提纲主干不难发现，这篇调查报告是按照提出问题、分析问题、解决问题的逻辑认知关系来写作的，并且这四个大部分是一系列的因果关系链环，也是问题的提出、原因的分析和得出结论的过程。

如果我们把这个小标题式提纲"装在"表格中，就成为了图表式提纲，它们之间没有本质的区别。

二、拟定标题

在拟制写作提纲的前后，一般需要拟定欲写文章的标题。标题，即文章的题目、名称。它是文章的有机组成部分，处于"居文之首，勾文之要"的位置，犹如全篇文章的眼睛，所以拟制好文章的标题是写作的一件不容轻视的事情，这也正如人们平时所说的"题好文半"。

(一)标题的总体要求

文体不同，标题的要求也相应不同。从总体来说，文章标题的一般要求为：准确、简洁、新颖、生动。

1.准确。标题准确首先是要"题文相符"，这就是说，文章标题要与文章的内容相一致。所谓一致，简单说有两种情况：一是标题反映了文章的基本内容、题材范围等，如《回忆启功先生》《雨中登泰山》《谈读书》《小议交友之道》《载人空间站》《电饭煲使用说明》等。二是标题即文章的主题，如《白杨礼赞》《不能有傲气，不可无傲骨》《别以落后为荣》《爱，是不能忘记的》等。

其次标题要能准确传达出作者的情感倾向。如赞颂、热爱性质的标题：《我热爱新北京》《蜜蜂的赞美》《大地和青春的礼赞》等。如批判、否定性质的标题：《反对自由主义》《辱骂和恐吓决不是战斗》《再不要迷信了》等。如缅怀、思念性质的标题：《怀念肖珊》《幽燕诗魂》《父亲留给我的》等。如客观中性的标题：《喝茶》《经济活动分析》《电影市场现状之我见》。等等。

2.简洁。这是指标题应言简意赅，具有较高的概括性。如《药》《故乡》《围城》《中年颂》《说"却贿"》《事事关心》《扬眉剑出鞘》等。有的标题文字稍长，但"字不得减"，减了就影响文意了，也是简洁的，如《生命的三分之一》《青春在冰峰上闪光》《青年人应该怎样选择生活道路》等。个别文体的题目比较复杂一些，比如消息，有时候可以是三行标题，但也应简洁、明确，不能拖泥带水和语焉不详。

3.新颖。是指标题要有新鲜感、独特感，不要重复他人已写过的题目。比如《"亡羊补牢"真的不晚吗?》《得之不难,失之必易》《批错一人 误增八亿》《口中剿匪记》《洲际导弹自述》《贵在一笑了之》等题目就较为新颖。还有一种情况，就是有的文章有意识地作反面文章，或者说是正面内容反面说，其标题可以称为"反弹琵琶式"，如《我们应该有点嫉妒心理》《骄傲,有时候也不是坏事》《为"附庸风雅"一辩》，也能给人以新鲜感。但这类文章要掌握好分寸，要能言之成理。

4.生动。是指标题能够有一定的形象性，能够吸引人。比如《雷雨》《日出》《白鹿原》《秋色赋》《红与黑》《呼啸山庄》《老人与海》《傲慢与偏见》《小鸟,你飞向何方》等。我们不能认为只有文学作品的题目以及一些记叙文的标题才有生动形象的要求，其实除了应用文体而外，说明文、议论文也可以恰当地展现题目的生动形象。比如科普作家贾祖璋的《南州六月荔枝丹》、法国昆虫学家法布尔的两篇《蝉》亦或是《四月栀子花开》，体现了说明文标题的生动性；而议论文的标题主要靠新颖的观点和严密的逻辑认知力来达到生动，比如《游戏是小孩子的工作》《车到山前必有路》等。

(二)标题的形式

文章标题的常见形式有以下三类：

1.一行题形式

这是文章标题的常见形式，我们上述举例所写到的标题，都是一行题。

这里需要提到的是，有的一行题是由两个并列的短语构成，如《一身正气 两袖清风》《林区不伐木 遍地养蜂户》《就业稳中向好 饭碗越端越牢》等，也应视为一行题。这种类型的标题在消息、通讯、调查报告、社会评论、学术论文等文种中时有所见。有的作者在这种标题的中间打上逗号，如《得之不难,失之必易》，其和不打逗号、中间空一字的标题形式是一样的。

公文和机关事务文书的标题一般是一行题，但其有着规定的构成格式，一般是三种构成方式："单位名称＋事由＋文种"；或者是"事由＋文种"；或者是"单位名称＋时限＋事由＋文种"。例如：《××大学关于开展读好书、听名曲、赏名画活动的通知》；《关于追授××同学为优秀共青团员的决定》；《××大学 2017 年度工作计划》。

2.两行题形式

(1)一般文章包括文学作品在内的两行题是"正题＋副题"，例如：

> 为了周总理的嘱托……
>> ——记农民科学家吴吉昌
>
> 为民族复兴提供文化支撑
>> ——"第五届文化创新国际论坛"述要
>
> 只有党风正，才有富路通
>> ——河北省蠡县辛兴村调查
>
> 王　婉
>> ——芸斋小说之一

(2)消息、通讯等新闻文体的两行题有两种形式：

其一，"引题＋正题"，例如：

> 借鉴"昆山经验"探索"埃塞俄比亚模式"
> 埃塞俄比亚首个国家工业园正式运营
> 江苏实施非遗传承人退出机制，加强保护督促传承
> 打破"铁饭碗"绝活更鲜活

其二，"正题＋辅题"，例如：

> "神威·太湖之光"全球超算三连冠
> 我国两项应用提名"戈登贝尔奖"
> 上海：厨余垃圾变脸记
> 菜叶果皮做成酵素，剩菜剩饭变为肥料

从目前的情况看，"引题＋正题"的两行题形式的使用频率要高于"正题＋辅题"的形式。

3.三行题

在报道一些重大新闻或需要渲染气氛、增强气势时，消息的标题往往制写成三行题乃至四行题。例如：

> 炎黄子孙同拜人文始祖 华夏儿女共建精神家园
> 三月三　拜轩辕

丁酉年黄帝故里拜祖大典 3 月 30 日在郑州市新郑黄帝故里举行

撤换说嘴的 提拔干事的 支持碰硬的 青睐年轻的

××省加大力度强化市、县领导班子建设

19 名市级领导、33 名县级干部被免职,提拔了 25 名市、县级领导

三、选择材料

在拟制写作提纲的过程中,还需要从定向摄取的众多材料中选定所要使用的材料并加以安排。

(一)有关材料的三个概念

关于文章写作的材料,有三个相关而又有一定区别的概念,下面略作解释:

1. 材料

材料是指作者为着某种写作目的,从现实生活和文献资料中搜集、摄取的一系列事实现象和理论观点。凡被作者收集到的,无论是否写入文章,均可称之为材料。

2. 素材

素材是指作者从现实生活中搜集、积累的尚未经过筛选、加工的原始材料。它们往往是感性的,零碎的,不系统的。

3. 题材

作者从素材中经过选择、提炼、加工,写进文章,用来表现主题的全部材料,被统称为该篇文章的题材。题材还指文艺作品或有关文章所反映的社会生活的领域和范围,如工业题材、军事题材、历史题材、爱情题材、少数民族题材等。

(二)怎样选材

1. 要围绕主题选材

主题是一篇文章的"统领",理所当然是选材的依据。选材时不能孤立

地看材料本身如何,它本身也许很生动,但如果与主题无关,就应该坚决舍弃。只有选择扣紧主题的材料,并且在写作中应用恰当,才能使文章中心集中,有说服力和感染力。《人民日报》"人民论坛"栏目中的《释放知识分子的才华与能量》一文,突出使用了农业科学家袁隆平、激光照排发明家王选的材料,充分证明了文章的中心论点。

2.要选择真实的材料

对于实用文体的文章来说,也包括纪实性的文学作品在内,真实是材料的生命线和关键点。就是说你选择的材料要确实存在,符合客观实际,这样的文章才能够取信于广大读者,才有说服力和感染力,否则就会产生某种不良影响。例如前苏联的报告文学家波列伏依写了一篇介绍一位老劳模事迹的报告文学,文中描写他为了搞技术革新"头发都熬白了",可实际上这个劳模早已谢顶[①]。一个小细节的"想当然"所闹出的笑话,影响了整篇文章的接受效果。近些年来,国内一些不负责任的报刊对某些药品、商品的不实宣传所产生的负面影响,是众所周知的。

造成材料不真实的原因是复杂的、多方面的,有时仅仅是由于疏忽大意,例如上面说到的那位报告文学家,这就提示我们,对于材料的真实性问题是不能掉以轻心的。

3.要选择典型的材料

所谓典型材料,就是有代表性的,能够充分表现主题和揭示事物本质的材料。比如孟子在《滕文公上》说了这么一句话:"人之有道也;饱食、暖衣、逸居而无教,则近于禽兽。"他强调了在物质条件富足的情况下,尤其要注重精神文明的教育,否则就会和禽兽差不多了。如果用这句话来论证某些腐化堕落并导致严重犯罪的官二代、富二代、星二代就很有代表性,它就是一个典型的针对性很强的论理材料,用到有关的议论文章中去就很有力度。再如科学家钱伟长在《和大学生谈学习方法》的文章中谈及"怎样记好笔记"时,他用到一个材料,是他的大学同学林家翘"三阶段整理笔记的过程"。林是每晚整理当天的听课笔记,每月整理本月的课堂笔记,每学期末整理本学期的课堂笔记,把其中的废话全删掉。这样,一个学期所学习的知识,就完

---

① 刘锡庆.写作通论[M].北京:北京出版社,1983:49.

全消化成了他自己的东西了。他温书就看他自己整理好的笔记,边看、边回忆、边思考,每次考试都名列前茅。林现在是美国麻省理工学院教授、美国科学院的院士。对于"善于记课堂笔记"来说,这个材料可称是一个典型的很具说服力的材料。

4.要选择新颖的材料

新颖的材料,才能表现出新鲜活泼的内容,才能对读者产生很强的吸引力,引起读者的阅读兴趣。一篇文章,如果净是些"陈芝麻、烂谷子",净是些"老生常谈",那这篇文章是很难有什么"新意"和"生气"的。

所谓新材料,首先是指新近发生的人与事,新的情况,新的现象,新的经验等等。新的材料,总是洋溢着时代的新气息。当然新材料也不仅仅是指这些,有些材料虽然已成为历史,但不为广大读者所知,也可以视为新材料,也能给人以新鲜感。例如秦牧的散文《土地》,引用了当时很多读者不熟悉的古代有关土地的事例,使读者感到格外的新鲜、生动。

四、起草

起草,即打草稿,写初稿。这里所说的起草,是在上述所谈内容之后的工作,即是在定体、确定了欲写文章的总体内容和定向聚材之后,是在立意和布局谋篇之后,是在拟定文章题目和选材之后,是在拟制了写作提纲之后。如果说产生了切实的写作意念是作者开始进入实际写作过程的标志,那么起草行文就是作者实际进入创制文章的标志。刘勰在《文心雕龙·养气》中说:"意得则舒怀以命笔。"意思是说,"文思畅通就舒展胸怀命笔写作"[①]。当作者进行了前边的大量工作,开始实际的写作文章之时,的确如刘勰所说,是"舒怀以命笔"了。

(一)起草的做法

无论是执笔行文,还是电脑打字,起草的做法不外乎两种情况:一气呵成,或者陆续写成。

1.一气呵成

一气呵成就是只需一次就把初稿写就,而不是分成数次来写。这种起

---

① 刘勰.文心雕龙[M].北京:中华书局,2016:476.

草的做法适用于篇幅不长的文章。其长处在于文脉宜于贯通,文气宜于酣畅。鲁迅就十分赞成这种方法,他在《致叶紫》一文中说:"十步九回头的作文法,是很不对的,这就是在不断的不相信自己——结果一定做不成。以后应该立定格局之后,一直写下去,不管修辞,也不要回头看。等到成后,搁它几天,然后再来复看"。像秦牧、叶永烈等不少作家也都喜欢一鼓作气地写完初稿,然后再来精雕细刻地修改,他们认为,写作的激情一旦中断,恢复起来比较困难[①]。

2.陆续写成

对于篇幅较长的文章,包括以逻辑思维为主的理论性、学术性文章,当然就无法一气呵成了,这就需要化整为零,分成多次,陆续写成。这种起草方式的优点在于,起草过程较为机动灵活,行文中也能进行较为充分、缜密的思考。例如历史学家范文澜、美学家朱光潜,他们在写作起草时往往化整为零,写作几句,沉思一番,再写作几句。待全文写就,往往时间较长,但无需再作大的修改,科学性较强[②]。采用这种方式起草,一般需要注意两点:一是在每次行文时最好相对地"一气呵成",以发挥"一气呵成"的优势;二是暂停写作时,最好是处于思路畅达之际。暂停后顺手用几个关键词记下将写内容的要点,这样下次续写时接轨就十分顺畅,而不致于呆坐半天还恢复不了原来的思路。

总之,起草的做法因文而异,因人而异。只要有利于文章的写成,任何方法都可以尝试、采用,实事求是,具体对待。当然也可以综合运用多种方法,取长补短。

(二)起草的注意事项

总体而言,只要能够有话可说、流畅成文,起草其实是大可以灵活自由的,也就无须有什么特别需要注意的了。但有一点在这里还是需要提示一下的,那就是:有提纲,不唯提纲。

我们上文提到拟制写作提纲的必要性,但同时我们又强调,写作是灵活复杂的精神生产活动,因而在起草的过程中,肯定会出现预先未曾预料的想

---

① 王光祖,等.写作[M].上海:华东师范大学出版社,1989:189.
② 王光祖,等.写作[M].上海:华东师范大学出版社,1989:190.

法、意念,这就需要根据具体情况对写作提纲予以适当的调整、变更,而不是视提纲为金科玉律,不肯越雷池一步,这就叫不唯提纲。

但从另一方面说,提纲既然是经过深思熟虑的蓝图、方案,一般来说,又还是需要遵循的,不宜轻率地随意性很大地变来变去,以致于整个起草过程都无所适从,这对起草成文也是不利的,这就是要有提纲。除非在起草过程中确实感到需要另起炉灶、另拟新的提纲,这当然就是另外一回事了。

这里所谈,其实是起草和写作提纲之间的辩证关系,需要作者恰当处理。起草时当然还需要作者尽量有全局观念,需要疾徐适当,需要遵循所写文章的文体特点等,这里不再赘述。

第二节　多种表达

起草成文,进行书面语言的表达,就必然涉及到表达方式的问题。写作的基本表达方式有五种:叙述、描写、议论、说明、抒情。下面分别予以介绍。

一、叙述

(一)叙述的含义与作用

叙述是指对人物经历和事物发展变化过程所作的记叙与陈述。

叙述是写作表达方式中最基本、最常见乃至最重要的一种表达方式。它首先是记叙性文体包括叙事性文学作品在内的最主要的表达方式;其次它也是其他文体如议论文体、说明文体、应用文体以及抒情性文体进行表达的不可缺少的辅助手段。这也就是说,所有文体的表达几乎都离不开它。正如写作学专家所指出的:"它是构成文章总体表达的主要的(对记叙性文章而言)和重要的(对论说性文章而言)成分,是文章写作中使用频率最高的基础表达方法。"[1]

(二)叙述的常用方法

叙述的方法,换个角度讲也就是叙述的种类。下面分别从两个角度予以介绍。

---

[1]　刘锡庆.基础写作学[M].北京:人民教育出版社,2007:215.

1.概括叙述和具体叙述

从叙述是概括还是具体的角度讲,叙述的方法有两种:一是概括叙述,二是具体叙述。

(1)概括叙述

概括叙述,叙述方法之一,简称"概述",又被称为"简述""略叙""略述"等。顾名思义,它是指对叙述对象(人物经历或事件过程等)所进行的大略、概要的记述。

例如女作家杨绛在散文《干校六记·凿井记劳》中的一段表述:

> 干校的劳动有多种。种豆、种麦是大田劳动。大暑天,清晨三点钟空着肚子就下地。六点送饭到田里,大家吃罢早饭,劳动到午时休息;黄昏再下地干到晚。各连初到,借住老乡家。借住不能久占,得赶紧自己造屋。造屋得用砖;砖不易得,大部分用泥坯代替。脱坯是极重的活儿。此外,养猪是最脏又最烦的活儿。菜园里、厨房里老弱居多,繁重的工作都落在年轻人肩上。

杨绛的散文向来是朴实无华、大巧若拙的高标风格,这段话就是一段概括叙述。她讲到了多种劳动,种豆、种麦、脱坯、造屋、养猪、种菜、做饭等,若叙述得稍微具体一点,都要花费不少笔墨。她把这些劳动的过程归纳概括,一两句话叙述一种劳动,有的极简,有的微细,给了读者一个大概的总体印象,体现了概括叙述的特点。

概括叙述是在需要让读者大概了解事物过程的时候使用。其功用,是为了兼顾全面,交代事物发展过程中不可缺少但又非重点的内容。它视角开阔,轮廓清晰,给人以整体印象,并加快叙述的节奏。概括叙述与具体叙述相对。

(2)具体叙述

具体叙述,叙述方法之一,又被称为"细叙""详叙"。顾名思义,它是指对人物、事件进行详细的具体可感的陈述。

再看杨绛的散文《孟婆茶》中对登上"一列露天的火车"的叙写:

> 我登上一列露天的火车,但不是车,因为不在地上走;像筏,却又不在水上行;像飞机,却没有机舱,而且是一长列;看来像一条自

动化的传送带,很长很长,两侧没有栏杆,载满乘客,在云海里驰行。我随着队伍上去的时候,随手领到一个对号入座的牌子,可是牌上的字码几经擦改,看不清楚了。我按着模糊的号码前后找去:一处是教师座,都满了,没有我的位子;一处是作家座,也满了,没我的位子;一处是翻译者的座,标着英、法、德、日、西等国名,我找了几处,都没有我的位子。传送带上有好多穿灰色制服的管事员。一个管事员就来问我是不是"尾巴"上的,"尾巴"上没有定座。可是我手里却拿着个座牌呢。他要去查对簿子。另一个管事员说,算了,一会儿就到了。他们在传送带的横侧放下一只凳子,请我坐下。

这段话,除了靠前的个别之处略有描写而外,总的说是记写了一个事情的过程,因而是一段叙述。这段叙述不笼统、不空泛,作家把坐的什么"火车",怎样坐的,为什么要坐这么一个"传送带",而且坐的过程十分麻烦,都进行了具体和详细的陈述,因而这是一段具体叙述。

在叙事类的文体中,具体叙述多为作者需要重点表达的内容。其功用,在于把需要强调的事物比较清晰具体地一一展现在读者面前,以较为缓慢的节奏给读者造成深刻的印象。具体叙述与概括叙述相对。

一般来说,在一篇完整的特别是较长的记叙类文章中,概括叙述和具体叙述都是不可缺少的,二者相辅相成、详略得当、各有所用,共同完成对相关内容的表达。

2. 顺叙、倒叙、插叙、分叙

从叙述的时间角度讲,又有顺叙、倒叙、插叙、分叙等叙述方法。

(1)顺叙

顺叙,叙述方法之一,它是按照事物发生发展的先后顺序及其时间的自然延伸进行叙述。

顺叙是最常见、最基本的叙述方法,它因朴实而显得庄重。作家毕飞宇2016年1月28日在《新华日报》发表了一篇散文笔调的小说《向高贵的生命致敬》,其中每个故事的叙述使用的都是顺叙的方法。第一个故事是一对盲人恋人"退还"戒指而"分手"的事件,先是"退",而后"还",然后再"退",第二天上午"那个姑娘就消失了,我再也没见过她"。第二个故事也是一对盲人互赠戒指的故事。在婚礼上,他们互相给对方戴上戒指,男方赠送的是"钻戒",而女方赠送的则是用自己的头发编制的戒指。大家都感动万分,"泣不成声",而新娘则是"自豪的""倔强的""幸福的"和什么也看不到的"凝望"。这两则故事,作家紧紧扣住"向高贵的生命致敬"这个主题,按照故事的发生发展过程娓娓叙来,是非常典型的顺叙的叙述方法。

再如《人民日报》1978 年 3 月发表的穆青等人所写的实用文体中属于记叙文的长篇通讯《为了周总理的嘱托——记农民科学家吴吉昌》,从总体上说也是较为典型的顺叙写法。文章从 1966 年 1 月周恩来总理嘱托吴吉昌起笔,按照时间的顺序,依次写到 1966 年 6 月"文革"开始,1970 年春天吴吉昌大病初愈继续搞科研,1973 年吴受到残酷迫害,1976 年 1 月吴得知了周总理逝世的消息,直到 1977 年吴吉昌获得了彻底平反并取得棉花新品种的试验成功。文章的 6 个层次也是按照上述的时间节点予以结构的。

使用顺叙的方法,会使文章的层次、段落安排与事物本身的发展过程基本一致,因而文章往往脉络清楚、条理清晰、首尾完整;但也容易因缺乏变化而显得平直呆板,这就需要作者注意区分材料的主次轻重,做到详略得当,并适当间以其他表达方式,以使文章显得波澜起伏、曲折有致。

(2)倒叙

倒叙,叙述方法之一,俗称"倒插笔"。它是指把事件的结果或者事件的某一个突出片断提到文章的开头叙述,然后再按照事件发生发展的自然顺序进行叙述。

倒叙也是叙述的一个重要方法。例如鲁迅的小说《祝福》描述了祥林嫂大半生的悲惨遭遇,而小说一开头,率先交代了祥林嫂在年关去世的结局,然后再回过头来叙述事件的开端、发展过程,这就属于倒叙。另外如登载于2016 年第 7 期《读者》的日本作家、诺贝尔文学奖获得者村上春树的散文近作《午睡达人》也是一篇倒叙的文章。它的开头是这样写的:

> 人上了年纪,比年轻时过得轻松惬意。这样的事找一找,出乎意料,居然还有许多。比如"变得不易受伤了",哪怕被人家说了难听的话、受到令人难堪的对待,像年轻时那样心被深深刺痛,甚至夜里睡不着觉的情况变少了。心想"哎呀,没办法",大白天便呼呼大睡,大概也只有我了吧。

在文章开头,作家并没有直接叙述自己是怎样的"午睡达人"和"午睡"过程及其遭遇,而是首先叙述了结果:感到"轻松惬意""不易受伤"。下文再从头说起,这就是采用了倒叙的方法。

恰当地运用倒叙,能使文章开篇如高山坠石,气势夺人;也容易造成悬念,吸引读者;并使得文章富于变化。运用好倒叙的关键是选择好提前到开头进行倒叙的片断,并处理好倒叙之后的叙述。

(3)插叙

插叙,叙述方法之一,又称"插说"。它是指在叙述过程中,暂时中断主线的叙述而插入另一些相关的叙述,然后仍按原主线叙述下去。

还是来看上文说到的毕飞宇的小说《向高贵的生命致敬》。在作品的第二个故事中,叙述的方法是顺叙,主线是一对盲人恋人互赠戒指的故事。在婚礼上,他们互相给对方戴上戒指,男方赠送的是"钻戒",而女方赠送的是用自己的头发编制的戒指。为什么这位盲人姑娘送了一个头发编制的戒指呢?小说插叙了这么一段故事:

> 这枚戒指是新娘用她的头发做的。新娘是一个诚实的姑娘,她大大方方地告诉我们,她买不起钻戒,她只能用她的头发为她的新郎编织一枚结婚戒指。这位盲姑娘说,她的头发太软了、太细了、太滑了,为了编织这枚戒指,她失败了一次又一次。她差不多用了100个小时才完成了她的作品。

小说运用了关于头发戒指编制及其原因的插叙,使得作品内容更加充实,事件的前因后果更为清晰,从而更加突出了盲人姑娘对于爱情的真挚、纯净和敬重。

运用插叙的方法,需要关注的问题是,在主线叙述中,究竟在什么地方断开、截取而插入相关的内容。这要看故事的叙述和主题的需要来确定。一般讲,要在制造了强烈的悬念和读者最需要了解的地方插叙相关的内容。插叙运用得好,对主要情节起着补充、衬托的作用,有时会起到解释说明的作用,可以使写作跌宕起伏、富于变化和使文章脉络清晰、结构紧凑。

(4)分叙

分叙,叙述方法之一,它是指两条或两条以上叙述线索,按照时间划分成相应的若干叙述阶段,然后交替地逐一叙述;或者换个说法,分叙是指分别叙述同一时间不同地点（或不同方面）发生的两件或两件以上的事情，即传统叙述中所谓的"花开两朵，各表一枝"的叙述方法。长篇的叙事性作品几乎都要使用分叙的叙述技巧，这在我国四大名著《红楼梦》《西游记》《三国演义》和《水浒传》中应用十分广泛。现当代小说，比如《红旗谱》《林海雪原》《长恨歌》《沧浪之水》中，分叙的应用也比比皆是。

山东作家赵德发 2016 年 7 月出版的长篇小说《人类世》中写到，在同一时间，小说的主人公、房地产老板孙参要"立虹为记"；而三教寺中，儒家的代表田明德，佛家代表木鱼法师，道家代表冀成鹤，要在立虹为记的老姆山刻下《论语》《金刚经》和《太上感应篇》，以传道留名；而科学家焦石则要砸下"人类世"的"金钉子"；以及此地老百姓怎样生存？种种矛盾和重重故事在此时此地同时分别发生了，作为作者怎么办？那就只好采取"花开数朵，各表一枝"的分叙方法，分别交代，说完一个方面，再说另一个方面，以叙述故事、突出矛盾、交代背景、塑造人物，这种叙述方法就是分叙。

运用分叙方法，便于把同一时间发生的不同事情叙述得眉目清晰、有条不紊，而且还能使相关事件相互映衬或对照，从而产生强烈的表达效果。例如事件通讯《为了六十一个阶级弟兄》，记写了抢救山西平陆县张村公社 61 个食物中毒的民工的事件。在 1960 年 2 月 2 日晚上 7 点钟，正在开会的山西平陆县委会得知消息后，立即休会，县委成员驱车直奔张村展开抢救工作；同一时间，张村公社党委成员已抵达张村开始进行抢救；同一时间，黄河茅津渡口打破"黄河自古不夜渡"的习惯，送两个找药人去对岸三门峡市找药；同一时间，首都中央卫生部和特药商店接到了山西的求援特急电话，开始紧急筹备特效药。在同一时间，在多个不同地点发生的事情，只能采取分叙的方法，分别一一道来。这些同时发生的事情相互映衬，效果强烈。其实，在这一天晚上发生的事情还只是整个事件中的一个横断面，全文类似的"在同一时间内"的横断面还很多，这意味着作者反复运用了分叙的方法，从而很好地表现了"一方有难，八方支援"的主题。

关于分叙，存在着一个学术之争。有学者依据上海亚洲书局 1935 年出版的《作文概说》一书，认为分叙就是"平叙"；而另一些学者依据元代陈绎曾的《文筌》对平叙的解释，认为平叙与分叙不属于同一范畴，不能混为一谈[①]。

---

① 刘锡庆.写作学辞典[M].石家庄：河北教育出版社，1989：478.

本书录此以备考。

关于叙述的方法,如果细分,还有如补叙、追叙、逆叙等,此不赘述。需要指出的是,上述的叙述方法是需要综合运用的,因而学习写作者就需要不断培养自己多种叙述方法综合使用的能力。

(三)叙述的人称与视角

谈到叙述的方法,必然要涉及到一个重要的问题,那就是叙述的人称及其叙述的视角。鲁迅的短篇小说《孔乙己》的叙述人称是"我",就是那个咸亨酒店的小伙计,作品是以"小伙计"的视角来看待孔乙己的。假如把"我"的叙述视角换成店掌柜,恐怕就不是我们现在看到的《孔乙己》了。由此可以看到叙述人称及其叙述视角的重要。

1.叙述的人称

(1)第一人称叙述

第一人称叙述,在古代散文中经常被使用,而在古代小说的叙述中就很少了。如今就大不同了,尤其是新时期以来的小说创作,第一人称叙述比比皆是。

①含义

第一人称叙述也称主观叙述视角,是与客观叙述角度的第三人称叙述相对而言的,它是指叙述者直接处在事件之中,无论是叙述者耳闻目睹的人与事,或是叙述者亲历的人与事,都以"我"的口吻叙述。以"我们"的口吻进行叙述的也属于第一人称叙述。

需要注意的是,第一人称"我"在不同文章中的具体所指是不同的。在写实性的文章中,如散文、回忆录等,"我"一般就是作者本人。而在可以虚构的小说、戏剧文学、影视文学中,"我"就是作品中的一个人物,而非作者。以鲁迅作品为例,散文《记念刘和珍君》《为了忘却的纪念》中的"我",就是鲁迅;而小说《一件小事》《祝福》中的"我",并非鲁迅,而是作品中虚构的人物。

②特点

与第三人称叙述相比,第一人称叙述既便于叙述者抒情达意,又便于把叙述、描写、议论、抒情融为一体来表现事物和人物,令人感到亲切自然。另外,它可以直抒胸臆,发表看法,行文十分自由活泼。在结构上,因为叙述的主体是"我",由"我"把全文的人与事串联起来,因而结构较为单纯、集中、线索分明。

但是它受到时空的很大限制,即"我"不可能时时事事都在现场,"我"不在场的人与事就无法叙述。所以在小说文体中,第一人称叙述多是短篇小说和中篇小说,鲁迅的《狂人日记》《伤逝》《孔乙己》,屠格涅夫的《初恋》,梅里美的《嘉尔曼》,陀思妥耶夫斯基的《穷人》等,都是著名的第一人称叙述的中、短篇小说。至于长篇也有,比如莱蒙托夫的《当代英雄》,夏洛蒂·勃朗特的《简·爱》,狄更斯的《大卫·科波菲尔》等,但少得多了。

散文、回忆录、自传等文体基本上是第一人称叙述,其他一些记叙性文体如纪实文学等也有采用第一人称叙述的。随着第一人称叙述的运用和不断发展,以及为了克服这种叙述方式的不足,第一人称叙述已呈现出多姿多彩的态势。

(2)第三人称叙述

这是最常见、应用范围最广的叙述人称方式,甚至在现代的叙述中,它也仍然是应用频率最高的一种。

①含义

第三人称叙述是指叙述者在文章中不直接出现,而是以"他"(她)、"他们"(她们)的称谓,指代文章中所写到的人物。它被称为全知全能视角。

我国古代小说,特别是"三言""二拍",几乎都是第三人称叙述。作者不介入作品中的故事和人物,只是以旁观者、见证者的身份,向读者讲述故事和人物。对作品中的所有人物毫无例外地都称"他",甚至作品中每一个人物的言谈举止,讲述者(即作者)都在现场,都是见证者,包括人物的心理活动,讲述者都一清二楚。所以又把第三人称叙述称为"全知全能叙述"。

②特点

总体而言,第三人称叙述可以不受时间、空间的限制,远至历史,近至目前;大至宇宙,小至微尘;外至社会,内至心灵,作者无一不知、无一不晓、无一不可以叙述,所以叙述的自由、方便、灵活是第三人称叙述的最大优势。正因为如此,大量的叙事性文学作品和记叙类实用文体多采用这种叙述人称,如我国的四大古典长篇小说名著,巴尔扎克的长篇小说《高老头》,列·托尔斯泰的长篇小说《安娜·卡列尼娜》,老舍的长篇小说《骆驼祥子》,沈从文的中篇小说《边城》,路遥的长篇小说《平凡的世界》,穆青等的长篇人物通讯《县委书记的榜样——焦裕禄》《为了周总理的嘱托》,《中国青年报》的事件通讯《为了六十一个阶级弟兄》，理由的报告文学《扬眉剑出鞘》，《光明日报》的消息《屠呦呦获诺贝尔奖》等均采用了第三人称叙述。

此外，第三人称叙述中作者、读者、作品中人物相互独立、互不干扰，"我"讲、"你"听、讲"他"的事，三者互不混淆。

但正是因为作者的全知全能，也因为作者、读者、人物的各自独立性，造成了他们的距离感和被动性，有时使得作品的亲切性、可信性受到影响。所以作者有时宁愿放弃第三人称叙述的优势，改用第一人称，或者综合运用多种人称叙述的方式。

（3）关于第二人称叙述

有无第二人称叙述是一个有争议的问题。第一种观点认为，虽然文章中存在有第二人称代词的情况，但从叙述者的立足点来考察，要么是第一人称叙述，要么是第三人称叙述，第二人称叙述是根本不存在的；换句话说，所谓第二人称叙述从本质上讲，它不过是第一或第三人称叙述的变形而已。但第二种观点认为，第二人称叙述是客观存在的事实，立足点不是人称问题的实质，人称问题只是个称谓问题，用第二人称代词进行叙述时，它就是第二人称的叙述方式[①]。

本教材基本同意上述的第二种观点，但具体文章需要做具体分析。文章中使用第二人称代词的情况大体有两种情况：

其一，通篇文章都是以第二人称代词"你"来称谓，而没有其他人称代词出现，如清代袁枚的散文《祭妹文》，开头写道："呜呼，汝生于浙而葬于斯"，直至结尾，都是以"汝"称之。再如朱自清的怀念性散文《给亡妇》，发表于1950年第2卷第6期的李株的散文《这样的战士——纪念人民英雄何大庆同志》，也通篇是以"你"称谓。前者如"谦，日子真快，一眨眼你已经死了三个年头了"；后者如"大庆同志！你活着，从解放军里感受了无产阶级的英雄气概；你死后，无畏的英雄气概也将感染万千的战士"。我们认为，像这种情况的文章就可以称之为单一的第二人称叙述。在小说中，刘心武的小说《楼梯拐弯》，法国新小说派的代表人物米歇尔·比托尔的长篇小说《变化》等，也都是有影响的第二人称叙述的作品。

其二，文章只是局部出现了第二人称代词"你"。如人们熟悉的魏巍的

[①]　刘锡庆.写作学辞典[M].石家庄:河北教育出版社,1989:119.

通讯《谁是最可爱的人》,全文主要的叙述人称是"我",局部用了"你",如"朋友们,你不觉得我们的战士是可爱的吗?"而作者在叙述志愿军战士的三个故事时,使用的人称代词又是"他"和"他们"。这就是说,《谁是最可爱的人》的叙述人称其实是三种人称的综合运用。再如张承志的中篇小说《北方的河》,贯通全篇的叙述人称是"他",局部使用了"你"以及"我",所以《北方的河》也是叙述人称的综合使用。那末,这类文章就不宜仅仅称为是第二人称叙述的文章。

需要指出,无论是通篇的还是局部的第二人称叙述,它的最大优点就在于消除了"你"与"我"之间的心理"屏障",可以面对面地倾诉情怀,推心置腹、情真意切,具有促膝谈心、亲切自然的效果,增强了文章的表现力和感染力。

总之,三种叙述的人称,各有特点与长处,也各有局限。三者的关系是互补的,需要作者在叙述过程中扬长避短、综合使用。三种人称综合使用时,需要防止在人称转换时生硬、不自然,从而产生断裂感。

2.叙述的视角

(1)视角的含义

叙述的人称是和叙述的视角密切相连的。这里谈的叙述的视角,实际上已不仅仅是叙述了,它也包括了描写和抒情在内。因为视角不单单是叙述的范畴,而且也是描写和抒情表达方法的范畴,并且它们具有一定的通同性,所以我们谈视角,就把叙述、描写和抒情都包括进来。

所谓视角是指叙述及描写、抒情中对故事内容进行观察和讲述的特定角度。同样的事件从不同的角度看去就可能呈现出不同的面貌,在不同的人看来也会有不同的意义。正如我们前面所提到的鲁迅的《孔乙己》的叙述视角是小伙计,假如换成店掌柜,其内容等各个方面就会呈现不同的面貌。就如苏轼诗《题西林壁》前两句说的:"横看成岭侧成峰,远近高低各不同。"

再如面对同一写作对象,由于身份、职业、称谓、性格、态度、情感、立场等不同,其视角也不同,写作的角度及内容等就可能迥然有别。这样的例子是并不鲜见的。

(2)全知视角

也可以说是全知全能视角。一般情况下,在写作中,如果是第三人称叙述,就确定了使用的是全知全能视角。这种视角,很像古典小说中的说书人,只要叙述者想办到的事,没有办不到的。想听,想看,想走进人物内心,想知道任何时间、任何地点发生的任何事,都不难办到。因此,这种叙述视角最大最明显的优势在于,视野无限开阔,适合表现时空广袤、矛盾复杂、人物众多的题材,因此颇受史诗性作品的青睐。其次是它便于全方位(内、外,正、侧,虚、实,动、静)地描述人物和事件。另外,它可以在局部灵活地暂时改变、转移观察或叙述角度,这既多少增加了作品的可信性,又使叙事形态显出变化并从而强化其表现力。它叙事朴素明晰,读者看起来觉得轻松,这也是它的一个优点。

(3)主观叙述视角

它与客观叙述角度,也就是全知全能视角相对。它是指叙述者直接站在事件之中,无论是叙述者耳闻目睹的人与事,或是亲历的人与事,都以"我"的口气加以叙述。例如张爱玲的散文《弟弟》,写得楚楚动人,它就是以姐姐的口吻"我",叙述可亲可爱的弟弟、怒其不争的弟弟以及要向继母为弟弟报仇的姐姐等。以"我"的视角,主观地叙述故事和自我评价。

叙述的视角还包括内视角、外视角等,这里不再赘述。

(四)叙述的总体要求

为了更好地说明叙述的四项总体要求,我们选择以鲁迅的短篇小说《一件小事》[①]为例。《一件小事》的主体部分表述的是"一件小事"的全过程,是一个完整的中规中矩的叙述,可以作为解说"叙述"的一个不错的"标本"。

1. 交代要明白

作为一个完整的叙述,一般包括六个要素:时间、地点、人物、事件、原因、结果。所谓交代要明白,就是指叙述的六要素要交待清楚,否则读者会有疑问。当然,六要素在叙述时不宜机械地罗列,而要讲究叙述的技巧,需要自然、适时地叙述出来。在不影响读者理解的情况下,六要素有时也可省略一两个要素。

《一件小事》逐步展开六要素的情况是:最早交待的是时间:民国六年冬天的一个清早。其次交待了地点:某城市某条马路的 S 门附近。再次,出现

---

① 鲁迅.呐喊[M].北京:人民文学出版社,1973:45 - 47.

了人物:"我"、人力车夫、老女人。再次,叙述了事件的起因:风大,车把带倒了老女人。再次,叙述事件的发展过程:车夫扶起老女人,主动去了某巡警分驻所。最后,交待了事情的结局:车夫被扣留,"我"需要另雇车。

六项要素,作者叙述得明明白白,读者一目了然。

2.线索要清楚

进行叙述,需要按照某种叙述的线索推进。我们在上一章曾说到,所谓线索,是指文章中穿结全部材料、推进内容进展的纽带,是事物的内在联系和作者思路在文章中的反映。一个完整的叙述,无论是采用单线叙述,还是复线叙述;也无论是既有明线、也有暗线,既有主线、也有副线,都应做到线索清楚、不能散乱。叙述的线索多种多样,可以以人为线索,以物为线索,以时间为线索,以事件过程为线索,等等。

《一件小事》主体部分的叙述线索不但不复杂,而且很单纯,就是以这件小事完整的发生发展过程作为叙述线索,清楚连贯。

3.详略要得当

叙述需要有详有略、疏密相间,而不宜按照一个节奏记流水账,因而详略得当是叙述的基本要求。这就需要概括叙述和具体叙述很好结合、相辅相成。凡是能够充分表现主题、塑造主要人物的主要材料要写详、写细、写充分;反之就要略写、简写,快速带过。这样就做到了有详有略、详略得当。

《一件小事》中共有两处详写:

第一处是详写了老女人的摔倒,这是情节发展的一个关节点。详写的意图在于表现她摔倒的主要责任不在车夫,而在她自己,而且她摔得并不重,用今天的话讲,她就是个"碰瓷"的。这处详写,是个铺垫,是个反衬,是为了后面突出表现车夫的高大和"我"的渺小,为塑造车夫的形象和表现主题起了很好的作用。

第二处详写就是正面描述车夫扶着老女人"一步一步的向前走",走向"一所巡警分驻所"的大门。"我这时突然感到一种异样的感觉,觉得他满身灰尘的后影,刹时高大了,而且愈走愈大,须仰视才见。"这后面一句是点题之笔。这一处是直接正面地塑造小说的主人公和表现主题,当然需要详写。

而其他的叙述就都是略叙了。《一件小事》在叙述的详略得当方面提供了有益的经验。

4.波澜要起伏

叙述要波澜起伏,是说一个完整的叙述在推进的过程中要迂回曲折、富于变化,而不宜平铺直叙、平淡无奇。这是由客观事物自身的曲折性和读者求新求异的心理预期所决定的。清代诗人袁枚在《随园诗话》中说:"文如看山不喜平";清代刘熙载在《艺概·诗概》中说到"尺水兴波"。他们强调的都是包括表达方式叙述在内的文章写作要做到起伏跌宕、曲折变化。对于叙事性文学作品的小说、剧本等来说,曲折跌宕的叙述并不困难,因为其情节可以虚构。对于具有真实性要求的实用文体及文学作品的叙述来说,例如通讯、回忆录,传记、散文、纪实文学等,波澜起伏并不意味着要违背真实性,而是说在客观真实的前提下,叙述应该尽量有一些变化、有一些活泼和跌宕。其实,人物经历也好,事件过程也好,其曲折丰富性倒常常是一种真实的客观现实。

《一件小事》的叙述是一波三折、引人入胜的。大冬天的大清早,马路上本没有人,临近S门时,忽然"车把上带着一个人,慢慢地倒了",波澜陡起;车夫多事,不一走了之,而是停车扶人,再起波澜;老女人摔得不重,却一口咬定"我摔坏了",又是一次起伏;车夫于是扶她去了巡警分驻所,再次起伏;一巡警过来告诉我车夫被扣留了,再起伏;我从衣袋里抓了一大把铜元交给巡警,再次起伏。

《一件小事》,仅从事情本身而言,的确是寻常小事一件。可作者却叙述得起伏不断,令人目不暇接,可以说是名副其实的"尺水兴波"了。

清代李绂在《秋山论文》中曾说"文章惟叙事最难"。近代王国维在《人间词话》中曾评论散文"易学而难工"。有当代学者用这两句话来对叙述加以评价:"古人说:'文章惟叙事最难。'这话不见得很恰当。但叙述'易学难工'却是事实。初学者更不可掉以轻心。"[①]我们以此来结束本题目的内容。

二、描写

(一)描写的含义与作用

描写是用形象生动的语言,把人物、事件、场景以及景物的形态具体地

---

① 刘锡庆.写作[M].北京:高等教育出版社,1988:233.

描绘、摹写出来，使之色彩鲜明、形神兼备，具有强烈的具象性和生动性。

描写作为一种基本的表达方式，它是文学文体和记叙文的主要表达方式之一，与叙述、抒情等表达方式结合使用；同时也是说明文体、议论文体以及应用文体的辅助表达手段。

(二)描写的常用方法

描写的方法，换个角度讲也就是描写的类型。下面分别予以介绍。

1.细描、白描

从描写的精细程度，或者说从描写的笔法而言，描写可以分为细描和白描。细描和白描原是国画中的两种技法，细描就是工笔，白描就是写意，后来被借用到写作中来成为了两种描写方法。

(1)细描

细描，又称工笔描写。它是指对人物、事物、景物等作细致入微、纤毫毕现的刻画，其文字绚丽，善用多种修辞手法，体现出精雕细刻的特点。

下面是作家徐迟在报告文学《祁连山下》的一段描写：

> 头一天夜里，下了一场雨。这在戈壁滩上是几年也难得碰上一次的。因此，这一天，沙土澄清下来了，空气十分透明。千佛洞的洞窟，散布在一条狭长的山岗上。黄昏，太阳沉没到这条山岗背后去。在还没有沉没时，一道灿灿的金光，从这山岗的佛洞后面射来，射过密密的洞窟之前一片小小的平川，射到平川那边嶙峋的三危山。当太阳更往下沉落时，平川和它中间的一道小溪被荫蔽在深沉的暮色中，只有溪边的树林尖梢还贴着金光。这时，三危山上却金光闪闪。又过了一会儿，太阳差不多完全沉没了。平川已经暗黑，而三危山上的圣洁的金光却格外的辉煌发亮。三危山上出现了一千尊或者更多尊佛，展示了他们的结跏趺坐之状。那嶙峋的岩石：一尊尊的佛，全部显圣了。它们须眉毕露了。它们都有圆光。它们有的盘膝，有的垂足而坐。它们垂臂袒肉。有的倚侧着，猛兽驯服在它们足下。全体都合十，微笑。最后，它们隐没在缀满群星的夜幕背后。[①]

---

① 刘锡庆，等.范文读本[M].北京:北京出版社,1982:85.

这是一段景物描写,是对敦煌千佛洞及周边的描写,既有自然景观的描写,也有人文景观的描写。作家描写得很细致,很逼真,也很生动,显然是细描的方法。在小说中,尤其是长篇小说中,细描是随处可见的。例如《红楼梦》第三回《接外孙贾母惜孤女》中,贾宝玉进来和换了衣服再回来,此时林黛玉眼中的贾宝玉形象,用的就是工笔细描,从头顶一直写到脚下,细致入微,纤毫毕现,给人一个立体化、整体性的认识。在报告文学、传记文学中,细描也被广泛使用;在散文、通讯、回忆录中则有一定程度的运用。

（2）白描

白描是用简练的笔墨,几乎不用什么修辞手法,不加烘托,而以质朴的语言,传神地描画出鲜明生动的形象。白描突出的特点有三:不写背景,不求细致,不尚华丽。巴金在散文《小狗包弟》中有一段对小狗包弟的描写:

> 狗来了,是一条日本种的黄毛小狗,干干净净,而且有一种本领:它有什么要求时就立起身子,把两只前脚并在一起不停地作揖。①

这是巴金搬到新居后第一次见到小狗包弟,按说应该从头到脚大事描写一番,但作家就是寥寥几笔,仅用朴素的语言勾画了一下小狗的样貌。但由于作家抓住了小狗"作揖"的特征,所以笔墨虽然不多,但包弟活泼可爱的形象跃然纸上。这是一段成功的白描写法。在中国的传统写作中,白描是较为常见的。在"五四"新文学的老一辈作家中,鲁迅是提倡并擅长白描的一位,他概括白描的本质是"有真意,去粉饰,少做作,勿卖弄"②

白描也好,细描也好,都是描写的基本的和重要的方法,二者各有特色、各有侧重,应针对写作的实际情况加以具体使用乃至综合运用。

2.正面描写、侧面描写

从描写是直接还是间接的角度而言,描写可以分为正面描写和侧面描写。

（1）正面描写

也叫直接描写,即作者对描写对象进行直接的描写。正面描写是描写

---

① 巴金.探索集[M].北京:人民文学出版社,1981:23.
② 鲁迅.鲁迅论创作[M].上海:上海文艺出版社,1983:658.

中的主要方法。请看下面一段文字：

> 残雪已经化尽，阳光温馨扑面。视野里，土地和田野一直碧绿
> 到遥远的天边，那是生命的延伸吧？无数新叶哗哗啦啦摇动在风
> 中，像无数只透明挥舞的小手掌，那是生命的欢呼吧？河水在春天
> 的土地上柔软明亮地流动，蔚蓝的空中鸟儿自由地翱翔，那是生命
> 的深情吧？一切都如此新鲜，一切都如此可爱，生活和生命重新回
> 来了……①

这是一段抒情性极浓的景物描写，它直接正面地描写了春天到来的情景，属于正面描写。这是一位经历了生死体验的19岁花季少女，绝症初愈后，借景抒情，情景交融，表达了她对生命、对新生的礼赞。我们上面在此之前所举的描写的例子，也都是正面描写。

（2）侧面描写

也叫间接描写，也称"虚写"，古时称作"烘云托月"法，与正面描写相对。它是指作者不直接描写表现对象，而是通过对其他的人物、事物、景物等的描写来烘托、表现所要描写的对象。

请看朱自清散文《松堂游记》的结尾：

> 临睡时，我们在堂中点上了两三支洋蜡。怯怯的焰子让大屋
> 顶压着，喘不出气来。我们隔着烛光彼此相看，也像蒙着一层烟
> 雾。外面是连天漫地一片黑，海似的。只有远近几声犬吠，教我们
> 知道还在人间世里。②

该文记写的是作者一行人游览松堂的经过，夜晚就在松堂内歇息，松堂是松树林中由一座石亭改建的大堂。当上文已把松堂及其周围的景致都作了描绘之后，特别是已强调了松堂的高与大之后，结尾该如何收束呢？作家使用了侧面描写。蜡烛的"怯怯的焰子"，烘托了松堂之高；彼此相看"像蒙着一层烟雾"，既是写实，因为点着蜡烛，但也是虚写，是侧写松堂之大；最后一句就更是明显的间接描写了，描写的是松堂的静，静到可以使人感觉似乎已不在人间了。全文在正面描写之后，结尾以侧面描写再次巧妙地烘托松

① 张子影.精美散文珍藏[M].乌鲁木齐：新疆人民出版社,2003:104.
② 朱自清.中华散文珍藏版·朱自清卷[M].北京：人民文学出版社,2000:178.

堂的几大特点,不愧是大家手笔。

采用侧面描写一般是两种情况:一是所描写对象的特征用正面描写难以传神,这时往往借用侧面描写,让读者自己去想象、揣摩。二是以侧面描写为辅助手段,来增强正面描写的效果。比如汉乐府诗《陌上桑》对秦罗敷美丽的描绘,正面描写难以达到更好的效果,就用了侧面描写:"耕者忘其犁,锄者忘其锄。来归相怨怒,但坐观罗敷"。《三国演义》中刘备"三顾茅庐"中的一顾、二顾,也是通过侧面的辅助手段,来增强诸葛亮"先声夺人"的人格魅力。

3.主观描写、客观描写

从描写是否包含作者的主观评价和感情投入而言,描写可以分为主观描写和客观描写。

(1)主观描写

作者带着主观情感和评价去描写对象就是主观描写。主观描写包括被描绘事物本身并渗透着作者对它的主观认知与评价。例如在1957年创刊的《星星》诗刊上,发表了作者流沙河写的一组咏物散文诗《草木篇》,通过下面我们选取的其中的3则可以明显看出,这是一篇具有很强的主观描写的作品:

白　杨

她,一柄绿光闪闪的长剑,孤伶伶地立在平原,高指蓝天。也许,一场暴风会把她连根拔去。但,纵然死了吧,她的腰也不肯向谁弯一弯!

藤

他纠缠着丁香,往上爬,爬,爬⋯⋯终于把花挂上树梢。丁香被缠死了,砍作柴烧了。他倒在地上,喘着气,窥视着另一株树⋯⋯

仙人掌

它不想用鲜花向主人献媚,遍身披上刺刀。主人把她逐出花园,也不给水喝。在野地里,在沙漠中,她活着,繁殖着儿女⋯⋯

这3则散文诗描绘了3种植物,但它们不是客观的描写,而是渗透了作者浓厚的主观色彩,被高度人格化了,分别体现了3种类型的人格,是非常典型的主观描写。

(2)客观描写

所谓客观描写,就是如实地再现描写对象的原貌和特征,而不加入作者的主观感受和评价。其与主观描写是相对的。我们看一下明代魏学洢的说明文《核舟记》中的一段:

> 舟尾横卧一楫。楫左右舟子各一人。居右者椎髻仰面,左手倚一衡木,右手攀右趾,若啸呼状。居左者右手执蒲葵扇,左手抚炉,炉上有壶,其人视端容寂,若听茶声然。[①]

这是作者在介绍核舟舟尾的情况,重点介绍了一右一左两个人。由于作者写得生动逼真,使得这一段文字具有了描写的性质。但这段描写本身是客观的,应该说它只是如实地再现了客观事物的原貌,并没有直接加入作者主观的情感与评价。

一般来说,在实用文体中,特别是新闻文体、说明文体、应用文体等,如使用描写的表达方式,应该是客观描写,因为这些文体要求真实客观。而文学文体多为主观描写,这和它的情感性、想象性、审美性特点密切相连。这一点应是学习写作者在运用主观描写、客观描写时首先需要注意的问题。

4.人物描写、环境描写、场面描写、细节描写

从描写的对象范围来看,描写可以分为人物描写、环境描写、场面描写和细节描写。

(1)人物描写

人物描写就是对有关人物所进行的描写,一般包括四个方面:肖像描写、行动描写、语言描写和心理描写。

①肖像描写

这是指对人物外貌所作的描写,包括身材、姿态、容貌、表情、服饰等方面。肖像描写是刻画人物形象的基本手段之一。肖像描写应该抓住人物肖像上的特点,以形传神,既描绘出人物的音容笑貌,又能揭示出人物的职业、身份、遭遇、性格等。在这方面,最精彩的是小说《红楼梦》中林黛玉眼中的王熙凤:

---

① 赵文,等.说明文十讲[M].北京:海洋出版社,1985:82.

这个人打扮与姑娘们不同,彩绣辉煌,恍若神妃仙子。头上戴着金丝八宝攒珠髻,绾着朝阳五凤挂珠钗,项上戴着赤金盘螭璎珞圈,身上穿着缕金百蝶穿花大红云缎窄袄,外罩五彩刻丝石青银鼠褂,下着翡翠撒花洋绉裙。一双丹凤三角眼,两弯柳叶掉梢眉,身量苗条,体格风骚,粉面含春威不露,丹唇未启笑先闻。

这是一段非常典型的肖像描写,给读者塑造了一个淋漓霹雳、阴险毒辣、放诞无拘、做事干练的贵族管家婆形象。这段描写以形传神,既描绘出王熙凤的音容笑貌,同时也把王熙凤的职业、身份、性格充分展现出来。

不只小说,凡是涉及到人的文体都会遇到肖像描写的问题,如散文、通讯、报告文学、传记文学、回忆录等。在不同的文体中,肖像描写的具体运用各有千秋,可以细描,也可以白描;可以直接描写,也可以间接描写;可以集中描写,也可以分散描写;等等。写出人物的外貌特征,以形传神,这应该是肖像描写的要点所在。例如作家梁实秋回忆梁启超一次演讲上台时写道:"步履稳健,风神潇洒,左右顾盼,光芒四射"①,这是对梁启超的肖像描写,就这 16 个字,人物已经被写活了。

②行动描写

对人物的行为、动作所作的描写,就是行动描写。行动描写是刻画人物形象的重要手段。德国哲学家黑格尔曾经指出:"能把个人的性格、思想和目的最清楚地表现出来的是动作,人的最深刻方面只有通过动作才能见诸现实。"②恩格斯也指出:"一个人物的性格不仅表现在他做什么,而且表现在他怎样做。"③这就说明了行动描写对于写人的重要性。

南朝刘义庆等人编写的笔记小说《世说新语·忿狷》中,写了一个叫王蓝田的人,此人最大的特点是性急。那么,该怎样描写他的性急呢?通过行动:

王蓝田性急,尝食鸡子,以箸刺之,不得,便大怒,举以掷地。鸡子于地圆转未止,仍下地以屐齿蹍之,又不得。瞋甚,复于地取

---

① 梁实秋.中华散文珍藏本·梁实秋卷[M].北京:人民文学出版社,2001:172.
② 黑格尔.美学(第1卷)[M].北京:商务印书馆,1979:70.
③ 马克思恩格斯全集(第29卷)[M].北京:人民出版社,1972:583.

内口中,啮破,即吐之。

文中的"鸡子"就是鸡蛋。吃鸡蛋而吃出了这样一系列极富个性的行动,真是活脱脱地刻画出了王蓝田的火爆脾气。

实用文体人物通讯《县委书记的榜样——焦裕禄》①在报道焦裕禄的先进事迹时,也是重在描述他做了什么和怎么做的:他把县委会议开到了灾民云集的兰考县火车站;兰考县有一年夏天下了 7 天 7 夜大雨,焦裕禄在雨中也整整考察了 7 天的水流情况;冬天最寒冷的时候,也正是焦裕禄慰问特困户、发救济粮的时候;他肝病发作时,就用钢笔使劲顶住肝部止痛,以致他坐的藤椅都被顶出了一个大窟窿……正是这些具有个性的行动描写,为人们树立了一位可亲可敬的好干部的高大形象。

③语言描写

这是对人物的对话和独白所作的描写,也是人物描写的重要内容之一。"言为心声",通过语言描写,也是表现人物思想性格的一个重要方面。语言描写基本的也是最高的要求,是人物语言的个性化,即人物的语言要符合人物的身份、地位、经历、教养、思想感情和心理状态。也就是俗话所说"什么人说什么话"。这也正如李渔在《闲情偶寄》中所说:"务使心曲隐微,随口唾出,说一人肖一人,勿使雷同,弗使浮泛。"

在戏剧文学中,语言描写是主要的表达手段。在影视文学、小说、纪实文学、散文中,语言描写也是重要的或常用的表达手段。在实用文体的通讯、回忆录、传记中也会经常用到语言描写。我们这里想再次说到《县委书记的榜样——焦裕禄》。该文不但有对焦裕禄的大量行动描写,而且也有数量不少的语言描写。文章富有特色的地方在于,全文 9 个部分,其中 6 个部分是用焦裕禄的语言作为小标题的,它们依次是:"关键在于县委领导核心的思想改变""吃别人嚼过的馍没味道""榜样的力量是无穷的""当群众最困难的时候,共产党员要出现在群众面前""县委书记要善于当'班长'""活着我没有治好沙丘,死了也要看着你们把沙丘治好!"由此可以看到,焦裕禄的讲话是很有个性的,他的一些话语如"吃别人嚼过的馍没味道""榜样的力量是无穷的"等至今仍活在人们的言语中。在这篇通讯发表了 51 年之后,我

---

① 原载《人民日报》1966 年 2 月 7 日.

们这才意识到,此文主要是从两大方面表现焦裕禄的,首先是行动,其次是语言。两者交织出了焦裕禄舍生忘死为人民的壮丽人生,也为读者、为历史塑造出了一个光辉形象。

④心理描写

顾名思义,心理描写就是对人物心理活动所作的描写,这也是人物描写的一个重要内容。心理描写的具体手法多种多样,一般可以分为直接心理描写和间接心理描写。

直接心理描写可以采用第三人称叙述的方式直接予以描写、揭示,也可以用人物自身的心理活动、独白、梦境、幻觉、意识流等方式来表现。例如作家何为的散文《第二次考试》,在陈伊玲复试严重失常之后,作者这样写道:

> 苏林教授显然是大为生气了。他从来认为,要做一个真正为人民所爱戴的艺术家,首先要做一个各方面都能成为表率的人,一个高尚的人! 歌唱家又何尝能例外! 可是这样一个自暴自弃的女孩子,永远也不能成为一个有成就的歌唱家![①]

这段话从第二句开始,可以视为是作者以第三人称叙述的方式,以全知全能的视角,对苏教授的心理活动进行了直接揭示。尤其是最后一句话,就更是直接对苏教授现场的心理活动予以展现。当然,此时苏教授的心理活动是一个误解。我们上文引述的王蒙小说《春之声》中一大段的人物的意识流,也是直接心理描写的一种。

间接心理描写可以采用对人物的行动、语言、表情以及外界景物的描写,来间接表现、暗示人物心理。台湾作家白先勇写有一篇短篇小说《游园惊梦》,主人公是钱夫人。她由于丈夫钱将军的死去而失势,专车也被政府收回,她从台南到台北参加老相识们的聚会坐的是出租车;在聚会中人们对她的态度大不如前;而她的旧相好也早已另有新欢。一系列的变故使她倍感落寞、寒心、风光不再。小说结尾处别人都坐专车走了,只有她要等窦夫人的车送别人回来再送她。所以在等车期间,当窦夫人问她:"你这么久没来,可发觉台北变了些没有?"钱夫人沉吟了半晌,侧过头来答道:"变多喽。"走到房子门口的时候,她又轻轻地加了一句:"变得我都快不认识了——起

---

① 刘锡庆,等.范文读本[M].北京:北京出版社,1982:221.

了好多新的高楼大厦。"①至此，小说结束。这个结尾是明显的间接心理描写，作者是通过钱夫人外在的举动和语言，表现了她此时真实的无比失落的心境（"变多喽"），同时又表现了她在窦夫人面前还要言不由衷地予以掩饰的矛盾心态，悲凉之上再加一层无奈，真是欲说还休！所以这里的不动声色的间接心理描写，比直接描写钱夫人此时的心情要更有艺术表现力。

上述的描写人物的 4 个方面，需要结合起来综合运用。

（2）环境描写

环境描写就是对有关环境所进行的描写，一般包括两个方面：自然环境描写和社会环境描写。

①自然环境描写

它是对人物活动的时间、地点、季节、气候以及景物等所进行的描写，它对表现人物身份、地位、行动、心情和渲染气氛都能产生作用。特别是自然景物描写，有时可以成为作品的主要内容，如游记及其他散文等。在多数的文学作品和记叙文中，自然景物描写主要是构成人物活动的具体环境。

我们在上文谈到"正面描写"时曾引用了散文《感谢生命》中的一段自然景物描写；在谈到"细描"时举了作家徐迟在报告文学《祁连山下》中所作的一段细描为例，其中也有部分的自然景物描写，所以这里不再举例。

②社会环境描写

社会环境描写指的是对特定的时代背景及人物生活环境的描写。它所描写的范围可大可小，大至整个社会、整个时代，小至一个家庭、一处住所。描写的具体内容可以是室内陈设、当地的风土人情和时代气氛等。社会环境的描写一般应具有浓郁的风土特色。下面是小说《红楼梦》中的一段社会环境描写：

> （林黛玉）从纱窗中瞧了一瞧，其街市之繁华，人烟之阜盛，自非别处可比。又行了半日，忽见街北蹲着两个大石狮子，三间兽头大门，门前列坐着十来个华冠丽服之人。正门不开，只东西两角门有人出入。正门之上有一匾，匾上大书"敕造宁国府"五个大字。黛玉想道："这是外祖的长房了。"又往西不远，照样也是三间大门，

①　谢冕，等.中国当代文学作品精选[C].北京:北京大学出版社,1995:273.

方是"荣国府",却不进正门,只由西角门而进。……黛玉扶着婆子的手进了垂花门,两边是超手游廊,正中是穿堂,当地放着一个紫檀架子大理石屏风。转过屏风,小小三间厅房,厅后便是正房大院。正面五间上房,皆是雕梁画栋,两边穿山游廊厢房,挂着各色鹦鹉画眉等雀鸟。台阶上坐着几个穿红着绿的丫头,一见他们来了,都笑迎上来道:"刚才老太太还念诵呢!可巧就来了。"

这是一段非常典型的社会环境描写。社会环境描写一般情况下不是直接说出某年某日某朝某代怎样,它往往是通过有特点的具体事物及其环境设置暗示出来。《红楼梦》中林黛玉进贾府的这段社会环境描写,通过林黛玉看到的宁国府、荣国府外边的高大而繁复,堂皇而整肃的建筑以及进了荣国府内的建筑样式、室内陈设以及人际等级关系等,就把《红楼梦》的故事和人物发生的封建社会的时代背景及其生活模式等社会形态形象生动地展现出来。

(3)场面描写

这是对特定的时间和地点内人物活动总面貌的描写。在场面描写中,既有人物活动的描写,又有特定环境的描写,以达到渲染气氛、表现人物的目的。下面是作家吴伯箫的散文《记一辆纺车》中的一段场面描写:

为了交流经验,互相提高,纺线也开展竞赛。三五十辆或者百几十辆纺车搬在一起,在同一个时间里比纺线的数量和质量。……竞赛,有的时候在礼堂,有的时候在窑洞前边,更有的时候在山根河边的坪坝上。在坪坝上竞赛的那种场面最壮阔,"沙场秋点兵"或者能有那种气派?不,阵容相似,热闹不够。那是盛大的节日里赛会的场面。只要想想:天地是厂房,深谷是车间,幕天席地,群山环拱,怕世界上还没有哪个地方哪一种轻工业生产有那样的规模哩。你看,整齐的纺车行列,精神饱满的纺手队伍,一声号令,百车齐鸣,别的不说,只那嗡嗡的响声就有点像飞机场上机群起飞,扬子江边船只拔锚。那哪儿是竞赛,那是万马奔腾,在共同完成一项战斗任务。[①]

---

① 刘锡庆,等.范文读本[M].北京出版社,1982:262.

这段场面描写十分精彩。有整体的人物描写，有环境的描写，描写、叙述、抒情融为一体，尤其是场面宏大，气势雄伟，作者表述得有条不紊、生动传神、感染力强，很好地渲染了气氛，展现了延安抗日军民团结奋进、意气风发的精神风貌。场面描写构成小说、纪实文学、散文、通讯等文体的基本描写单位。

（4）细节描写

这是对具有典型意义的细微之处、具体方面所作的描写。细节描写是叙事性文学作品和记叙文的最小描写单位。细节描写的作用，正如作家秦牧所说："没有精彩的细部，就很难有卓越的整体。"[①]。作家李延国也说："细节，是文学作品的血肉，是来自生活母体的活性细胞，一个作品往往因为有了好的细胞而获得生命。"[②]。下面是俄国作家契诃夫在短篇小说《磨坊外》中所作的一段描述：

不知道是磨坊主理解了修士们和工人脸上的表情呢，还是也许有一种沉睡已久的感情在他的胸膛里动了一下，总之，他脸上掠过一种类似惊吓的神情。……

"妈妈！"他叫道。

老太婆打了个哆嗦，回过头来看。磨坊主人匆匆地把手伸进衣袋里，从那儿取出一个皮革制的大钱包来。

"给您，……"他喃喃地说着，从钱包里取出一大把钱来，有钞票，有银币。"您拿去吧！"

他手里攥着那把钱，揉搓着。不知什么缘故，他转过头去看了一眼修士们，然后又揉搓那些钱。钞票和银币顺着他的手指缝漏下去，一个连着一个回到钱包里去了，结果手里只剩下一枚二十戈比的银币……

磨坊主人把它细细地看一遍，用手指头摸了一摸，然后嗽了一下喉咙，涨红着脸，把它交给母亲了。[③]

---

①　秦牧.艺海拾贝[M].上海：上海文艺出版社，1978：41.

②　李延国.在这片国土上[M].北京：解放军文艺出版社，1985：145.

③　朱明雄，等.文学写作手册[M].南京：江苏少年儿童出版社，1984：419.

这是一段典型的细节描写,通过磨坊主阿历克塞·比留科夫给他母亲钱的这一细节的一系列动作描写,入木三分地刻画出了这个人物极其吝啬、冷酷的性格特征。

我们在上文曾谈到"细描"的方法。"细描"和"细节描写"的区别在于:并非所有的细描都是细节描写;只有那些对于典型的细节部位、具体方面所作的细描才是细节描写。例如我们上文在谈到"细描"时举了作家徐迟在报告文学《祁连山下》中所作的一段细描为例,这是一处景物描写,是对敦煌千佛洞及周边景物的描写,它属于细描,描写得很细致,但不是细节描写,因为描写对象本身不是细节。所以俄国作家屠格涅夫不但强调细节描写应是细节,而且强调必须是有代表性的细节。他说:"谁要是写出全部细节——那就失败了。必须把握一些有代表性的细节,天才即在于此。"[①]

(三)描写的总体要求

1.具体真切

具体,是不抽象、不笼统;真切,是不浮泛、不模糊。这就是说,无论你的描写对象是什么,都应该描绘得鲜明突出、生动逼真、历历在目,使读者如见其人、如闻其声、如临其境,而不是词藻堆砌了很多,修辞手法使用了不少,读者却还稀里糊涂,不得要领。刘勰在《文心雕龙·物色》中说:"体物为妙,功在密附",就是说,"描绘景物达到巧妙的程度,其功效在于贴切逼真"[②]。"密附",就是贴切地再现事物,就是描写要具体真切,这应该是描写的基本要求,也是一个不低的要求。描写首先应达到"形似",这同样是刘勰在《文心雕龙·物色》中提到的"文贵形似"。在此基础上再进一步达到"形神兼备"。

2.抓住特征

抓住特征,是说描写时不要面面俱到,不要胡子眉毛一把抓。这也就是鲁迅所说:"倘使画了全副的头发,即使细得逼真,也毫无意义。"[③]鲁迅提倡的是画"眼睛",即抓特征,特征是事物间彼此相区别的所在,富有特征的描

---

① 唐弢.创作漫谈[M].北京:作家出版社,1962:104.
② 刘勰.文心雕龙[M].北京:中华书局,2016:525.
③ 王光祖,等.写作[M].上海:华东师范大学出版社,1989:117.

写,才是传神的描写,才能给读者留下深刻印象。明末金圣叹在《读第五才子书法》中,就多次评论、称道施耐庵在长篇小说《水浒传》中善于突出人物特征的精彩描写:

> 《水浒》所叙,叙一百八人,人有其性情,人有其气质,人有其形状,人有其声口。
>
> 《水浒传》写一百八个人性格,真是一百八样。若别一部书,任他写一千个人,也只是一样;便只写得两个人,也只是一样。
>
> 《水浒传》只是写人粗鲁处,便有许多写法,如鲁达粗鲁是性急,史进粗鲁是少年任气,李逵粗鲁是蛮,武松粗鲁是豪杰不受羁勒,阮小七粗鲁是悲愤无说处,焦挺粗鲁是气质不好。

金圣叹的这些论述归结到一点,就是启示我们,成功的描写在于抓住描写对象的特征。

3. 目的明确

目的明确,是说不要为描写而描写,不要无目的地盲目描写。描写只是表达的方式、手段,而不是目的。作家唐弢在《创作漫谈》中说到这样一种现象:"譬如说写景,有些同志似乎对自然风景有很大的兴趣,即使是一篇短短的速写,也喜欢花呀、月呀、山呀、水呀的写上一大堆。"这就是说,目的不明的描写确实是一种客观存在。这里说的目的明确,还不仅仅是指从全局而言描写要为文章主题服务,而是强调每一次的具体描写都要有着明确的目的。它是为了表现人物,还是为了展现环境,还是为了突显细节,还是为了渲染气氛? 等等。如果目的不明,与上述所说的诸多作用毫无关系,那么这一处描写很可能就是游离的、多余的,就需要舍弃。所以描写的目的明确从根本上说,就是鲁迅强调的"有真意,去粉饰,少做作,勿卖弄"[1]。

三、议论

(一)议论的含义、作用与构成要素

1. 含义和作用

议论就是作者对议论对象发表自己的看法,摆明自己的观点,阐述自己

---

[1] 鲁迅.鲁迅论创作[M].上海:上海文艺出版社,1983:658.

的道理。议论作为基本的表达方式之一,它是议论文体最主要的表达方式;在一般记叙文、说明文及文学文体中,它也常常被用作辅助的表达手段。但此时的议论,和议论文中的议论已有所不同,它往往是作者相对简明扼要的评价和论断,有时是议论性的抒情。

议论也是使用频率较高的表达方式,它的特点是以理服人,用说理的方法,以概念、判断、推理等逻辑思维的形式进行表达,这是它和依靠形象思维、灵感思维的叙述、描写、抒情三大表达方式有着根本不同的地方。

2.构成要素

一个完整的议论是由三个要素构成的:论点、论据、论证。这就是"议论三要素"。

(1)论点

论点,也称论断。它是作者在议论中所表达、所证明的观点、看法和结论。它是一个完整议论或一篇议论文的核心内容,统领着论据和论证。

对一篇不止一个论点的议论文而言,还有中心论点和分论点的区分。中心论点是文章的总论点、主题,分论点是中心论点统率下的若干小论点。分论点又有两重属性:对中心论点而言,它是论据;而对它下辖的材料,它又是论点。在一篇规模很大的论文或一部论著中,大小论点所呈现的就不止是两层关系了,而是类似于宝塔形的多层状态。

无论是总论点还是分论点,都要努力达到:正确鲜明,新颖深刻,集中严密,针对性强。

(2)论据

论据,就是用来证明论点的材料、依据。论据的种类很多,概括地说,可以分为事实论据和理论论据两大类。

事实论据,是指以现实和历史存在的具体事实与数据作为论据。俗话说"事实胜于雄辩",它是不以人们意志为转移的客观实在,所以最具有说服力。理论论据,主要是指以经过实践检验的科学原理、理论观点作为论据,也包括伟人、名人的某些名言以及生活中形成的一般公理等。一个完整的议论,尤其是一篇议论文,应该既有事实论据,也有理论论据,以使论证更加充分和更具说服力。

作为论据,应该达到三方面的要求:一是真实确凿,不得虚假;二是具有典型性,就是说在同类事物或事理中它是最具普遍性和代表性的;三是要充分、够用,不能由于论据的短缺而导致推不出论点。在上述基础上,还应尽量选用新颖生动的材料,以增强论据的"含金量"。

（3）论证

论证,是运用论据证明论点的过程。它的作用是揭示论点和论据之间的逻辑联系,使论点得到很好证明。如果说论点是统帅,回答"证明什么"的问题;论据是基础,回答"用什么证明"的问题;那么论证就是沟通论点和论据的桥梁,回答"怎样证明"的问题。

论证是逻辑思维在写作中的体现,应努力做到:推理要合乎逻辑,要遵循相应的逻辑规则;要做到观点与材料的统一;论证过程要有严格的顺序,不能混乱。

(二)论证的常用方法

论证分为两大类:立论、驳论。下面予以分别介绍。

1.立论

立论是作者从正面来阐明自己论点的论证方法。因其是以确立自己的观点正确为主,故称立论。以下是常用的立论方法。

（1）事实证明

事实证明法,也就是人们常说的例证法。这是通过选取真实典型的事实材料来论证论点的方法。

例如学者朱长超写有一篇议论文《人才的效益观》,文章的中心论点是:"人才有其长,也有其所短。因此,要充分发挥人才的效益,就要用其所长,避其所短,使他发挥最佳的功能,创造最大的价值。"为了证明这个观点的正确,文章采用了事实证明法。其中的第一个正面的事实论据是:"美国人没有让设计第一个原子反应堆的弗米负责曼哈顿工程,另选了一个学术上虽逊一筹但组织能力很强的奥本海默担任工程的组织工作。结果,他们各得其所,各自发挥了自己的特长。"第二个正面的事实论据是:"有人曾请爱因斯坦出任以色列总统,认为凭他的声望,只要签签字就行了。爱因斯坦一口拒绝了。如果他当了总统,可能不是一个合格的总统,也不会在'统一场论'中作出开创性的工作。"接下来文章又选取了一个反面的事实论据:"牛顿是个'硬'人才,后来却承担了'软'职务,当了造币厂厂长。牛顿后来很少新的建树,这也是其中的一个原因。"①三个性质不同、领域不同的典型例证,涉及的都是世界级的人物,从而充分证明了观点,说服力很强。

例证法是用得最多、最普遍的一种论证方法,它符合"摆事实,讲道理"这一公认的原则,人们易于接受。例证法从根本上说,运用的是归纳推理,论据与论点之间是从个别到一般的关系。

(2)引证演绎

引证演绎法,也就是人们常说的引证法。这是通过引用经典性言论、科学上的公理和定理、生活中的常理等作为论据来证明论点的方法。例如毛泽东的议论文《为人民服务》中有这样一段议论:

> 人总是要死的,但死的意义有不同。中国古时候有个文学家叫做司马迁的说过:"人固有一死,或重于泰山,或轻于鸿毛。"为人民利益而死,就比泰山还重;替法西斯卖力,替剥削人民和压迫人民的人去死,就比鸿毛还轻。张思德同志是为人民利益而死的,他的死是比泰山还要重的。②

仅就这段议论来看,它的论点就是最后一句话:"他(张思德)的死是比泰山还要重的"。那么怎么证明这一论点?作者采用了引证演绎的方法。首先是引用了史学家司马迁的具有权威性的话语作为大前提:"人固有一死,或重于泰山,或轻于鸿毛。"同时提出自己的总观点与引用的大前提并列:"为人民利益而死,就比泰山还重"。之后提出小前提:"张思德同志是为人民利益而死的"。最后顺理成章得出结论:"他的死是比泰山还要重的"。这是非常规范的演绎推理的"三段论"形式。从实质上说,引证法运用的就是演绎推理,论据与论点之间是从一般到个别的关系。

人们认识问题,离不开原有的知识,离不开公认的已经证明其正确的理论,否则将失去共同认知的基础。这就是引证法的内在合理性与可能性。

使用引证法需要注意的是:被引用的作为理论根据的材料要正确,要有一定的权威性,要为人们所承认。引用时要正确摘取或转述,防止断章取义或违背原意。但引文又不必繁杂冗长,能说明问题即可。

---

① 徐汉华.写作技法词典[M].西安:陕西人民教育出版社,1987:832.
② 毛泽东.毛泽东选集(合订本)[M].北京:人民出版社,1964:905.

156

（3）类比论证

类比论证法，也就是人们常说的类比法，也有人称为喻证法。这是通过讲故事、打比方的方式，将具有共同点的类似两件事进行比较，从而得出新结论的论证方法。例如《庄子·秋水》中讲述的"惠子相梁"的故事就运用了类比法：

> 惠子相梁，庄子往见之。或谓惠子曰："庄子来，欲代子相。"于是惠子恐，搜于国中，三日三夜。庄子往见之，曰："南方有鸟，其名鹓鶵，子知之乎？夫鹓鶵，发于南海而飞于北海；非梧桐不止，非练实不食，非醴泉不饮。于是，鸱得腐鼠，鹓鶵过之，仰而视之曰：'吓。'今子欲以子之梁国而吓我邪？"

惠子在梁国当宰相，庄子也到了梁国。有人对惠子说，庄子这次来是要"欲代子相"，这使得惠子很害怕。于是庄子就当面明确告诉惠子，自己决不是要取代他为相。那么庄子怎么来论证自己的观点呢？从文中可以看到，他用的就是类比论证，即打比方、讲故事。庄子把自己比作鹓鶵，把惠子比作鸱（猫头鹰）。鹓鶵是"发于南海而飞于北海；非梧桐不止，非练实不食，非醴泉不饮"。在鹓鶵飞往北海的途中见到鸱"得腐鼠"，这是指惠子"相梁"，而鹓鶵是绝不可能和鸱争吃"腐鼠"的，所以庄子我也是决不会来和惠子你争梁国的"相位"的。庄子由此论证了自己的观点。

类比法深入浅出，富于生动性、启发性，易于让人领悟抽象的道理。使用类比法需要注意的是：类比对象应有共同的或相似的属性；而且论证时要以事实作为论据，因为"理论"是不能为喻的。从实质上说，类比法运用的是类比推理，论据与论点之间是从个别到个别的关系。

（4）因果分析

因果分析法，有人简称因果法，它是通过对事物的原因或结果的细致周密的分析来论证论点正确的方法。《光明日报》2017年4月25日登载了作者敬一山的评论文章《从学生因作弊跳楼再谈素质教育》，该文就进行了细致的因果分析。文章不算长，全文转引如下：

从学生因作弊跳楼再谈素质教育

据媒体近日报道，××省××市××县××中学×班女生龙某，在期中考试中因作弊受到监考教师批评，随后又有作弊嫌疑被发现，留下遗言后从五楼教室窗户跳下，后因抢救无效死亡。

一个花季生命因为作弊受批评，竟然决绝地放弃了自己的生命。无论从什么角度看都是一起悲剧，但遗憾的是，网上对此同情的声音并不多。就目前新闻透露的信息看，该学生确实有错在先，老师的批评无可厚非，她的跳楼恐怕更多有心理层面的问题。但如果只是一句"活该"了结此事，又未免太过残忍。没有一个学生天然该死，即便是学生存在心理问题，本也是教育所该提早关注和纾解的。所以悲剧之后，还是要多问一句，教育层面有没有需要反思的地方？

我们不是要苛刻地对待涉事教师，而是要反思可能更普遍的问题。为什么该女生在一次作弊遭批评之后，还要继续铤而走险呢？最可能的答案，是分数对她很重要，或者说对老师和家长很重要。因为分数成了衡量学生优秀与否的唯一标准，所以考试对于所谓的"差生"来说，常常是一种恐怖的测试。一些很难考出高分的孩子，明知作弊风险太高，还是忍不住饮鸩止渴。作弊当然不对，是诚信问题，但如果分数的意义被无限拔高，所有学生被逼参加一个未必公平而又能决断命运的比赛，那一些差生的无奈作弊，至少也有值得同情的地方。

这种过度关注分数、依旧沉迷于应试教育的现象，恐怕并非个案，而且越是在县乡基层越是普遍。也许考试仍是改变底层孩子命运的重要途径，但绝不是唯一途径，无论是学校还是家长，对这一常识应该有更多的理解和敬畏。所谓素质教育，不是增加几节舞蹈课、体育课，让学生尽量多才多艺一点这么简单，更核心的应该是陪伴和帮助孩子成长，找到适合他们自己人生的道路。

理念说起来简单，做起来确实很难。现实中，不是所有的孩子都擅长考试，那些考不出高分的人，如果得不到师长起码的尊重，找不到证明自己价值的办法，那就很可能或者作弊自保，或者整日郁郁而产生心理问题。因作弊被批评，因中考或高考失利而发生悲剧的案例，近年来我们已见到不少。这些悲剧没有一目了然的"凶手"，但把分数当唯一指标的老师和家长，又岂能脱得了"帮凶"的嫌疑！

　　这是一篇从结果分析原因的议论文。一名中学的花季女学生,考试作弊受到监考老师批评后继续作弊,这是为什么? 再次作弊又被发现,于是跳楼自杀,这又是为什么? 通过分析作者认为,"是分数对她很重要,或者说对老师和家长很重要。因为分数成了衡量学生优秀与否的唯一标准"。分数的意义被无限拔高,使得学生、老师、家长过度关注分数,尤其是县乡基层,迫使所谓"差生"饮鸩止渴、铤而走险,使得他们作弊自保或产生心理疾病,这难道不是应试教育的弊端吗,这难道没有教师、家长的"帮凶"责任吗?

　　作者在分析原因后得出的结论是:"所谓素质教育,不是增加几节舞蹈课、体育课,让学生尽量多才多艺一点这么简单,更核心的应该是陪伴和帮助孩子成长,找到适合他们自己人生的道路。"这就是说,要避免类似悲剧的再次发生,从根本上说,素质教育的方向与目标要正确。应该说,本文的因果分析是具体细致和有针对性的,结论也是较为深入的。

　　对事物进行深入分析,是人们认识客观事物本质属性、揭示事物内在规律的重要思维方式。分析的内容是多方面的,现象与本质的分析、正面与反面的分析、一种可能与多种可能的分析等,而原因与结果的分析是其中的重要方面。使用因果分析法应注意做到:所分析的因与果之间确实具有真实的因果联系;分析要深入周密,针对性强,防止笼统空洞地戴"大帽子"。只有这样的因果论证才能达到因果明了、说理中肯、逻辑性强的论证效果。

　　(5)进行对比

　　对比法,也就是对比论证,它是正反对比论证的简称,是比较法的一种特殊形式。它是把两种对立的事物加以对照、比较后,推导出它们之间的差异点的方法,从而使读者辨别对与错、真与伪、正确与谬误等,以批评、否定错的、伪的、谬误的,坚持和发扬对的、真的、正确的,以促进事物的发展。

　　《党员文摘》2008年第4期中登有陆仁的一篇议论文《李政道的"生活方式"》,其中的一段这样写道:

　　　　每个人都有自己的生活方式,各有千秋,各具特色,不可强求统一,但这形形色色的生活方式确有高下优劣之分。醉生梦死,花天酒地,是生活方式,忘我工作,无私奉献,也是生活方式;无所事事,浑浑噩噩,是生活方式,自强不息,锐意进取,也是生活方式;未老先衰,坐吃山空,是生活方式,老而弥坚,与时俱进,也是生活方

式。无疑,李政道的"生活方式",是积极的,高尚的,令人敬佩的,
也是值得效仿的。

很显然,这段议论突出的方面就是对比论证。它列举了三组对立的生活方式,其中有对有错,有正确和谬误之分,并得出结论,诺贝尔物理奖获得者、耄耋老人李政道的"生活方式"是积极的、高尚的、令人敬佩的,值得效仿。

运用对比法可以突出强调论据的意义,使论点更加鲜明,增强议论的气势和说服力。需要注意的是,对比法所用论据必须是性质相反或是有较大差异的事物,否则就无法构成对比。

除了上述方法之外,立论还有比较法、层进法、分解法等,这里不再赘述。

2.驳论

驳论就是驳斥对方的错误观点,从而树立起自己的正确观点。以下是常用的驳论方法。

(1)驳论点

驳论点,就是针对对方的论点加以批驳,以证明它是虚假的、错误的。一般说,反驳的最终目的就是要驳倒对方的论点。

驳论点又有两种方法:直接反驳和间接反驳。

①直接反驳

直接反驳论点,就是用事实或道理从正面直接证明对方的论点是错误的。1982年年底,长春电影制片厂依据中篇小说《人到中年》拍摄了同名电影。影片表现了女主人公、中年医生陆文婷的勤奋工作和艰辛生活。由于"超负荷的运转",陆文婷突发心脏病险些离世,"中年知识分子"的突出问题在电影中得到了艺术性的反映。影片放映后,许春樵发表文章《一部有严重缺陷的影片》,认为这部电影"在许多重大政治原则上存在着严重问题,产生了一种极不好的社会效果"。文艺评论家阎纲不同意他的观点,认为他"发表了脱离生活实际和作品实际的偏激意见",撰文予以反驳,文章的题目是《为电影〈人到中年〉辨——对〈一部有严重缺陷的影片〉的反批评》。该文分三个部分,前两个半部分针对许文的"在许多重大政治原则上存在着严重问题"的论点进行了反驳;第三部分的最后两个自然段针对"产生了一种极不

好的社会效果"的论点进行了反驳,现转引如下:

> 至于《人到中年》的社会效果问题,我不想多说。我只说眼前几件事。小说《人到中年》发表两年之后,人到中年的蒋筑英、罗健夫逝世。他们死的太可惜。胡乔木同志写了《痛惜之余的愿望》,呼吁"人啊,共产党员啊,你们没有权利对周围的人和事冷漠敷衍","让我们尽可能地不要到他们死后才想起学习他们和表示我们对他们没有多加照顾的痛悔吧!"人们在痛惜之余,惊叹对于知识分子工作的不力,并开始注意到了改善中年知识分子的境况。但轻视、排挤和打击中年知识分子的事仍然时有发生。四月十六日,中央批转《关于中年知识分子健康状况的报告》。五月十八日《人民日报》报道了抚顺一个总工程师被无故免职的事;不几日,该报又报道了曾对唐山地震作出预报的一位专家受压制的新闻;前几天,北京市召开了知识分子会议,肃清在知识分子问题上的极左思想。知识分子问题和其它许多重要社会问题一样,既有希望也有斗争,有光明当然也有黑暗,这就是现实,这就是生活!现在仍有陆文婷们和"马列主义老太太"们在,所以《人到中年》并不过时。

> 电影《人到中年》的放映,受到广大知识分子和知识分子以外各阶层群众的热烈欢迎,人们以特殊的兴致通过电影重温小说的情景和主题,一些老同志看电影后沉重地说:"我们过去对待这些知识分子太过分了!"一些很负责的领导同志看过电影后表示赞赏,认为影片很有现实意义,提醒有关部门重视解决中年知识分子的实际生活困难。陆文婷深得人心,《人到中年》大有助于知识分子政策的加紧落实,这就是《人到中年》的社会效果,是文艺创作中难得见到的好效果!只要许春樵同志不脱离现实研究现实主义,那么我想,他终究会认识到一部真正现实主义的作品会多么不"绝望"地在帮助着我们社会的前进。[①]

由此可以看到,阎文是以大量的事实论据在反驳许文的关于"产生了极不好的社会效果"的论点。反驳从两个方面展开:一是中年知识分子的现实

---

① 原载《文艺报》1983 年第 7 期.

状况是光明与黑暗并存、希望和问题共在,所以《人到中年》的社会效果仍在发挥积极作用,没有过时;二是电影本身产生了巨大的积极效果,用今天的话说叫"正能量"。最后文章得出结论:"这就是《人到中年》的社会效果,是文艺创作中难得见到的好效果!"应该说,阎文的反驳是实事求是的,是充分说理的,也是正确的和有说服力的。

②间接反驳

间接反驳论点是指用"迂回曲折""旁敲侧击"的方式对对方的论点进行反驳。具体方法有两种:归谬法和反证法。

所谓归谬法,又称引申法,就是先假定对方的错误论点是正确的,然后从这一假定中合乎逻辑地引申下去,以致推理出一个十分荒谬的结论来,从而证明对方论点的虚假性。这也就是"以子之矛攻子之盾"。例如甲在宣扬某宗教的"轮回报应"时说:"谁杀了什么生物来世就变什么,杀了牛就变牛,杀了马就变马……"乙反驳说:"那么最好去杀人。"[1]这就是归谬法。"最好去杀人"的观点当然是荒谬的,那么甲的观点的荒谬性不言自明。在进行议论之际,当遇到一些荒唐可笑的观点时,正面剖析有时不仅浪费笔墨且容易纠缠不清,这时不如欲擒故纵、请君入瓮,使用归谬法可以更加充分地暴露对方观点的虚伪、错误。

反证法是通过证明与对方观点相对立的观点的正确,来证实对方观点错误的反驳方法。例如甲提出"太阳每天是从西边升起来的"观点,那么乙只要证明"太阳每天是从东边升起来的"观点是正确的,那么甲的观点的虚假性也就一清二楚了。这就是反证法,这里不再赘述。

(2)驳论据

驳论据,就是用事实或道理证明对方论据的虚假性,就是驳论据。论据被驳倒了,那么赖以生存的论点也就站不住脚了。反驳论据,最终是为了驳倒对方的论点。

美国总统林肯在任总统之前曾担任过律师。有一次他获悉亡友的儿子小阿姆斯特朗被指控为谋财害命,并初判有罪。他以被告律师的身份查阅了案卷,发现大有问题,于是要求法庭复审。在法庭上,原告的证人福尔逊一口咬定他在10月18日的月光下,亲眼清楚地看到小阿姆斯特朗用枪击

[1] 徐中玉.大学写作[M].上海:复旦大学出版社,2014:86.

毙了死者。按照惯例,林肯向证人进行了面对面的质询。之后他当场发表了一席惊人的辩词:

> 我不能不告诉大家,这个证人是一个彻头彻尾的骗子。他一口咬定 10 月 18 日晚上 11 点在月光下认清了被告的脸,请大家想想,10 月 18 日那天是下弦月,11 点时,月亮已经下山,哪里还有月光? 退一步说,也许他时间记得不十分精确,时间稍有提前,但那时月光应是从西往东照,草堆在东,大树在西,如果按证人的说法,被告的脸对着草堆,月光是从他背部照过去的,他脸上是不可能有月光的。证人怎么可能从二三十米远处的草堆后面看清被告的脸呢?[①]

林肯的话讲完之后,法庭上先是一阵沉默,紧接着,掌声、欢呼声一齐迸发出来。伪证者福尔逊傻了眼。小阿姆斯特朗被宣告无罪。林肯的胜利集中在一点上,这就是他用真实的事实有力地戳穿了福尔逊的伪证,那么关于"小阿姆斯特朗杀人"的指控当然也就站不住脚了。有时也可以用正确的理论论据来反驳对方错误的理论论据,这里不再多说。

(3)驳论证

驳论证,是揭露对方在论证方法上存在的错误,从而使对方的论点不能成立。这就需要善于发现对方在论证过程中是否存在破绽,诸如大前提、小前提与结论相矛盾,论点与论据相矛盾,偷换概念,循环论证等。同样,反驳论证最终也是为了驳倒对方的论点。

《光明日报》1978 年 11 月 15 日发表了一篇题为《评姚文元〈评新编历史剧"海端罢官"〉》的文章,其中有一段驳斥了姚文在论证过程中犯了"偷换概念"的逻辑错误。所谓"偷换概念",就是本来论证的是甲,但在论证过程中却偷偷换成了乙,这样当然也就证明不了甲了。文章这样写道:

> ……正因为这样,有些"清官",如包拯、况钟、海瑞等,平了一些冤狱,哪怕只是极个别的事例,也为民间加以传颂。姚文元却极

---

① 王宝大.议论文写作技巧[M].北京:中国青年出版社,1990:39.

力否认"清官"曾经平过"冤狱",他说:"海瑞任应天巡抚时,苏松一带没有撤掉任何一个县以上的官。"因此,他断言海瑞"平冤狱"是假的。这是什么逻辑? 撤官和"平冤狱"是一回事吗? 没有撤官并不等于没有"平冤狱"。事实上,我们现在还可以查到海瑞"平冤狱"的有关事例,如在《淳安政事》中的《吴吉祥人命参语》《徐继人命参语》以及在兴国的《陈舜兴人命参语》等等。①

"平冤狱"就是平反冤案;"撤官"就是撤销官职。这二者的确不是一回事。那么以没有撤官推理出没有平冤狱,的确是犯了"推不出"的逻辑错误。错误的所在就是偷换了概念。文章在批驳了姚文所犯的逻辑错误之后,又用事实论据证明了海瑞的确平过冤狱,这样就使反驳更加有力。反驳论证最终是为了驳论点,所以姚文否认海瑞是清官的论点也就站不住脚了。

(三)议论的总体要求

1.正确有力

所谓正确有力,指的是观点正确,论证有力。观点正确应该是议论的基本要求,只有科学地体现了事物的本质和规律,并经得起实践检验的正确议论,才能有助于人们正确认识客观事物,才能有助于社会的进步与发展;论证有力,是说议论要深刻,有说服力,有启迪性。这就需要作者登高望远,善于运用多种议论的方法,从事理上"征服"读者,给读者以强烈的影响与启示。

2.逻辑清晰

逻辑清晰,是指议论要做到概念明确,判断恰当,推理合乎逻辑性和证明充分。概念明确,是指在议论中一定要揭示客观事物的本质属性,并且不能偷换概念,要保持概念前后的统一性;判断恰当,主要是指对客观事物进行判断的时候,要做到外延与内涵的准确和客观;推理合乎逻辑性,是指议论推理的时候,要符合形式逻辑的推理规律;证明充分,是指议论要把道理说明、说透、说足。而要做到这些,需要具有多方面的综合能力。

3.以理服人

以理服人,是说议论要靠讲明道理来说服人,而不是靠蛮横霸道来压服

---

① 王宝大.议论文写作技巧[M].北京:中国青年出版社,1990:142.

人。议论的最终目的是通过讲理让人信服,这就需要摆事实、讲道理,实事求是,态度诚恳,以确凿的事实和严密的论证使人心悦诚服、乐于接受。而那种扣帽子、打棍子、摆架子,以势压人的议论只能引起人们的反感和不接受。

四、说明

(一)说明的含义与作用

说明是用言简意明的文字对事物的形状、构造、性质、特征、成因、功能、用途等进行解释和介绍。说明的对象可以是实体的事物,如日月、山川、草木、牛羊、虫鱼、建筑、器物、产品、文物等;也可以是抽象的事理,如思想、意识、修养、原理、定义、概念、法规、典章、制度、学术等。

它作为基本的表达方式之一,说明是说明文体的主要表达方式,如在各种说明书、科普说明文和解说词中,在众多的各级各类的教科书等,它都被广泛运用。在议论文、应用文、记叙文乃至文学作品中,它也是常被用到的辅助的表达方式。作家叶圣陶在《文章例话》中指出:"人类生活非常繁复……因此,写文章不能只写记叙文,还得写说明文。"随着当今世界科学技术的快速发展,随着我国"两个文明"建设的不断深化,说明这种表达方式将发挥越来越大的作用。

(二)说明的常用方法

1. 下定义

下定义就是定义说明法,就是用精炼概括的语言对说明对象的本质属性或概念的内涵、外延进行准确、严密揭示的说明方法。从形式逻辑角度讲,定义的公式是:被定义概念＝种差＋最邻近的属概念。"最邻近的属概念"是指被定义对象所属的更高一个层次的概念;"种差"是指被定义对象与其同类事物之间的差异。

比如"形式逻辑"这一概念,给它下一个准确的定义就是:"研究思维的形式结构及其规律的科学。"[①]它的定义公式就是:形式逻辑＝思维的形式结构及其规律＋科学。其被定义的概念是"形式逻辑",种差是"思维的形式结

---

① 辞海编辑委员会.辞海(缩印本)[Z].上海:上海辞书出版社,1980:814.

构及其规律"，邻近的属概念是"科学"，它们相加就是"形式逻辑"的定义，从而揭示了"形式逻辑"的内涵、外延和本质属性。

再如钱学森给"物理"下的定义是："研究物质运动基本规律的学问"[①]。其中，"学问"是邻近的属概念；"研究物质运动基本规律"是种差。二者相加构成"物理"的定义，揭示了"物理"的内涵、外延和本质属性。

定义说明法是说明事物最基本的方法，也可以说是难度最高的方法。

2. 作诠释

作诠释就是诠释说明法，是指对事物的性质、特征、成因、功用等予以解释的说明方法。诠释，书面用语，就是解释、说明之意。定义说明法精炼简洁，但只靠下定义还难以揭示事物的全部特征，使用诠释法就可以使读者更为具体、详细、深入地了解说明对象。例如下面是某款豆浆机的"使用说明书"：

> 1. 用随机所配的量杯按机型和功能取材，并将取好的材料用水清洗干净。
> 2. 在豆浆机的杯体里加入食材。
> 3. 向杯体里加入清水，将水加至上下水位线之间。
> 4. 安装五谷精磨器，将五谷精磨器的口部合下盖，配合紧密无缝隙。
> 5. 插上电源，将功能键循环点亮，选择对应的功能键，打开启动键，制作豆浆。
> 6. 经过充分的熬煮，豆浆机自动停止工作，豆浆制作好了。

这是一个条文式的诠释说明，表述简洁明了，读者按照说明书的要求一步步去操作，就完全可以制作出清香可口的豆浆来。

再如互联网"百度百科"对"汉语桥"的诠释：

> "汉语桥"是由孔子学院举办的中文比赛，是世界人文交流领域的知名品牌活动，共分为"汉语桥"世界大学生中文比赛、"汉语桥"世界中学生中文比赛和"汉语桥"在华留学生汉语大赛三项比

---

① 《人民日报》1977 年 12 月 9 日。

赛。每年一届,由汉语桥比赛组委会进行项目的具体组织和实施。

"汉语桥"中文比赛已成为各国学生学习汉语、了解中国的重要平台,在中国与世界各国青年之间架起了一座沟通心灵的桥梁。比赛内容包括汉语语言能力、中国国情知识、中国文化技能和综合学习能力。选手们首先在各自国家参加预赛阶段比赛,优胜者应邀来华参加复、决赛阶段比赛。优胜者还将获得相应的来华留学奖学金等奖励。比赛之余,选手们还将参加不同主题、丰富多彩的文化活动。

"汉语桥"世界大学生中文比赛比赛于2008年正式落户湖南,由湖南卫视和湖南教育台共同承办,已经举办了十五届。

"汉语桥"世界中学生中文比赛于2012年第五届开始正式落户云南,本项赛事由孔子学院总部、国家汉办、云南省政府联合主办,云南省教育厅、云南师范大学、云南省广播电视台承办,主题为"学会中国话,朋友遍天下"。

上面所引述的4个自然段的诠释说明,分别对什么是"汉语桥","汉语桥"有哪些比赛种类、比赛内容、比赛方式,从什么时候开始进行的,哪些人可以参加,评比奖励如何以及至今举办了多少届等,都一一作了介绍和解说,全面而具体,使读者对"汉语桥"有了清楚的了解,这就是诠释说明的作用。

作诠释的方式,除了如上面引述的可以分条列款和单独成为一个或多个自然段之外,对于不长的诠释来说,还可以夹在文章的行文之中,也还可以在行文中用括号的形式或破折号的形式标示出来。

3. 举例子

举例子就是举例说明法,是指用典型具体的事例来说明陌生难懂的事物或事理的说明方法。科学家钱伟长在《和大学生谈学习方法》的讲话稿中就运用了举例说明。在"怎样记好笔记"的问题中,作者指出一般的大学生是"上课记笔记、下课看笔记、考试背笔记",这个做法是不可取的;而好的记笔记的方法是"要把教师和别人的东西,经过自己的思考、消化,变成自己的东西。要不断消化,不断地加深理解",这个过程可以称之为"三个阶段记笔记的过程"。为了使读者明白他所讲的内容,作者做了举例说明:

　　我有个同学叫林家翘,现在是美国麻省理工学院教授,美国科学院的院士。他的课堂笔记除每天晚上整理一次,写出一个摘要外,每个月他还要重新再整理一次,把其中的废话全删掉,把所有的内容综合起来,整理出一个阶段的学习成果。每学期结束复习时,一门课的笔记经过综合整理后,只有薄薄的一本,大概十八页左右吧。一个学期所学习的知识,就完全消化成了他自己的东西了。他温书就看这个,边看、边回忆、边思考,每次考试都名列前茅。这种记笔记的方法,就是要把教师和别人的东西,经过自己的思考、消化,变成自己的东西。要不断消化,不断地加深理解。林家翘分三个阶段记笔记的过程,就是一个不断消化的过程。①

　　通过林家翘善于记笔记的这个典型事例,读者就明白了钱伟长所说的"记好笔记"是怎么回事了。举例说明是说明方法中使用频率最高的,它可以使抽象变得具体,使复杂变得相对简单。本书作为教材,属于说明文体。在书中,有定义说明、诠释说明,分类说明等,而使用数量最大的,是举例说明。

　　运用举例说明法时,所举事例要真实可靠;要有典型性;要与被说明的事物、事理相统一,即能够准确、充分地说明事物。

　　4.用数字

　　用数字进行说明,即数字说明法,是指用相关的数字来说明事物的方法。很多说明文都经常运用数字来对说明对象加以说明。数字,具有科学的权威,所以数字用得好,有时比文字介绍更加简便,更有说服力。例如1986年第3期《科学画报》上刊登了一篇题为《灵丹妙药——生物毒素》的文章,文中频频使用了数字说明。在介绍到一种叫做"黄蜂水母"的软体动物时,说它能施放出剧烈的心脏毒素,如果有人被它刺一下,"要不了一秒钟,这人就得一命呜呼"。还有一种专门寄生在动物肉体中的"肉毒杆菌",能分泌一种极毒的生物毒素——肉毒素,"堪称生物毒素的王牌,只要 0.0075克,就可将人毒杀"。生物毒素的厉害,数字一写,不言而喻。

　　数字说明的数字,可以是确数,也可以是约数。例如下面的一段数字

---

① 　载于《高等教育研究》1987 年第 2 期。

说明：

> 据不完全统计，现在世界上每年出版书籍 60 万种以上，科技期刊约有 3 万 5 千种，发表各种论文达 300 万篇，专利文献 1600 万件左右，并以每年 70 万件的速度递增。这就是人们所说的"资料爆炸"或"情报爆炸"。①

其中的"据不完全统计""以上""左右"等都是约数的表示。但约数也应大致准确，而且应在行文中说明不是确数，例如上面的引文。

5. 作比较

作比较就是比较说明法，是指将两个及以上的事物加以比较来说明事物的方法。通过比较，可以揭示事物之间的异同、优劣等，可以更准确地区别事物、认识事物，可以更深入地理解事物。科普作家郑文光在说明文《宇宙里有些什么》就运用了比较说明，下面引述的是文中关于恒星的比较：

> 许多红色的星星很大很大，有的可以装得下八十万万个太阳。这些星星是由非常稀薄的气体状态的物质组成的。最稀薄的，密度只有地球空气的几万分之一，比我们用抽气机造成的"真空"还要稀薄得多。
>
> 也有一些恒星非常小，有的比地球还小。可是这种星星的物质，密度特别大，火柴头那么大的一点点就抵得上十多个成年人的重量。用白金造成同样大的一个球，重量才抵得上它的二百万分之一。人到了这种星星上面休想站得起来，因为它的引力是那样大，人的骨骼早就被自己的体重压碎了。
>
> 还有数量众多的中等的恒星，这些恒星像太阳一样，体积不太大，密度不太大（太阳的密度是水的一点四倍），表面温度也不十分高，只有几千摄氏度。
>
> 恒星有各种各样的，但是全都是灼热的庞大的气体球，全都是发光发热的。②

---

① 赵文,等.说明文十讲[M].北京:海洋出版社,1985:136.
② 赵文等.说明文十讲[M].北京:海洋出版社,1985:125.

这几段关于恒星的比较,先从体积、密度比较了大、中、小三类恒星的异,其实又都和太阳作了比较;之后又比较了它们的同:"全都是灼热的庞大的气体球,全都是发光发热的"。通过比较,使得读者对恒星有了明确的了解。这种事物间共时性的比较可以称为横比。有时是同一事物的历时性的比较,可以称为纵比。例如说明文《采药》中写到,如果以草药的老根入药,那么何时采挖老根比较合适呢?"无苗时采,则实而沉;有苗时采,则虚而浮"①。这就是说,在草药还没有长出苗的季节去采挖老根合适,因为这时的根"实而沉";长出苗来就不好了,就"虚而浮"了。这个比较就是同一事物不同时间的纵比。

做比较很重要的一点,是被比较的事物之间要具有可比性,否则就无法进行比较了。

6.分种类

分种类就是分类说明法,是指按照一定标准把说明对象划分成不同种类的说明方法。分种类和下定义一样,都属于最基本的说明方法。分类说明可以使说明对象的种属明确、类别清晰,便于读者了解和掌握。例如在说明文《杨树》中,植物学家把杨属植物分为白杨派、黑杨派、青杨派、胡杨派、大叶杨派五类②。

运用分类说明很重要的一点,是要明确按照什么标准进行分类。即使是同一个事物,分类的标准不同,其划分出的类别也相应不同。比如对"人"进行分类,如果按照年龄划分,可以分为儿童、少年、青年、中年、老年;如果按照性别划分,可以分为男人、女人;如果按照国别划分,可以分为中国人、美国人、俄罗斯人、德国人、法国人、英国人、孟加拉国人等;如果按照颜色划分又可以分为黄种人、白种人、黑种人、棕种人。

分类说明从划分的次数上说,可以作多次连续划分。例如上面提到的杨属植物的分类,白杨派又可以分为毛白杨、银白杨、新疆杨、山杨、河北杨等;青杨派又可以分为小叶杨、青杨、滇杨等③。本教材在第二章第二节的"文体的分类"中对文章的体裁进行了三次连续划分。

---

① 赵文,等.说明文十讲[M].北京:海洋出版社,1985:124.
② 徐汉华.写作技法词典[M].西安:陕西人民教育出版社,1987:791.
③ 徐汉华.写作技法词典[M].西安:陕西人民教育出版社,1987:791.

分类说明除了要明确按照什么标准进行分类的问题之外,还要注意标准的统一,就是说每一次分类只能按照一个标准进行,不能用不同的标准交叉重叠划分。另外,每一次分类都要包举所有的对象,不能有所遗漏。

7. 打比方

打比方就是比喻说明法,是指借助比喻的修辞手法,用人们熟悉的事物来说明对象特征的方法。打比方可以把抽象的事理和复杂陌生的事物介绍得具体、形象、生动。下面转引法国昆虫学家、科普作家法布尔在《昆虫记》一书中的一篇写蝉的科普说明文为例:

蝉

蝉是我的邻居。一到夏天,蝉就占据了我屋子前面的树。屋里我是主人,屋外却是蝉的天下。

我喜欢观察蝉脱壳。幼虫蜕皮是从背上开始的。外面的一层旧皮从背上裂开,露出淡绿色的蝉来。先出来的是头,接着是吸管和前腿,最后是后腿和折叠着的翅膀,只留下腹部还在那旧皮里。

蝉脱壳的时候,可以说是表演一种奇怪的体操。它腾起身子,往后翻下来,头向下倒挂着,原来折叠着的翅膀打开了,竭力伸直。接着,尽力把身体翻上去,用前爪钩住那层旧皮,使它从那层旧皮里完全蜕出来。那些旧皮就只剩个空壳,成了蝉蜕。整个过程大约要半个小时。

刚蜕皮的蝉,用前爪把自己挂在蜕下来的空壳上,在微风里颤动,样子很柔弱,颜色还是绿的,直到变成棕色,就跟平常的蝉一样了。

雄蝉是天才的乐师。它的腹部有发声器,能发出声音。每年夏天,大概有两个月的时间,蝉的乐声总在我耳边。我常常看见一些蝉停息在树枝上,一动不动地狂饮树皮里的水分。夕阳西下时,它们才沿着树枝慢慢地走动。无论饮水的时候,还是走动的时候,它们从来没有停止过演奏。

蝉的视觉非常灵敏,它有 5 只眼睛,左右和上方发生什么事情,它都看得见,只要看见有什么东西来了,蝉就停止演奏,悄悄地飞开了。

蝉的听囊在体内，即使喧哗的声音也不能使它受到惊扰。站在蝉的背后，你尽管拍手，吹哨子，高声讲话，它都满不在乎，仍旧镇静地演奏它的音乐，好像没有事一样。

有一回，我借来两支土铳，装满火药，安好引线，搁在门外的树底下，还把窗户打开，怕把玻璃震碎。

砰！土铳响了，可是乐师们照常演奏它们的音乐，没有一个表现出受到惊扰的样子，乐声的音调和音量都没有丝毫变化。第二枪跟头一枪一样，对乐师们同样没有什么影响。

我想，经过这次试验，可以说明，蝉虽有听觉，可是它所能接受的声音和人是不一样的。

在这篇散文式的科普小品中，就全文讲，法布尔主要用了比拟和比喻的修辞手法。首先他把蝉当做人来写，开头第一句就说蝉是他的"邻居"，而且"屋里我是主人，屋外却是蝉的天下"。接下来作者多次使用了比喻的说明方法。比如，"蝉脱壳的时候，可以说是表演一种奇怪的体操"，"雄蝉是天才的乐师"，"它们从来没有停止过演奏""你尽管拍手，吹哨子，高声讲话，它都满不在乎"，"可是乐师们照常演奏它们的音乐"，这些用的都是比喻，有明喻，也有借喻和暗喻，当然也有拟人。所以这篇科普文章形象生动，可以把它当作散文来读，而这也恰恰是比喻说明及拟人说明的突出特点。

说明的方法还有引用说明、图表说明、对比说明、分解说明等，这里不再多说。

（三）说明的总体要求

1. 内容科学正确

说明的目的就是为了将客观事物说清楚，讲明白。如果在说明中不能做到科学正确，那就失去了说明的意义。所谓科学正确，是指能够把客观事物的特征、本质和规律性准确地揭示出来，能够给予读者正确、科学的认识。即使如法布尔的这篇散文式的科普文章《蝉》来说，尽管它用了不少比拟、比喻等修辞手法，但是它不影响对"蝉"这一物种的特征、本性的揭示。对于蝉的脱壳、发生器、视觉、听觉等，法布尔都作了科学正确的介绍，这和他长年的科学观察、研究是分不开的。

2.表述清晰准确

为了达到把说明对象说清楚、讲明白的目的,这就要求表述清晰准确。表述清晰,主要是指说明的顺序要清晰。这就需要在解说事物时,按照被说明对象本身所固有的特征、构成、规律等有序地进行说明,这样才能做到程序恰当、层次明晰、有条不紊。表述准确,主要是指语言要简练、明确、恰切,要能准确无误地把说明对象的客观面貌和本质特征介绍、解说出来。

五、抒情

(一)抒情的含义与作用

抒情是指抒发作者或有关文章中人物的感情。刘勰在《文心雕龙·情采》中指出:"五性发而为辞章"。五性:喜、怒、欲、惧、忧。五性就是五情。刘勰的意思是说,"五情抒发出来就成为各种优美的文章"[①]。由此可见,文章写作和抒情的关系是何等的密切。

抒情也是表达的基本方式之一。在抒情类文学作品中,如诗歌、抒情散文中,它是主要的表达方式;在其他类别的文学作品以及记叙文(不包括消息)中,它也是重要的表达手段;在议论文、说明文、应用文中(情书、家书、感谢信、贺词、悼词等),它是辅助的表达手段(在情书中当为重要的表达手段)。

白居易在《与元九书》中说:"感人心者莫先乎情。"法国思想家狄德罗指出:"没有感情这个品质,任何笔调也不可能打动人心。"[②]作家黄秋耘说:"要使作品产生打动人心的艺术感染力量,不可能完全依靠艺术技巧,更主要的,还得溯源于作家对人民的热爱,对生活的深情和激情。"[③]这些说法都强调了抒情的主要作用就是以情感人。

这里需要说明一点,关于抒情是否是一种独立的表达方式,目前写作学界尚有争议。有一种观点认为,抒情是内容因素,不是形式因素,所以不能成为一种独立的表达手段。另一种观点认为,抒情虽有某些内容因素,但主

---

① 刘勰.文心雕龙[M].北京:中华书局,2016:367.

② 中国社会科学院文学研究所.文艺理论译丛(第1册)[M].北京:人民文学出版社,1958:149.

③ 黄秋耘.琐谈与断想[M].石家庄:花山文艺出版社,1983:32.

要还是形式因素,因此抒情和其他4种基本表达方式是可以并列的①。本教材基本同意后一种观点,认为抒情是有其独立地位的。此乃学术的争论,录此以待进一步研究、探讨。

(二)抒情的常用方法

抒情的方法,换个角度讲也即抒情的种类,有两类:直接抒情和间接抒情。

1.直接抒情

直接抒情即平常人们所说的"直抒胸臆",又被称为"直陈心迹"。它是指作者或文章中人物在抒情时,不借助其他事物,不结合其他的表达方式,而是直接正面地抒发或爱或憎的有关情感。这在文学文体中是经常可见的。如汉乐府诗的《上邪》以一位女子的口气,直抒了对爱情的渴求及执着的感情:"上邪,我欲与君相知,长命无绝衰。山无陵,江水为竭,冬雷震震,夏雨雪,天地合,乃敢与君绝!"中间有一点描写,基本上属于直接抒情。在郭沫若创作的话剧《屈原》中,剧中人物婵娟有一句怒斥宋玉的台词:"你这没有骨气的无耻的文人!"②这也是直接抒情。

在长篇通讯《县委书记的榜样——焦裕禄》中写有这样一段:

> 人们一个个含着泪站在他的坟前,一位老贫农泣不成声地说出了三十六万兰考人的心声:
>
> "我们的好书记,你是活活地为俺兰考人民,硬把你给累死的呀。困难的时候你为俺贫农操心,跟着俺们受苦,现在,俺们好过了,全兰考翻身了,你却一个人在这里。……"

这位老农的泣语,总体上是直接抒情,抒发了文章中人物的深切悼念焦裕禄的悲痛而崇敬的心情。这属于记叙文中的直接抒情。

其实,在应用文体中也存在着直接抒情。情书中、家书中就不必说了,在感谢信、慰问信、贺信等文种中同样有直陈心迹。例如在一封以某大学"全体学生"的名义写的《教师节慰问信》中有这样的表达:"向辛勤耕耘在工作岗位上的老师们致以节日的祝贺和亲切的慰问:老师——您好! 老

---

① 王光祖,等.写作[M].上海:华东师范大学出版社,1989:119.
② 刘锡庆.写作通论[M].北京:北京出版社,1983:140.

师——您辛苦了!""老师,您值得我们每一个人感激、尊敬!"①这当然是直接抒情。

直接抒情的特点是直接袒露、感情炽烈、令人震撼。但在运用时需要节制,要掌握分寸,否则会产生过度过滥、浮泛矫情的弊端,效果反而适得其反。因此,作者在行文中,当情感极度强烈、不可遏制之时才是使用直接抒情方法的时候,而且要预先能够尽量有所铺垫。

2.间接抒情

间接抒情,顾名思义,它和直接抒情相反,是通过叙述、描写、议论等表达方式间接地抒发感情。其特点是委婉含蓄、情味蕴藉。

(1)通过叙述抒情

通过叙述抒情就是寓情于事,即作者在进行叙述时语带感情,一边叙述,一边抒情;既是叙述,也是抒情。这在文学作品中是十分常见的,在通讯、回忆录中也时有所见。例如下面引述的作家贾平凹散文《祭父》中的片断:

> (父亲)说着又返身去取了他带来的一瓶酒,说:"来,咱父子都喝喝酒。"他先倒了一杯喝了,对我笑笑,就把杯子交给我。他笑得很苦,我忍不住眼睛红了,这一次我们父子都重新开戒,差不多喝了一瓶。
> 自那以后,父亲又喝开酒了,但他从没有喝过什么名酒。两年半前我用稿费为他买了一瓶茅台,正要托人捎回去,他却来检查病了,竟发现患的是胃癌。手术后,我说:"这酒你不能喝了,我留下来,等你将来病好了再喝。"我心里知道,父亲怕是再也喝不成了,如果到了最后不行的时候,一定让他喝一口。在父亲生命将息的第十天,我妻子陪送老人回老家,我让把酒带上。但当我回去后,父亲已经去世了,酒还原封未动。妻说:父亲回来后,汤水已经不能进,就是让喝酒,一定腹内烧得难受,为了减少没必要的痛苦,才没有给父亲喝。盛殓时,我流着泪把那瓶茅台放在棺内,让我的父亲在另一个世界上再喝吧。如今,我的文章还在不断地发表出版,我再

---

① 张明.日常实用文体写作[M].北京:北京师范大学出版社,2009:14.

也享受不到那一份特殊的祝贺了。①

这是作者在陈述父亲去世前后喝酒的有关过程,属于叙述的表达方式,但字里行间又饱含着儿子怀念父亲的深厚感情,作者又是在抒情。这就是借事抒情,二者水乳交融。

(2)通过描写抒情

通过描写抒情,是指作者在对人、事、物、景进行描写时,把抒情和描写紧密结合,既是描写,同时也是抒情。这在文学作品中较为常见。例如女作家宗璞在散文《西湖漫笔》中这样写道:

> 在花港观鱼,看到了又一种绿。那是满地的新荷,圆圆的绿叶,或亭亭立于水上,或婉转靠在水面,只觉得一种蓬勃的生机,跳跃满池。绿色,本来是生命的颜色,我最爱看初春的杨柳嫩枝,那样鲜,那样亮,柳枝儿一摆,似乎蹬着脚告诉你,春天来了。荷叶,则要持重一些,初夏,则更成熟一些,但那透过活泼的绿色表现出来的茁壮的生命力,是一样的。再加上叶面上的水珠儿滴溜溜滚着,简直好像满池荷叶都要裙袂飞扬,翩然起舞了。②

不错,这是在写景,是作者在描写西湖满池的荷叶。但读者又可以非常清晰地感受到作者的欣喜之情,作者是在抒发对生命力的赞美的情感。这就是通过描写抒情的方式之一:寓情于景,或称借景抒情。这是描写抒情的一个重要方面,其特点是情景交融,也即王国维在《人间词话》中所说:"一切景语皆情语"。上文在谈到"正面描写"时曾例举了散文《感谢生命》中的一段景物描写,其实那是一段很有特色的情景交融的描写抒情。

(3)通过议论抒情

通过议论抒情就是寓情于理,一般是指作者在进行议论时语带感情,既是议论,也是抒情。此时的议论和一般的议论不同的是,它不需要交代论据,也不需要进行论证,它只是用富有感情的文字写出自己对有关事物的判断与评价,既有以理服人,也有以情感人。

议论抒情在多种文体中都有体现。例如在小说、艺术散文、纪实文学等

---

① 季羡林.中华散文珍藏本·贾平凹卷[M].北京:人民文学出版社,1995:26.
② 连云飞,章龙,张丽华.20世纪中国女作家散文精品[M].北京:中国广播电视出版社,1995:510.

文学作品和通讯、回忆录等记叙文中,作者对记写的人或事有着强烈的感情,往往借议论加以抒情。长篇通讯《县委书记的榜样——焦裕禄》的结尾即是如此:

> 焦裕禄同志,你没有辜负党的希望,你出色地完成了党交给你的任务,兰考人民将永远忘不了你。你不愧为毛泽东思想哺育成长起来的好党员,不愧为党的好干部,不愧为人民的好儿子!你是千千万万在严重自然灾害面前,巍然屹立的共产党员和贫下中农革命英雄形象的代表。你没有死,你将永远活在千万人的心里![1]

在这里,作者使用了第二人称代词,以和焦裕禄对话的形式,对焦裕禄进行了崇高评价,这是议论;同时也是充满崇敬的抒情,字里行间,满溢深情。

再如在台湾女作家龙应台的散文《目送》中,作者目送儿子长大的背影和父亲去世送去火化的背影,先后两次写下了下面这段话:

> 我慢慢地、慢慢地了解到,所谓父女母子一场,只不过意味着,你和他的缘分就是今生今世不断地在目送他的背影渐行渐远。你站立在小路的这一端,看着他逐渐消失在小路转弯的地方,而且,他用背影默默告诉你:不必追。[2]

很明显,这与其说是作者在发表她经过长期体验才领悟的关于人生哲理的议论,不如说是在抒情,抒发一种对儿子、对父亲的贮满深沉之爱的复杂又无奈的情感。

议论抒情还有一种情况,就是在整篇文章中都是既议论,也抒情。有人把这种文章称为议论散文,有人直接称为"随笔"。例如作家王蒙的《我为什么写作》就属于这类文章,下面摘引该文的后半部分:

> 至少我有理由希望,在写作的时候我能够比我自己还要好一点,聪明一点,丰富一点,有时候更执著一点,也有时更豁达一点,因为我是太平凡了,我是有太多的缺点以至于缺陷。我不满意于

---

[1]　原载《人民日报》1966年2月7日.

[2]　龙应台.目送[M].桂林:广西师范大学出版社,2014:10.

自己,我已经没有办法再重新投胎一次生活一次,我只能在写作里得到一些校正与补偿。

我喜欢语言,也喜欢文字,在语言和文字中间,我如鱼得水。语言和文字是我的比人民币和美金更重要的财富,我要积累它们,更要使用经营——有时候要挥霍浪费它们。

我喜欢你也喜欢他,只要在写作当中,我们才得相识,相交,成为朋友。而如果没有朋友,我们是多么孤独呀!

我喜欢写作还因为我并不是总是快乐的。谁能回避那些沉重的不愉快的甚至于可怕的事情呢?然而当这一切经验都变成文学的契机的时候,人生就比较能够忍受了。

文学使往日重新鲜活,文学使黯淡变成趣味——至少是自嘲,文学使痛苦焕发辉煌,文学使灰烬蓬勃温热。文学使有所作为者尽情发挥,文学是仁人志士的战场、十字架至少是试验场;文学又是智者弱者无所作为者孤独者清淡者自大狂自恋狂胆小者规避与逃遁者的一个"自欺欺人"的游戏——避难所。

文学是有为更是无为。文学是有为的无为,无为的有为。

文学是一种快乐。文学是一种疾病。文学是一种手段。文学是一种交际。文学是一段浪漫。文学是一种冒险。文学是一种休息。文学是上帝。文学是奴婢。文学是天使。文学是娼妓。文学是鲜艳的花朵。文学是一剂不治病的药。文学是一锅稀粥。文学什么都是也什么都不是。

最后,我写作,还因为我是王蒙。我只能是王蒙,我希望我是王蒙,所以我只能写作。所以我还要一页一页一篇一篇一本一本地一再写下去。我愿意放弃这和放弃那,但是我不能放弃写作。请原谅了,再一次地请求原谅了。

阿门。①

在这篇文章里,作者通篇表达的是对写作和文学的看法,即议论;又通篇抒发的是对写作和文学的热爱的情感。二者交融在一起,无法截然分开。

---

① 季羡林. 中华散文珍藏本·王蒙卷[M]. 北京:人民文学出版社,1998:132-133.

以上介绍了两类四种抒情的常用方法,在具体使用时,需要结合起来综合运用。

(三)抒情的总体要求

1.要真挚

要真挚是说,抒情要抒发作者的真情实意、肺腑之感,不虚伪,不矫情。正如《庄子·渔父》中所说:"真者,精诚之至也。不精不诚,不能动人。"[①]南宋词人辛弃疾在《丑奴儿·书博山道中壁》一词中这样写道:"少年不识愁滋味,爱上层楼。爱上层楼,为赋新词强说愁。"这种"强说愁"的抒情就不真,就无法真正打动读者。诗评家谢冕也说:"矫情只是激情的伪饰。激情必须同时又是挚情,这就是说,产生美感的激情,必须以真为前提,真才是美。"[②]可以说,感情的真挚是抒情的生命。

2.要健康

要健康是说,抒情要抒发美好的积极的情感,不低俗,不"病态"。说到底,抒情是表达的方式、手段,不是最终目的。抒情的目的,和写作、文学的目的是一致的,总的说就是追求真善美,反对假恶丑。文艺评论家冯牧指出:"支配作家创作的思想感情应当是高尚的、进取的、美好的,而不应当是悲观的、低下的,甚至是庸俗的。"[③]作家刘白羽也曾说,"抒人民之情","抒时代之情","这种感情便是最美的"[④]。我们认为,抒发自我的真挚感情,抒发健康美好之情,和抒发人民、时代之情是完全可以达到融合一致的。

3.要自然

要自然是说,作者进行抒情时要自然而然、水到渠成、真诚恳切,防止矫揉造作、装腔作势,令人感到别扭。刘勰就很提倡抒情的自然,他在《文心雕龙·明诗》中说:"人禀七情,应物斯感,感物吟志,莫非自然。"意思是说,人有七情,应外物触发而感动,感物而抒发吟咏感情,没有不是自然而然的[⑤]。他在《文心雕龙·情采》中还明确主张"为情而造文",反对"为文而造情"。

① 曹础基.庄子浅注[M].北京:中华书局,1982:474.
② 谢冕.论诗[M].西宁:青海人民出版社,1985:54.
③ 冯牧.冯牧文学评论选[M].长沙:湖南人民出版社,1983:128.
④ 刘白羽.白羽论稿[M].北京:解放军文艺出版社,1985:294.
⑤ 刘勰.文心雕龙[M].北京:中华书局,2016:369.

前者是为了抒情而写文章；后者是为了写文章而造作感情，这就是名副其实的矫揉造作了，那么这样的抒情显然就不会自然了。所以刘勰批评"为文造情"的文章是"淫丽而烦滥"，即文辞浮华过分，内容虚夸杂乱。抒情自然还要把握好抒情的"度"，即要做到适宜和谐、适可而止、恰到好处。无论是直接抒情还是间接抒情，过度了，就会导致"滥情"，也就失去了自然。

第三节　遣词造语

一、遣词造语是写作的关键环节

　　毫无疑问，只要是写作，就离不开遣词造语，正如刘勰所说："夫人之立言，因字而生句，积句而成章，积章而成篇。"[①]高尔基指出："文学的第一要素是语言。语言是文学的主要工具"[②]其实，所有文章的写作又何尝不是如此呢？当作者确定了文体，确立了主题，谋划了结构，选定了材料，拟好了提纲，最终需要运用语言文字把这一切体现出来，这就犹如足球运动员最后的临门一脚。当代写作学家刘锡庆说得好：

　　遣词造语，是文章的文字定型工作，是极其重要的。

　　这也可以说是写作的真正实战阶段，综合体现阶段，是整个写作工作中具有关键意义的一个核心环节。写作过程中的一切积极思维的成果，都要在这里得到显示，得到再现。它要把一切事实和思想凝聚起来，给它们穿上语言的外衣，使它们化为一种定型的文字体现。[③]

　　正因为如此，所以学习写作就要重视下苦功提高语言文字的表达能力。如果语言文字的表达能力不过硬，就会出现刘勰在《文心雕龙·神思》中说到的："方其搦翰，气倍辞前；暨乎篇成，半折心始。"刚刚提笔写作的时候，信心和勇气大大超过了遣词造语的才智和功力；待到文章写成之后，原来构想的内容就只剩下一半了[④]。因而老舍强调"学会表现、运用语言的本领……

---

① 刘勰.文心雕龙[M].北京：中华书局，2016.
② 高尔基.高尔基文学论文选[M].北京：人民文学出版社，1958：294.
③ 刘锡庆.基础写作学[M].北京：人民教育出版社，2007：254.
④ 刘勰.文心雕龙[M].北京：中华书局，2016：323.

这是要下一番苦工夫的"①。剧作家曹禺也说:"由有兴趣学习语言,到能称心如意运用语言,使它成为艺术品,这又是进了一大步,要费更大的功夫。作者对语言应如鱼之于水,人之于空气,有一种离不开的感觉才成。"②这些语言大家的经验之谈,都在启示学习写作者一定要下苦功夫掌握好遣词造语这个非常重要的基本功。

二、遣词造语的双层次要求

对遣词造语的要求,可以也应该区分出两个大的层面。第一个层面是基本层,是对所有文章语言表达的共同要求;第二个层面是区分层,不同文体有着特定的语言表达的要求。

(一)所有文章的共性要求

1.准确、通达

所谓准确,就是使用恰切的词语,运用贴切的语句,确切恰当地表达客观事物和作者的思想感情。法国小说家莫泊桑指出:"不论一个作家所要描写的东西是什么,只有一个词可供他使用,用一个动词要使对象生动,一个形容词使对象的性质鲜明。因此就得去寻找,直到找到这个词,这个动词和形容词,而决不要满足'差不多'。"莫泊桑谈的,就是语言的准确性问题。"不能满足于差不多",要达到这个要求也并非易事。作家唐弢也强调语言的准确:"准确又是语言运用上最根本的条件。不准确,那就意味着辞不达意,没有把自己的思想和感情忠实地传达给读者,文章失去效用,作了等于不作。有时甚至比不作更坏,因为它使人产生误会。"③这就是说,准确,既是遣词造语的最基本的要求,同时也是最高的要求,要达到也是不容易的,正如老舍、曹禺所说,非下苦功夫不可!

所谓通达,是指语言文字的表达通顺、流利、畅达。这就是说,遣词造语要合语法、合逻辑、无语病、无歧义,清楚明白、畅通无阻。梁启超在《中学以上作文教学法》中说,写文章"最低限度的要求,是'该说的话——或要说的话不多不少的照原样说出,令读者完全了解我的意思'"。其中"不多不少的

---

① 老舍.老舍论创作[M].上海:上海文艺出版社,1980:278.
② 曹禺.曹禺论创作[M].上海:上海文艺出版社,1986:357.
③ 唐弢.海山论集[M].北京:人民文学出版社,1979:105.

照原样说出",这说的是语言表达要准确;"令读者完全了解我的意思",这说的是语言表达要清楚明白,即要通达。作家赵树理也说,"想叫人听得懂,就须说得通"①。孔子在《论语·卫灵公》中说:"辞,达而已矣。"苏轼对这句话作了自己的解释,并高度评价了"辞达":"求物之妙,如系风捕影,能使是物了然于心者,盖千万人而不一遇也。而况能使了然于口于手者乎? 是之谓辞达。辞至于能达,则文不可胜用矣。"②他的意思是说,写作中体察事物的妙处,像捉风捕影一样困难,能够知晓该事物了然于心的人,千万人中都很难遇到一个。更何况能够清楚明白地讲述出来和写作出来呢? 这样才能够称之为辞达。辞能够达到"达",那文章的功用就用之不尽了。总之,按苏轼的说法,"辞达"是很不容易达到的。这也就是说,通达和准确一样,既是遣词造语的最基本的要求,同时也是最高的要求,要达到也非下苦功夫不可!

2.语需己出

语需己出参照的是韩愈的"词必己出"的说法,意思是说,作者在进行语言表达时要书写经过自己理解、自己思考、自己消化过的言语,明了自己写出的话语就是自己想要表达的意思,而防止不加思考、不经理解地人云亦云。说自己的话,对于任何文体的写作来说,这都应该是一个基本的要求。即使你说了和别人同样的话,即使你重复了别人的话(需要注明),即使你在起草公文时写下了某些规定的习惯性用语,诸如"现将有关事项通知如下""以上如无不妥,请予批准"等,只要是经过了你的思考、你的选用、你的确认,这也是在说自己的话,也是语自己出。文章中不说自己的话,人云亦云、不知所云的情况在学生作文中还是时有所见的。

关于语言文字的表达,韩愈说过两句很有名的话。一句是他在《南阳樊绍述墓志铭》中说的:"惟古于词必己出,降而不能乃剽贼";另一句是他在《答李翊书》中说的:"惟陈言之务去"。他说的是写作中语言运用需要不断创新的问题,不能总是重复陈词滥调。这是个较高的要求,和这里说的词需己出存在程度上的差别,但二者精神实质是一样的。从词需己出、说自己的话起步,达到词必己出、陈言务去。

---

① 赵树理.赵树理论创作[M].上海:上海文艺出版社,1985:254.
② 苏轼.答谢民师书·中国历代文论选(第二册)[C].上海:上海古籍出版社,1979:307.

（二）不同文体的特定要求

在前面的第二章内容中,在谈到文体分类时我们曾对文体的两大部类即文学文体和实用文体进行了一下写作方面的异同比较。

在比较不同方面时我们谈到,由于二者在写作的性质、目的、功用上存在不同,所以在表达的方式方法和语言的运用上也就存在相应的不同。

1. 语言形象生动是文学文体的特定要求

众所周知,文学写作是一种语言艺术的创作,它是通过创作出的多姿多彩的文学形象给人们提供丰富的审美享受。文学文体的这一性质和功用,决定了它具有形象性、情感性的特点,决定了它的语言运用需要形象生动、富有文采。作家茅盾说得很明确:"文学作品的语言应当是形象化的、富有表现力的、准确的和精炼的,然后可以传达作者所欲传达的思想情绪,然后可以构成鲜明的形象。"①文艺理论家以群也明确指出,"美好的文学语言""要求富有形象性和生动性,避免空洞抽象的词句"②。

文学语言的形象生动,一般表现为语句的含义具体并富有拟声绘色的形象感;运用比喻、比拟、夸张、通感等多种形象化的修辞手法;以叙述、描写、抒情的表达方式为主等。

当然,同为形象生动、富有文采,也是有着不同风格、不同特色的,有的浓墨重彩,有的清新淡雅,等等,这就需要不同的作者根据不同的文,来加以具体操作、运用了。如果借用苏轼的诗句予以形容的话,那就是应该做到"欲把西湖比西子,淡妆浓抹总相宜"。

2. 语言平实质朴是实用文体的特定要求

实用写作和文学写作具有很大不同,它是人们为了工作、学习、生活的种种实际用途进行写作,目的是宣事明理、传递信息、沟通交流,以实现为社会的政治、经济、文化教育等和人们现实生活的实际需求服务。这一性质、目的和功用决定了实用写作需要以事实为依据,注重科学性、逻辑性,决定了它的语言运用需要平实质朴、简洁明了。这就是说,文学写作中的形象性、描摹性、抒情性的表达方式对实用文体写作来说一般是不适合的,至于

---

① 茅盾. 新的现实和新的任务[N]. 人民文学,1953(11).

② 以群. 以群文艺论文集[M]. 上海:上海文艺出版社,1983:164.

虚构、夸张、意识流等手段以及种种形象化的修辞手法也都不适合。但需要说明一点,记叙文中的通讯、回忆录,应用文中的情书、日记等文体,在写作中会出现运用描写、抒情等文学手法的现象,但那毕竟只是一些手法,而且就文种而言是个别的、特殊的,就总体情况和绝大多数文种来说,语言的平实质朴、注重实用无疑是实用文体的一个特定要求。否则,就会出现战国时期韩非子在《亡征第十五》中所警示的:"滥于文丽而不顾其功者,可亡也。"

三、遣词造语的注意事项

(一)要注意合乎语法

这里说的要注意合乎语法规则,主要针对的是句子成分主、谓、宾、定、状、补的相关词语搭配要恰当,造语要规范,否则就会出现语句不通的问题,这是学生作文中经常会出现的一些语法错误。比如下面几句例句:

例1.稻米是浙江、江苏两省的重要产区。

这句话的语病在于主语"稻米"和后边的宾语"产区"搭配不当。可以改为"浙江、江苏两省是稻米的重要产区。"

例2.我们搞"四化"建设,需要继承和发挥艰苦奋斗的优良传统。

这句话的语病在于谓语之一的"发挥"和宾语"传统"搭配不当。把"发挥"改为"发扬"就合适了。

例3.这几年,我曾多次聆听了"两弹元勋"邓稼先的感人事迹,一次又一次地激动了我的心。

这句话的语病在于第二分句缺主语,即句子成分不完整。第一分句中的"感人事迹"是"聆听"的宾语,到第二分句转换为主语,却没有写出来,形成了残缺。第二分句可改为"它一次又一次地激动了我的心",就完整了。

不合乎语法规范的情况还较多,这里不再列举。

(二)要注意合乎逻辑

造语要合乎逻辑,解决的是语言表达对不对的问题。合逻辑有两个方面的含义,一是要符合形式逻辑的规则,二是要符合现实生活的逻辑,就是人的主观认识要和客观实际相一致。比如下面的例句:

例1.今天,小学生、中学生、大学生在老师的带领下,和武警官兵、工人、农民、女护士们一起参加了联欢晚会。

这句话的问题在于种概念"小学生、中学生、大学生""女护士"和属概念"武警官兵、工人、农民"等并列,造成了逻辑关系的混乱。可以改为"今天,教师、学生和武警官兵、工人、农民、医务工作者一起参加了联欢晚会"。

例2.世界上根本没有天才,只有勤奋刻苦的人,才能称为天才。

这句话显然自相矛盾了,犯了逻辑错误。可以改为"世界上根本没有天才,任何一位被称为'天才'的成就的取得,都是他后天勤奋努力的结果"。

例3.下半夜,突然雷声隆隆,接着电光闪闪。

这句话违背了现实生活的逻辑。在现实生活中,应该是先看到闪电,然后才会听到雷声。可改为"下半夜,突然电光闪闪,接着雷声隆隆"。

例4.父亲出海打鱼回来,急切地蘸着海水磨刀,准备为我做鱼汤喝。

这句话同样违背了生活的认知逻辑,因为海水盐分很高,磨刀会生锈。可以把"海水"改为"清水"。

(三)要避免生造词语

语言表达的不准确、不通达,有时和生造词语有很大关系。前面谈到韩愈主张"词必己出""惟陈言之务去",但这并不是说就需要生造只有自己才能懂的词语。鲁迅在《答北斗杂志社问》中就曾提出"不生造除自己之外,谁也不懂的形容词之类"的劝告。老舍也说得好:"语言的创造并不是另造一套话,烧饼就叫烧饼,不能叫'饼烧',怎么创造?话就是这些话,虽然是普通的话,但用得那么合适,能吓人一跳,让人记住,这就是创造。"[①]清代诗人袁枚在《续诗品·着我》中论到语言创新时也说:"字字古有,句句古无"。

在一些习作中见到的生造词语的情况有:如"我们要提倡一种谦谨的精神"。"谦谨"是"谦虚谨慎"的压缩,属于生造词语了,除了作者懂,别人就不大好懂了。这种压缩生造的情况较为常见,如把"孜孜以求"压缩为"孜求",把"循序渐进"压缩为"循进",把"聪明伶俐"压缩成"聪伶"等。再如"美丽的风景使我心朗神迈"。"心朗神迈"属于生造词语了,这大概是作者为了用语的"求新",而故意把烧饼说成"饼烧"造成的了,其实就用"心旷神怡"就可以,当然,这需要经过作者的思考后予以选用,即词需己出。还有人把"家喻户晓"写成"家晓人知"等,也同样是生造词语,这里不再列举。

---

① 老舍.老舍论创作[M].上海:上海文艺出版社,1980:291.

(四)要避免语句产生歧义

语句产生歧义,也是造成表达不准确、不通达的原因之一。所谓语句歧义,是指一种语言表达形式能够产生两种或两种以上可能的理解。为了防止歧义的产生。这就需要表达得更确切、更明晰。例如下面的句子:

例1.他在水里做实验。

这句话产生的歧义在于,可以理解为是他整个人在水里操作实验,也可以理解为他人在水外,而实验操作是在水里完成的。可以修改为:他站在实验室的水池旁,双手在水里做实验。

例2.我看见李力扶着一位老人走下火车,头上戴着一顶帽子。

此句是因为第二个分句的主语省略而造成歧义,究竟是谁戴着帽子不明确。可以修改为:我看见李力扶着一位老人走下火车,那位老人的头上戴着一顶帽子。

例3.走进新建的师范学院的实验大楼,我感到很受鼓舞,很想上这儿来学习。

在此句中,"新建的"是修饰"师范学院"的呢,还是修饰"实验大楼"的呢?修饰关系不明确,造成歧义。可以修改为:走进师范学院新建的实验大楼,我感到很受鼓舞,很想上这儿来学习。

产生语句歧义的情况还有一些,这里不再列举。只要写作者掌握了有关歧义的知识,弄清了歧义产生的常见原因,在平时写作过程中注意避免出现歧义现象,做到逻辑思维严密,用语科学准确,就可以有效地解决遣词造语的歧义问题。

(五)要避免使用过长的句子

语言文字的表达,句子有长有短,各有特点,各有作用,都是需要的。一般来说,长句子比较严谨,在议论文体中尤学术论文中使用较多;短句子比较明快,在文学作品中较为常见。但长句成分较为复杂,附加语多,有时不能一目了然。尤其是过长的句子,一句话几十个字,对于初学写作者来说不太好掌握,容易出现语句不通达的现象,所以建议尽量避免使用过长的句子。

老舍在《关于文学的语言问题》中说:"我自己写文章,总是希望七八个字一句,或十个字一句,不要太长的句子……当我写了一个较长的句子,我就想法子把它分成几段,断开了就好念了,别人愿意念下去;断开也好听了,别人也容易懂。"老舍在《文学创作与语言》中还说:"我们的语言在世界上是以简练著称的。简而明,这是我们语言的特色。若是电影里,话剧里,一句话长达几十个字,就不易听明白了。小说也是这样,句长念起来就费劲。我写东西,不管好坏,话总是要做到简明,有时想起一个长句子来,总想法子把它断成两三句。这样容易明白,有民族风格。"① 当然,他说的是文学语言、小说语言,是他个人语言运用的习惯,但对整个的文章写作来说也是具有启示作用的。

例如在习作中有这样一句话,就明显过长了:

班主任赵老师在班、组长会上,对第三小组组长刘兴强迫女同学每天放学晚回家一个小时,参加课外糊纸盒的手工劳动,帮着男同学挣钱买篮球的错误做法提出了批评。②

这句话共 68 个字,很难一下子理解它的意思,需要反复多看几遍才行。因此,如果写了过长的句子,可以采取老舍的办法,化长句为短句,把长句分成几个短句来说。例如上面这句 68 个字的长句,起码可以分为两句话说,先说"刘兴强迫女同学每天放学晚回家一个小时,参加课外糊纸盒的手工劳动,帮着男同学挣钱买篮球",再说"班主任赵老师在班、组长会上批评了刘兴的做法"。把过长的句子分解为几个短句,简明通达,对于学习写作者来说,不失为一个可以予以实践的办法。

遣词造语需要注意之处,还有如应避免词序颠倒、指代不明、重复啰嗦、用错关联词等,而且还应包括标点符号的规范使用,这里就不一一说明了。

思考与练习

1. 简述你对打腹稿的看法。
2. 谈谈你对拟制写作提纲的看法。
3. 比较叙述、描写、议论、说明、抒情这 5 种表达方式的不同之处。
4. 请在同一篇文章中找出概括叙述和具体叙述的实例各一例,并比较

---

① 老舍.老舍论创作[M].上海:上海文艺出版社,1980:290.
② 王凯符,等.写作[M].北京:北京大学出版社,1985:180.

其异同。

5.请在有关文章中找出细描(非细节描写)和细节描写各一例,并比较其异同。

6.请在本教材里分别找出一个定义说明、一个分类说明、两个诠释说明、三个举例说明的例子。

7.阅读刘勰《文心雕龙·情采》中有关"为情造文"和"为文造情"的段落,搞懂其意思,并谈谈你的看法。

8.谈谈你对"词需己出"的理解。回顾一下,你在写作的过程中有无词非己出的情况?

9.在自己本学期的作文中找出 5 个左右的病句,并分析其具体的毛病是什么。

10.阅读下文,并请分析它运用了哪些表达方法:

醉酒的爱尔兰人

已经是深更半夜,酒吧几乎没有什么人了,爱尔兰人仍然独自坐在那里喝酒。最后,服务员只好拿着账单走到他身边,委婉地告诉他酒吧快要关门了。醉眼朦胧的爱尔兰人抬头看看四周,知道自己该回家了,于是他付清酒钱,将剩下的零钱丢给服务员当小费。

服务员走后,爱尔兰人站起身来准备离开。可是他摇摇晃晃的,控制不住自己的身体,一下子跌倒在地上。他在地上挣扎着想爬起来,可是还没等站稳,他再一次摔倒了。就这样,他一连好几次都摔倒在地。爱尔兰人知道自己喝得太多,这会儿根本站不起来。他寻思着还不如干脆爬到外面去,呼吸一些新鲜空气,也许可以醒醒酒,到时就能站起来了。

爱尔兰人手脚并用地爬到门外,然后努力挣扎着想站起来,可是他仍然做不到。迫于无奈,他只好放弃了走路回家的打算,干脆在街上爬行。他在大街上爬了两个多小时,终于爬回了家。到家以后,他又艰难地爬上二楼,爬进了自己的卧室,最后终于爬上了自己的床。

第二天早晨,他还没有睁开眼睛,就听到妻子站在他的床前大声地数落他:"你看你像什么话,昨天晚上又在外面喝得酩酊大醉,你丢人不丢人?"

"没有哇! 你怎么这样说我,我什么时候喝酒了?"爱尔兰人赶紧爬起来,坐在床上揉揉发红的眼睛,装出一副很无辜的样子。

妻子站在那里一阵冷笑:"哼,你就别装了,刚才酒吧打来电话,说昨天晚上你把轮椅丢在那里了!"

(摘自《新故事·女报》2015 年)

11.阅读下文。回忆一下你自己有过类似的经历吗? 根据你的回忆,自己选材、命题,写一篇记叙文。

登机门前甜蜜的时光

董晨晨编译

航班已经晚点 4 个小时,我漫无目的地在阿尔伯克基机场的候机楼里闲逛着。这时候喇叭响了:"如果有人懂得阿拉伯语,请立即赶往 4 号登机门。"那不正是我乘坐的航班使用的登机门吗? 未及细想我就走了过去。

一位老妇人倒在地上,大哭不止。她穿的传统巴勒斯坦刺绣长袍让我想起了我的祖母。"跟她谈谈,"航空公司的工作人员催促我,"我们告诉她航班延误的消息后,她就成了现在这个样子。"我弯下腰去搂住她,用不太熟练的阿拉伯语跟她交流起来。

听到熟悉的语言后,老妇人停止了哭泣,原来她以为航班取消了,而次日她要前往埃尔帕索的一家医院就医。我安慰她:"你会到那里的,只是要迟一些。谁去机场接你呢? 给他打个电话吧。"我们拨通了她儿子的电话,我告诉他登机前我会一直陪着他的母亲。

她跟儿子聊了聊。为了给老人解闷,我们又拨打了她其他几个孩子的电话。知道还要等很长时间后,我给父亲打了电话,说明了这里的情况。父亲用阿拉伯语和她聊天,发现他们有不少共同的朋友。接着我又打电话给我的一些巴勒斯坦诗人朋友,让他们陪她聊天。老太太脸上逐渐有了笑容,她拍着我的膝盖,一副言无不尽的样子。

不知不觉,两个多小时过去了,老人打开一个袋子,里面都是她做的小点心。因为外皮特别脆,点心的样子已经不太好看了。她把它们拿出来,送给同样坐在4号登机门附近的女人们。

令我惊讶的是,没有任何人拒绝她。不管她们来自哪里,每个人都接过小点心,露出满足的笑容,似乎之前从未吃过如此美味的点心。

我看着身边这些可爱的人,心想这就是我想要生活的世界啊,分享和关爱战胜了恐惧和忧虑,没有猜疑和抱怨,只有理解与融合。这扇登机门前似乎从未出现过哭声和混乱,那一刻,我知道我们所有人的心扉都打开了。

(选自《世界文化》2016年第1期)

12.认真思考下面两个作文题,任选一题写一篇议论文。

(1)想象力比知识更重要

(2)偏见比无知离真理更远

第五章 写作的修改阶段

第一节 文章修改的重要性

一、文章是改出来的

当作者对起草的初稿开始进行修改时，就进入了写作的修改阶段。我们认为，在文章的写作过程中，修改阶段是一个相当重要、不可缺少的阶段。作家艾芜就曾明确指出："写作还有一个过程，就是修改过程。"[1]

如果说写的起始阶段是实际进入写作过程的"起步"阶段，写作的构思阶段是文章"蓝图"的"酝酿"阶段，写作的成文阶段是写作"工程"的"施工"阶段，那么写作的修改阶段就是整个"工程"的"完善"阶段。只有前边三个阶段而无"完善"阶段，文章还只是一个"毛坯""雏形"，还不能算真正的"完工"。可见，写作的修改阶段本来就是整个写作过程的一个不可分割的有机组成部分，是一点儿也忽略不得的。

古今中外的无数作家、文章家都十分重视、强调文章的修改。从很大程度上说，文章不是写出来的，而是改出来的，这也正如清代学者唐彪在《读书作文谱》一书中所感慨的："文章全藉改窜也！欧公尚然，人可以悟矣！"他是说：文章全凭修改啊！欧阳修的文章尚且如此，人们从中可以领悟到这个道理了！

例如从《论语·宪问》中的"子曰"可知，早在我国春秋时期，郑国发布有关的政令，就先让裨谌（郑国大夫）拟出草稿，然后由世叔（郑国大夫）提出修

---

[1] 艾芜.生活人物故事·中国现代作家谈创作经验(上册)[M].济南：山东人民出版社,1982:516.

改意见,再由子羽(郑国大夫、负责外交事务)进行修改,最后由子产(郑国宰相)做文词上的加工、润色。一篇文章,由国家的4名高级官员共同参加写作,而且有3个人是负责修改工作的,可见郑国的公文的确是"改"出来的。

注重文章修改,这是我国自古以来长期形成的一个优良的写作传统。自先秦以来,魏晋时期的曹植,南北朝时期的刘勰,唐代杜甫,宋代欧阳修、陆游,明代胡震亨,清代李渔、唐彪、曹雪芹,等等,都以自己的写作实践或者写作主张一再"强调"了修改的重要性。就以宋代文豪欧阳修来说,"欧阳永叔为文,既成,书而粘之于壁,朝夕观览。有改而仅存其半者;有改而复改,与原本无一字存者。"①至于曹雪芹的《红楼梦》,众所周知是经历了"披阅十载,增删五次"。

古人如此,现当代人也如此。郭沫若说:"改,改,改!琢磨,琢磨,再琢磨!"②茅盾说:"……你得竭力修改。"③叶圣陶说:"……斟酌又斟酌,修改又修改,一字一句都不肯随便。"④杨朔的散文优美隽永,那是改出来的。据看过杨朔手稿的人介绍:"他的每篇手稿,由于改动太多,满纸密密扎扎,别人已无法认辨。《雪浪花》在他的手稿中,还算比较清楚的一篇。……全文仅三千字左右,却改了二百多处,其中许多地方作了反复修改,一字未改的只有十五句。"⑤

外国作家同样强调文章的修改。例如列·托尔斯泰说:"写作而不加修改,这种想法应该永远摈弃。三遍、四遍——那还是不够的。"⑥美国作家海明威说:"我把《永别了武器》最后一页修改了三十几遍,然后才满意。我把《老人与海》的手稿读过将近二百遍才最后付印。"⑦

那么,写作有没有成文后不加修改的现象呢?当然有。这里存在两种情况:

其一,从所写的文章看。当作者写作的是篇幅较短的小诗、小文时,有时会一挥而就,并不再修改。但不可忽略的是,作者在动笔之前无论如何是

---

① (清)唐彪.读书作文谱(卷十)[M].长沙:岳麓书社,1989.

② 郭沫若.郭沫若谈创作[M].哈尔滨:黑龙江出版社,1982:516.

③ 茅盾.茅盾论创作[M].上海:上海文艺出版社,1982.

④ 叶圣陶.文艺作品的鉴赏·鉴赏文存[M].人民文学出版社,1984:12.

⑤ 天津师院、曲阜师院中文系写作教研室.怎样修改文章[M].长春:吉林人民出版社,1980:71.

⑥ 古典文艺理论译丛编辑委员会.古典文艺理论译丛(第1册)[M].北京:人民文学出版社,1961:193.

⑦ 亨利·托马斯.外国名作家传(下册)[M].北京:中国社会科学出版社,1980:101.

要思考一番的，即使是略加思考。那么这个思考其实是包括了构思、打腹稿等。由于文章很短，文章的内容、形式都不复杂，所以作者的思考会在内心就已经达到"胸有成竹"的程度，从而表达出来后可以不必再作修改。但需要指出的是，即使是小诗小文，也同样存在成文后反复修改的情况，最经典的范例之一，就是王安石的绝句《泊船瓜洲》中第 3 句"春风又绿江南岸"中"绿"字的修改。据宋代洪迈《容斋随笔·卷八》的记载："初云'又到江南岸'，圈去到字，注曰不好，改为过；复圈去而改为入；旋改为满；凡如是十许字，始定为绿。"这种"炼字"式的修改在古代诗词写作中是屡见不鲜的。

其二，从作者的情况看。一些才情横溢、才思敏捷的"神童""才子"型作者，年轻气盛，即使是写作长文，有时也会一气呵成，不加修改。例如为人们所津津乐道的《滕王阁序》的作者王勃就是如此。据《新唐书》记载，王勃为文，"先磨墨数升，则酣饮，引被覆面卧，及寤，援笔成篇，不易一字"。由此我们看到，王勃成文固然十分爽利，而且不改一字，但他行文之前却十分"磨蹭"，需要磨墨、喝酒，还要用被子盖住脸仰卧。有写作经验的人都知道，他这是在进行构思、打腹稿，也包括对腹稿的推敲与修改。也就是说，王勃其实是用写前在内心的酝酿、打腹稿及修改，代替了写后的修改。这一类作者的写作不作修改的情况大致和王勃相似。这也正如文艺评论家陈辽所说："作品写成初稿后，大都要经过加工和提高。一字不改、一笔不动的情况是很少有的。即使有，那也是作家艺术家对'腹稿'作过多次修改、加工的缘故。"[①]

总之，在我们看来，执笔成文后的不加修改，不论是因文还是因人，都是一种"特例"、一种"个别"，而且往往是以"内"修改、"无形"的修改代替了"外"修改、有形的修改；而写作的常规和"一般"，是需要经历一个修改的阶段的。我们之所以在上文不厌其烦地罗列了大量修改的例证，就是要强调：写作须得修改，佳文出自修改。常言道，"玉不琢，不成器"。对文章的修改、润饰，就好比是把一块"璞玉"雕琢成一件精美的玉器，二者的道理是相通的。一个不懂得或不重视写作需要修改的人，是很难写出好文章来的，其写作水平的提高也是十分困难的。

---

① 陈辽.文艺创作不同阶段的形象思维问题[M].武汉:长江文艺出版社,1985:213.

二、文章需要修改的原因

文章之所以需要修改，主要基于两方面的原因。

（一）为了提高文章质量

这是从文章自身的角度而言的，也是文章需要修改的首要和根本的原因。明代学者谢榛在《四溟诗话》卷三中说："诗不厌改，贵乎精也。"意思是说，诗歌作品之所以不厌其烦地加以修改，贵在达到精粹的程度。前苏联作家法捷耶夫也明确地指出过这一点："为了达到高度的写作质量，每一篇小小的作品都需要改写和誊写五六次，有时还要多些。"[①]

那么为什么提高写作质量就必须要对文章加以修改呢？这是因为，一篇文章要想在内容和形式上都达到高质量的要求，一般而言，很难一次就能到位，这也正如古人所说："文章最难落笔便佳。"[②]老舍也说："谁也不能一下子就写成，又快又好。"[③]这就需要通过修改来逐步到位。

先看文章的内容。文章内容体现的是作者对写作对象、客观事物的认识。而人的认识往往不是一次完成的，需要经历由浅入深、由表及里、由现象到本质的逐步深化的过程。体现到写作上，就是对文章的主题、下位的观点以及材料的修改上面，以达到文章内容的正确、深刻、有新意，即内容的高质量。

再看文章的形式。文章形式包括谋篇布局、多种表达、遣词造语等，这些方面如要达到完善、适宜的高质量，"一蹴而就"显然是不现实的，同样需要加以修改、润饰。法国文艺理论家布瓦洛在《诗的艺术》中曾说，"十遍、二十遍修改你的作品"，以使"里面的一切都能够布置得宜"，"开端和结尾都能和中间相配"，"用精湛的技巧求得段落的匀称"，"把不同的各部门构成统一和完整"[④]他所说的，正是通过对文章形式的修改，来达到形式上的高质量。

从根本上说，文章需要修改还是由写作的"物——意——文"的"双重转化"特质所决定的。正如我们在本书"导论"中所说，写作的"双重转化"有着

---

① 法捷耶夫.和初学写作者谈谈我的文学经验[M].北京：北京出版社,1980:378.

② （清）唐彪.读书作文谱（卷五）[M].长沙：岳麓书社,1989.

③ 老舍.怎样练习写稿子[M].长沙：湖南人民出版社,1984:104.

④ 伍蠡甫.西方文论选（上册）[M].上海：上海译文出版社,1979:295.

内在的对立统一。晋代文人陆机在《文赋》一文中曾深有感触地揭示过其中的矛盾:"每自属文……恒患意不称物,文不逮意。"患,忧虑之意。陆机的意思是说,他每次写作,总是忧虑自己心中的"意"和写作对象的"物"不相称、自己写成的"文"和自己心中的"意"不相符。他所说的"两不",正是所有作者的永恒之"患",正是所有写作的内在的两大难题。这就决定了作者只有通过持续的写作实践,通过对文章的反复修改,来最大限度地达到"意称物"和"文逮意"。

(二)为了对读者负责

这是从文章的社会影响的角度而言的。写作是有目的性的,文章是写给读者看的。读者是写作的四要素之一,现代写作要求作者具有明确的读者意识。一篇文章有时会影响很多人,为了对读者负责,为了防止产生"误人"的不良影响,也需要对文章进行认真负责、精益求精的修改。

《回忆马克思恩格斯》一书的作者保尔·拉法格在该书中写道:"马克思决不出版一本没有经过他仔细加工和认真琢磨的作品。他不能容忍把未成的东西公之大众的这种思想。"[1]我国古人也有"大匠不示人以璞"的优良传统。老舍则在《我怎样学习语言》中强调:"写完了,狠心地改,不厌其烦地改,字要改,句要改,连标点都要改,毫不留情。对自己宽大便是对读者不负责。"[2]

据宋代学者沈明远在《寓简》一书卷八中的记载:"欧阳公晚年尝自窜定平生所为文,用思甚苦。其夫人止之曰:'何自苦如此,当畏先生嗔耶?'公笑曰:'不畏先生嗔,却怕后生笑。'"看来,欧阳修的思虑比其夫人更加深远,他对自己所写文章的艰辛修改,并不是担心老师责怪自己,而是害怕后辈读者笑话自己。在欧阳修的读者意识中,除了当世的读者,他已经考虑到了未来的读者了。由此也可以看到,对读者负责,也就是对作者自己负责,因为读者是有权利笑话那些不负责任的作者的。

上述这些事例所体现的对读者、对社会的高度负责的精神,今天依然有着很强的现实意义,应该继续成为我们进行文章修改的指导思想。

---

[1]　(苏)保尔·拉法格.回忆马克思恩格斯[M].北京:人民出版社,1973:26.
[2]　老舍.老舍论创作[M].上海:上海文艺出版社,1982:221.

第二节 怎样进行文章修改

一、修改的范围

修改文章,不外乎是对文章内容和形式的修改。具体说,有以下几个方面:

(一)修改观点

所谓文章的观点,就是作者在文章中所表现出来的各种思想认识。在这些思想认识中,既有居中心统摄地位的基本观点,即文章主题,也有其他一些或大或小的观点。不管是主题,还是其他的观点,如果存在问题,都应该加以修改。观点的修改是重要的和首要的,因为它关系到文章内容的正确与否、深刻与否等全局性问题,同时它还影响着其他方面的修改。

1. 主题的修改

主题是文章的灵魂,修改时往往首当其冲。对文章主题的修改,一般在审视主题是否正确、集中的基础上,应主要着眼于主题的深刻、出新方面。1978年3月14日《人民日报》发表的由穆青、陆拂为等人采写的反映农民科学家吴吉昌事迹的人物通讯《为了周总理的嘱托……》,在开掘、深化主题方面提供了成功的修改经验。

1978年1月,新华社山西分社给总社编辑部发去一篇人物通讯,主题是写吴吉昌的科研精神,介绍种棉花的辩证法,着重表现他是如何研究、解决棉花脱蕾落桃和水、肥、土、光等关系的,技术性十分强。引起总社注意的,是周恩来总理布置任务时对吴吉昌说的那番动人的话:"我把解决落桃的任务交给你了,你把它担起来!……再过20年,我八十七,你七十七,咱们一起用20年时间,把毛主席交给的任务完成,行不行?"于是穆青让这篇文章的作者来北京当面谈情况。当这位记者汇报了吴吉昌在"文革"中受到难以想象的迫害后仍然坚持进行棉花试验以后,总社的编辑、记者都哭了。他们认识到,吴吉昌最感人的是那种不屈不挠的献身精神,从这点上说,他和伽利略、布鲁诺、司马迁等中外历史上为真理、为事业献身的优秀人物具有共同的气质。穆青指出,这篇通讯的"路子要大变……主题是歌颂劳动人民的献身精神"①。就这样,这篇文章的主题从最初的技术性、事务性层面被提升到了具有普世价值的人类崇高精神的层面。当然,这不是人为的拔高,而是对材料本身固有内涵的"开凿"与发现。由于修改后的文章主题在思想的深刻性和时代性上大大增强,使得《为了周总理的嘱托……》这篇文章产生了很大的影响,取得了写作上的成功。

再来看一篇议论类文章的主题修改。《人民文学》1983 年第 10 期刊登了作家沙叶新的一篇短论《门前的那条路》。文章写他家的门前有一条马路,反复不断地被挖开、填埋、再挖开……这次是铺设煤气管道,下一次是更换地下水管,再下次是整修下水道,如此等等。工期短则半年,长则一年,附近居民数年无路可走,极为不便。作家在文章的结尾点出了本文的主题:"其实,地上本来有路,折腾的人多了,也就没有路了。"看了这句话,读者会马上联想到鲁迅小说《故乡》的结尾:"世上本没有路,走的人多了也便成了路。"显然,作家是在鲁迅的名言上翻出了新意,借此抨击了办事缺统筹、无计划、瞎折腾的官僚主义作风,使得该文的立意产生了新鲜感,尽管不一定有多么深刻。

2. 对其他观点的修改

对除主题之外的其他观点的修改,主要应看其有无片面性,有无提法上不妥当的地方。

1961 年诗人何其芳为《不怕鬼的故事》一书写了篇序言,中心论点就是不要怕"鬼",即不要害怕国际国内的各种敌对势力,不要害怕各种艰难险阻、困难挫折等。这当然是正确的。但文章初稿只提了"战略上要藐视"这一个方面的观点。毛泽东主席看过初稿后提出了修改意见:

> 除了战略上藐视,还要讲战术上重视。对具体的鬼,对一个一个的鬼,要具体分析,要讲究战术,要重视。不然,就打不败它。……你可以再写几百字,写战术上重视。②
>
> 根据毛泽东的意见,何其芳增补了另一个方面的即"战术上要重视"的观点,从而使原来失之片面的观点得到了修正。

---

① 陆拂为.两篇通讯的采写经过[M].北京:北京出版社,1982:63.
② 何其芳.毛泽东之歌[N].人民日报,1977－7－22.

以上谈的是文章中较大的分支观点的修改。有时,文章里还会出现一些不合适、不妥当的提法,这也属于观点问题,需要修改。例如1959年12月18日《人民日报》发表的社论《养猪事业能够高速度发展吗》一文中写有这样的话:"在全国一切地方,养猪事业都能出现高速度","养猪的高潮很快就会遍及全国每一个角落"。这两处提法显然是失当的。我国是一个多民族国家,各民族的生活习惯不同,有些地区根本不养猪,怎么能提在"一切地方"都出现养猪事业的高速度、使养猪高潮遍及全国"每一个角落"呢?类似于这种不准确、不严密的提法当然也需要订正。

(二)修改材料

材料是文章的"血肉",是观点的"支柱"。如果材料本身不真实、不可靠,或者材料和文章观点不统一,或者由于材料不典型、不新颖、不充分或太庞杂而不能很好地表现文章主题等,就应该进行修改。

1997年8月14日至21日,《陕西日报》刊发了系列通讯《陕北农民石光银和他的治沙公司》,这组报道荣获了"陕西省新闻奖"一等奖。系列通讯讲述的是陕西定边县则梁乡农民石光银治沙的先进事迹。石光银在当地是一个传奇,作者贾玉峰等6人掌握了他许许多多的材料,如开发沙地、创办小学、关心公益事业、帮助贫困户脱贫、手把手教贫户种树、为光棍娶媳妇、极端爱树爱草等。初稿把这些素材全都写了进去,"一网打尽",全篇一万多字。但由于材料过多,产生的问题在于面面俱到,"全景式",主题不鲜明、不深刻。经过反复讨论和思索,贾玉峰等几位作者从石光银不同于其他治沙人的独特之处入手,摒弃了一些虽感人但却并不典型的材料,如办学、关心公益事业等,确定了联户、治沙、扶贫、开发4个方面的核心材料,使得全文的主题鲜明深刻了,材料典型突出了,主题和材料协调统一了,文章面貌焕然一新,发表后获了大奖[①]。

(三)修改结构

文章结构是对全文内容的合理、恰当、有机的组织和安排,解决的是"言之有序"的问题。结构属于文章的形式,要为表现文章的内容服务。因而,

---

[①] 贾玉峰.苦苦求索五年间[J].新闻知识,2000(1).

如果结构不能很好地表现文章内容,就需要进行修改。同时,文章结构也有自身的相对独立性,如果结构本身具有混乱、松散、残缺、不匀称之处,当然也需要修改。

王蒙 1979 年创作的中篇"意识流"小说《布礼》的结构形式的修改,很能说明问题。

《布礼》所表现的是主人公钟亦成 30 年心灵活动与人生遭遇的历程,这就使得小说在时空上要有非常大的跨度。刚开始,王蒙还是按一般的倒叙回忆式结构来写:先写主人公在粉碎"四人帮"后得到平反昭雪,然后回忆30 年。"但是写下来就变成了一本流水账",无法理想地表现出作者想要表现的内容。于是作者另辟蹊径,大胆创新,"打破了时间的线索,而主要是通过他内心的活动来结构作品"。例如小说的第一部分先写的是 1957 年 8 月"反右"的事,接着内容就跳到了 1966 年 6 月"文革"开始;第二部分又追溯到 1949 年 1 月新中国即将建立,然后又回到 1966 年 6 月"文革"之初。时空的交错变换,是以主人公内心活动的内在逻辑为依据的。经过这一修改,使得小说结构面目一新,时空大幅度跳跃,充分表现出了作者"故国八千里,风云三十年"的博大而深沉的思索①。

王蒙在此期间创作了一系列类似于《布礼》的时空交错式结构的小说,被称为"东方意识流小说"。作家从对一篇小说结构的修改,到有意识地对一组小说结构进行创新,到创立了一种新的小说样式。

如果说王蒙对"意识流"小说结构的修改、创新属于文学创作中的"高端性"修改例证的话,我们再来看看实用类文体的结构修改。

1990 年 3 月 10 日《新华日报》刊登了一篇通讯《老台胞寻女奇遇记》。该文作者曾四易其稿,其中就包括了结构的修改。事情发生在 1988 年 8 月的苏州。做营业员工作的朱玉英一天收到一封从台湾寄来的书信,对方询问她是否是自己的女儿。朱玉英的父母已过世,也从未有亲戚在台湾,于是她给台湾回了信,并附上了本人的照片。不料对方又寄来第二封信,说看了照片后认定朱玉英就是自己的女儿,并已启程来苏州寻女。朱玉英全家人经过慎重商议,为了不使台湾朱老先生失望与伤心,决定以其女儿的身份接待他。朱老先生抵达苏州后,受到了假女儿一家人的热情接待。原来老人

---

① 王蒙.在探索的道路上·漫话小说创作[M].上海:上海文艺出版社,1987:38.

是1945年从苏州去的台湾,临走前匆忙将女儿朱玉英寄养给一户人家,后来就失去了联系。几年前他辗转打听,得知了假女儿朱玉英的地址,这就有了老人写信询问一事。在老人逗留苏州期间,朱玉英的丈夫经多方了解,找到了老人的真女儿(已改名陈桂玲)。当真女儿到假女儿家认父时,人们发现这两个"女儿"长得很像。

这是一幕人间喜剧,姑苏普通女工朱玉英的真情义举令人感动。文章作者报道此事时,刚开始的结构安排是把朱玉英是假女儿的"隐情"从开头一直延续至文章结尾,直到最后才抖出"包袱",补叙朱玉英收到台湾来信时的有关情况。"这样写,戏剧性强烈,但由于一直不点明主人公的身份,写法只是流水式的叙述,更没有心理描写,比较单调。"为了突出表现文章的主人公朱玉英,作者修改了原来的结构,"篇首就点明是假女儿,奇峰突起作开头.引起强烈悬念,行文可以跌宕多姿,笔下空间较大。"①文章发表后,引起热烈反响,被评为"华东九报头条新闻赛一等奖",并被改编成了电影和电视剧。

(四)修改表达

修改表达包括对各种表达方式的修改和对语言表达的修改。这里主要谈一下对语言表达的修改,涉及到表达方式时提示一下。

修改语言,需要分出两个层面。第一个层面主要解决语言表达要"对"(包括通顺)的问题,如果句子不通,或者意思表达不清楚、不准确、有歧义等,就是表达得"不对",就应该修改。下面是学生写作中时常出现的一些有毛病的句子,需要修改:

"她走路的步子有点儿臃肿,显得怪不自然。"

这句话的问题在于"臃肿"一词使用不当,改为"蹒跚"就通顺了。

"演出开始了。台下一张张笑脸望着舞台。"

这句话的语病在于词语搭配不当,主语"笑脸"和谓语"望"不搭配。可改为:演出开始了,台下观众的一双双眼睛全都望着舞台。

"热烈欢迎我校体育健儿胜利凯旋归来!"

这句话的问题在于后半句词语重复,"胜利归来"即是"凯旋"。可删去

---

① 嵇元.向"假女儿"挖掘真人情[N].新华日报,1990-10-17.

"凯旋"一词；或者删去"胜利归来"。

"他们在全班推广了一周读一本好书。"

这句话的毛病在于句子成分不完整，谓语"推广"之后缺少宾语。可改为：他们在全班推广了一周读一本好书的做法。

"周末他买了很多主食和肉食、蔬菜、水果、方便面、火腿肠、西红柿、火龙果等。"

这句话的问题在于犯了逻辑上的错误，并列的各种物品混淆了属概念和种概念。可改为：周末他买了很多主食和肉食、蔬菜、水果。

"我在这两个地方一定有遇到她的可能。"

这同样是个逻辑上存在问题的句子，即自相矛盾了，"一定"和"可能"相互抵牾。可改为：我在这两个地方大约有遇到她的可能。

"姐姐让李倩和她的同学一起去。"

此句的表达存在歧义，因为确定不了是姐姐的同学还是李倩的同学。可以改为：姐姐让李倩约上姐姐的同学一起去。或者改为：姐姐让李倩和妹妹她自己的同学一起去。

"请校读书社成员务必于 2017 年 2 月 1 日前来学生会报到。"

这句话同样存在歧义。究竟是"2 月 1 日前"来学生会报到呢，还是"2 月 1 日前来"学生会报到呢？表意不明。可改为：请校读书社成员务必于 2017 年 2 月 1 日 8 点——17 点至学生会办公室报到。

"平凡的工作只要和远大的理想结合起来，才会产生莫大的乐趣。"

这句复句的问题在于关联词语搭配错误。正确的搭配是："只要……就……"，或者"只有……才……"。这样修改全句就通顺了。

再看第二个层面的修改。第二个层面主要解决语言表达要"好"的问题，如果表达不简洁、不鲜明、不妥贴、不生动；或者需要符合某些特定要求，需要具有某种色彩、情调、韵味时却缺少这些东西，也需要修改。

《中国人才》1998 年第 10 期刊登了调查报告《走出择业误区 提高就业素质——山东大学生择业方向与择业观念调查纪实》。文章初稿的开头是这样写的：

择业、就业对于大学生乃至其父母都是一个并不轻松的话题。

1998 年我国高校毕业生首次突破百万大关（本科生 103.5 万，硕士 5.1 万），毕业生数量巨大；并且今年又值政府机构裁员、国有企业员工下岗分流，就业形势十分严峻。[①]

应该说，这个开头表达通顺，表意明白，写出了就业形势的严峻，为下面的行文作了铺垫。但作者并不满意这个开头，她在此基础上反复斟酌，最后修改为："今年我国高校毕业生首破百万大关，且又值政府机构裁员，国有企业减人提效、下岗分流，就业形势十分严峻。"较之初稿，修改后的定稿精简了篇幅，提升了语言的准确度，言简意赅，且增强了"文气"，从而使它的语言表达从第一个层面上升到了第二个层面——"好"的层面。

2010 年 12 期《应用写作》登载了《从对一篇例文的修改看请示写作应注意的几个问题》一文。该文分析了一篇公文《××单位关于增拨技术改造资金的请示》存在的问题。下面是这篇"请示"正文的主体部分：

> 由于我单位技术改造资金严重短缺，致使技术改造无法进行，生产受到了严重影响，利润指标不能完成。基于上述情况和不解决可能带来的后果及影响，特请上级拨款 20 万——30 万元左右用于技术改造，否则本单位不能承担其后果。

如果仅从语言表达本身来说，这个主体部分的表达是通顺、清楚的。但从适合"请示"文体的特定要求来说，它的语言表达的不规范之处就较多了。这里仅说一处，如它的结尾的最后一句话在语气上相当生硬，且似乎有威胁上级机关的意味，这就违背了"请示"的行文要委婉、得体的要求。修改者对这篇"请示"进行了全文的修改，最后一句话修改为："缺口资金如能及时到位，我们保证该项技术改造按期完成。现请求增拨技术改造资金××万元。"这一修改也是语言表达的第二个层面的修改，属于要符合所写文体的某些特定的要求。

再如对"广播稿"文体来说，它的应用手段是诉诸听觉，因而语言表达要求通畅明白、口语化。下面这则广播稿的正文就存在一些不合要求的地方：

> 自从我省西部地区发生强烈地震以来，本市各界对震灾以后的群众生活十分关心，积极开展赈灾活动，捐款累计逾 100 万元之

---

① 温秀珍. 谈谈调查报告语言的修改[J]. 应用写作,2001(1).

巨。我厂原来已经捐款(包括捐赠的衣服、物品折款)8 万元,昨天

又捐款 2 万元,这些钱物已经转送到了灾区。

正如 2016 年第 10 期《应用写作》杂志上刊登的《评改一则广播稿》的作者所分析的,以上文稿有 3 方面的问题需要修改:

其一,广播稿是读给人听的,要避免同音词。文中的"震灾"和"赈灾"同音,无法分辨,可改为"地震灾害"和"赈济灾民"。

其二,文中"逾 100 万元之巨"有文言色彩,多用于书面语,不符合广播稿的语体要求,可改为"超过 100 万元"。

其三,文中"我厂原来已经捐款(包括捐赠的衣服、物品折款)8 万元",不应当用括号这种方式来表示补充说明,因为广播稿只供耳听不供眼看,所以应改为"我厂原来已经捐款 8 万元,其中包括衣服、物品的折款"。

对文学作品来说,语言表达的第二个层面的修改,往往是对语言的修饰、润色乃至锤炼。鲁迅先生修改文章在润色和锤炼语言方面是很下功夫的。例如他在散文《藤野先生》中第一次提到藤野先生时,初稿是这样写的:"其时进来的是一个黑瘦的先生……一将书放在讲台上,便向学生介绍自己道:'我就是叫作藤野严九郎的……'。"修改后改为:"其时进来的是一个黑瘦的先生,八字须,……一将书放在讲台上,便用了缓慢而很有顿挫的声调,向学生介绍自己道:'我就是叫作藤野严九郎的……'。"[①]仅仅增加了、修饰了 15 个字,"八字须""用了缓慢而很有顿挫的声调",就使得藤野先生的音容、形貌、语态跃然纸上了。

《藤野先生》的这一成功修改语言的案例也曾为其他写作教材所引用,为人们所津津乐道。但人们普遍忽略的是,鲁迅不仅成功地润色了语言表达,同时也是在修改了、润色了表达方式。鲁迅此处运用的表达方式主要是描写,是对藤野先生的人物描写,既有肖像描写,也有动作描写。如果说初稿的人物描写就已经使人产生了深刻印象的话,那么增加了这 15 个字,尤其是后面的 12 个字,这段人物描写就提升到了生动传神、形神兼备的程度了。由此也为学习写作者诠释了什么是修改的精益求精和锦上添花。

在中国文学史和写作史上,锤炼字句的佳话、故事不胜枚举,所谓"百炼

---

① 　天津师院曲阜师院中文系写作教研室.怎样修改文章[M].长春:吉林人民出版社,1980:12.

成字,千炼成句"(唐皮日休语)、"二句三年得,一吟双泪流"(唐贾岛语)、"为求一字稳,耐得半霄寒"(清顾文炜语)的说法,正体现了炼字炼句这种修改方式的严格程度。前苏联诗人马雅可夫斯基也说过,要像从几百吨矿石里提炼一克镭那样,去提炼精粹的词语①。

在郭沫若创作的话剧《屈原》中,有一句婵娟斥责宋玉的台词:"你是没有骨气的无耻的文人!"郭沫若反复朗读,总感觉这句台词缺了点味道,他就对扮演婵娟的演员张瑞芳说打算把这句台词改一改。这时扮演钓翁的演员张逸生在一旁插嘴道:"改成'你这没有骨气的无耻的文人'就够味了。"郭沫若采纳了张的意见,并称他为"一字师"。有当代写作学家评论这一修改说:"这一字之改,改的也是全句的'情味'。虽然只换了一个字,但全句的神情意味确实不同了。这是十分说明问题的一个著例。"②

散文作家秦牧在《土地》一文的初稿中写道:"在农村里,看到一个老农捏起一把泥土,仔细端详。"后来在定稿中,作家把"捏起"改为了"捧起"。正如专家所分析的,从语法上说,"捏土"也不错,但在全句的语境中,"捏"字就不准确了;而"捧起"一词"更为合适一些,而且感情色彩显得更庄重、更深沉"③

以上两例,各自锤炼的虽然只是一个字,但润色的都不仅仅是用词的准确,同时还增强了全句的意味与情感色彩,达到了"更上一层楼"的效果。

文章修改的范围还应该包括对文内的标点符号和文章标题(含文内小标题)的修改,这里不再赘述。

二、修改的基本方式

修改的方式和什么是修改这一问题联系紧密。我们认为,修改应该是指对初稿或未定稿的修正、改动。修改阶段主要是指作者从初稿写就到定稿完成这一过程。有人把作者对"腹稿"的变动和对写作提纲的改动也算作对"文章"的修改,我们认为这一说法并不准确。还有人把完全舍弃原稿另起"炉灶"也算作"修改",这也不妥。因为既然是"修改",就总要以原物作个

① 王光祖,等.写作[M].上海:华东师范大学出版社,1989:175.
② 刘锡庆,等.写作通论[M].北京:北京出版社,1983:140.
③ 刘锡庆.写作[M].北京:高等教育出版社,1988:255.

基础,哪怕修改的幅度很大,否则就无所谓"修改"了。

明确了什么是文章的修改,修改的方式问题也就易于明确了。从总体来说,文章修改不外乎是删、增、调、换 4 种基本方式。

(一)删

"删"就是删除、去掉。关于这方面的论述是相当多的。古人说:"删繁就简三秋树"(清郑板桥语)。鲁迅说:"竭力将可有可无的字,句,段删去,毫不可惜。"①老舍说:"狠心地修改、删减,……切莫心疼。"②俄国契诃夫说:"写作的技巧,其实并不是写的技巧,而是删去写得不好的地方的技巧。"③

写作大师们之所以这样强调"删",主要是因为人们一般都溺爱自己的文字,舍不得"忍痛割爱"。但作为初稿,是不可能句句精辟、妥当的,这就需要修改者能够毫不心疼地予以删减。特别是一些单独看来写得很精美,但从全文主旨看是多余的地方,就更要能"毫不留情"地砍掉。部队作家魏巍的通讯名篇《谁是最可爱的人》的写作成功,重要原因之一,就在于作者把 20 多个"最生动的例子"砍剩了 5 个,最后又砍剩了 3 个。作家李准的电影剧本《大河奔流》也是如此,由于他接受了电影界名导演谢铁骊、水华、崔嵬以及剧作家曹禺等人的意见,大删大减,包括删减掉舍不得割去的一些戏剧性很强的情节,把 17 万字的原稿删去了 7 万字,使得作品简洁精炼多了。我们在上文提到的系列通讯《陕北农民石光银和他的治沙公司》的写作,也是由于删掉了不少不必要的材料,才使得主题深刻了,材料突出了。

在中国新文学史上,有"二断"作品在删减方面堪称经典。第一"断"是短诗《断章》:"你站在桥上看风景,/看风景人在楼上看你。/明月装饰了你的窗子,/你装饰了别人的梦。"④这是诗人卞之琳从一首长诗的初稿中节选了自己满意的四句独立发表出来,故称"断章"。应该庆幸诗人做出了这样明智的删减,为世人留下了这首韵味无穷的哲理诗。第二"断"是老舍的短篇小说《断魂枪》。老舍原来的计划是创作一部十多万字的长篇小说《二拳师》,他已经收集了大量的素材,并且已经起草了小说的开头。但后来由于

---

① 鲁迅.答北斗杂志社问[M].北京:人民文学出版社,1981:364.
② 老舍.戏剧语言·老舍的话剧艺术[M].北京:文化艺术出版社,1982:223.
③ (俄)安东·契诃夫.契诃夫论文学[M].北京:人民文学出版社,1958:409.
④ 钱谷融,吴宏聪.中国现代文学作品选读(上册)[M].上海:华东师范大学出版社,1987:496.

其他的事情太忙,暂无时间创作长篇,他就把最核心的材料写成了这篇不足5千字的短篇小说,这也算是另一种形式的删减吧。无疑,这一删改也是成功的,用老舍自己的话来讲:"用长材料写短篇并不吃亏,因为要从够写十几万字的事实中提出一段来,当然是提出那最好的一段。这就是愣吃仙桃一个,不吃烂杏一筐了。"①"二断"似乎应验了列·托尔斯泰的一个看法:"没有任何天才的增添可以像删节那样使作品更加完美。"②

"删"的方式可以用于文章修改的各个方面,无论是内容还是形式,凡是繁复、赘余、臃肿、啰嗦等处,均应删除。

(二)增

"增",就是增添、补充。法国文论家布瓦洛在《诗的艺术》中谈到修改时就明确说"有时候可以增添";果戈理也指出修改时需要"补充";俄国作家列斯科夫说:"增增减减,修修改改……这是任何作家都应遵循的基本规则。"③"增"的修改方式同样可以用于文章修改的各个方面,凡是文章中不全面、不充分、残缺疏漏、干瘪"苍白"之处,均应增补。

尽管作家们似乎更强调"删"的重要,但"增"的作用同样不可忽视,使用频率也是很高的。下举一个徐迟增句的例子。

徐迟在1978年3月写了一篇报告文学《在湍急的旋涡中》,内容是表现科学家周培源在"文革"的严峻环境中坚持进行科学研究的顽强精神。文章临近结尾之处写到"四人帮"被粉碎,"整个天安门广场上,红旗如林。人山人海,载歌载舞。放不尽的鞭炮,唱不尽的欢乐的歌",喜悦欢乐的气氛已经被渲染得十分强烈了。但作家意犹未尽,在初稿的这段话之后,又增写了这样两句话:"北京市场上,所有的酒销售一空,家家户户,螃蟹成为美味佳肴。"④这是十分精彩的一笔,它在延伸和深化了上文的欢庆气氛的基础上,写出了1976年"十月的胜利"中广大人民群众欢庆的特色,同时后一句还隐约折射出了轻松的幽默感。经历过那个时代的读者,看到"螃蟹成为美味佳肴"的语句,是会情不自禁地会心一笑的。这句话还起到了很好的过渡作

---

① 老舍.老舍论创作[M].上海:上海文艺出版社,1982:36.
② 尼·尼·古谢夫.托尔斯泰是怎样进行创作的[J].文艺理论研究,1980(1).
③ 吴泽永.文艺格言大全[M].南宁:广西人民出版社,1990:746.
④ 天津师院,曲阜师院中文系写作教研.怎样修改文章[M].长春:吉林人民出版社,1980:83.

用,它顺理成章地引出了全文的最后几句话:"'打倒四人帮'的口号,声振五湖四海! '四个现代化'的足音,震动小小寰球! 湍流在奔腾,旋涡在翻动! 一个时代结束,一个时代开了端!"

四易其稿的通讯《老台胞寻女奇遇记》,作者不但修改了该文的结构,而且还增加了文章的细节描写。例如为了更形象细致地展现朱老先生在假女儿家度过的第一个温馨的夜晚,作者在修改稿中补写了屋内的环境:"朱老先生来到女儿特地为他准备的房间:床上铺着外孙女新婚后尚未用过的枕头和被褥,床下放好一双簇新的布拖鞋,靠墙一对沙发,让他休息品茗,写字台上还准备了笔和信笺……"①

《从对一篇例文的修改看请示写作应注意的几个问题》一文不但修改了《××单位关于增拨技术改造资金的请示》的不恰当的结尾语,而且修改了该"请示"申请增拨资金的理由。由于在原稿中理由写得过于简单,仅 40 来个字,所以修改者使用的修改方式为"增":"正当我单位技术改造处于关键阶段,资金告罄。前次所拨资金原本缺口较大,加之改造过程中出现了新的技术难题,需增新设备,以致资金使用超出预算。由于该项技术是我局所属大部分企业所用的核心技术,如改造不能按期完成,势必拖延全局技术更新的进程,进而影响各单位实现全年预定生产指标和利润。"②增加后的这部分文字约 140 字。

我们在上文谈到的何其芳在《不怕鬼的故事·序》中对观点的修改,鲁迅在《藤野先生》中首次介绍藤野先生时所追加的 15 个字,也都是采用的"增"的修改方式。

不妨再重新品味一下托尔斯泰的这个看法:"没有任何天才的增添可以像删节那样使作品更加完美。"对这句话的准确理解应该是,托翁不惜以偏激的话语极度强调了作家在修改时要能够狠心地舍弃、删减、割爱。实际情况是,增与删同时并存,哪一个都不能偏废。即使是托尔斯泰自己的创作,也同样是既有删,也有增。

(三)调

"调"就是调动、调整。这是在一篇文章自身的范围内所进行的"内部调

---

① 稽元.向"假女儿"挖掘真人情[N].新华日报,1990-10-17.
② 张良.从对一篇例文的修改看请示写作应注意的几个问题[J].应用写作,2010(12).

节"。

"调"的方式主要用于文章内容的位置安排方面,以使文章的谋篇布局以及段落内各层意思的安排上恰当合理、符合逻辑、气脉贯通。此外,在疏通字句、润色语言等方面也需要用到"调"的方式。

例如鲁迅在杂文《死》中,写有7条给亲属的所谓"遗嘱",前4条是:

一、不得因为丧事,收受任何人一文钱。——但老朋友的不在此例。

二、赶快收敛、埋葬,拉倒。

三、不要做任何关于纪念的事情。

四、忘记我,管自己生活。——倘不,那就是糊涂虫。①

从该文的手稿上看,鲁迅最初的顺序安排是"赶快收敛"这一条为第3条,"关于纪念的事情"为第2条。后来鲁迅在修改时对这两条的前后次序进行了对调,在原稿上作了颠倒位置的记号。显然,鲁迅的这一调动是合适的。因为从事理上说,第2条的内容应该在第3条的内容之前。经过这样的内部调整,前4条的内容都按时间先后的顺序排列,线索清楚、层次分明、符合逻辑、严谨恰当。

杨朔是一位注重锤炼语言的散文作家。他的散文《雪浪花》的开头这样写道:"月亮圆的时候,正涨大潮。瞧那茫茫无边的大海上,滚滚滔滔,一浪高似一浪……"从手稿上看,作家初写是"滔滔滚滚",后改为"滚滚滔滔",之后又调整为"滔滔滚滚"。看来,"滚滚"与"滔滔",哪个在前,哪个在后,杨朔颇费斟酌。最后,作者从上下句最后一个字的平仄声调考虑,确定为"滚滚滔滔",这样连续起来朗读,平仄相间,有抑扬顿挫之美②。此处的修改明显是反复使用了"调"的方式,由此也看到了作者锤炼语言的苦心。

(四)换

"换"就是更换、变更。叶圣陶曾明确提到"换"这种修改方式,并把它和"增""删"并列:"多写的,把它去掉。少写的,把它补上。这样写见得语气不顺,就换一种语气。写上这个词儿见得不够贴切,就换一个词儿。"③

"换"这种修改方式,也是可以用于文章修改的各个方面。文章中凡是

---

① 鲁迅.鲁迅全集(第6卷)[M].北京:人民文学出版社,1981:612.
② 天津师院、曲阜师院中文系写作教研室.怎样修改文章[M].长春:吉林人民出版社,1980:30.
③ 叶圣陶.动笔之前和完篇之后.叶圣陶论创作[M].上海:上海文艺出版社,1982:254.

需要修改而仅靠删、增、调尚不能解决问题的地方,就需要进行改换。

材料的更换是文章修改中经常会遇到的一项内容。我们下面谈到的一个例证,就文章本身而言是够"老"的了,其发表的时间距今已有50多年了。但其改换材料的思路仍然不老,在今天仍然具有很强的启迪与借鉴作用。1963年3月25日《人民日报》发表了通讯《"一厘钱"精神》,文章的主题是:"'一厘钱'精神显示了一个颠扑不破的真理:伟大的事业要从最小的事情做起。"李峰等作者选用了北京市墨水厂等3家工厂的3个材料表现这一主题,这3个材料是:节约一厘钱,节约一克纸浆,节约一滴药水。初稿写完后作者发现,这3个材料的性质其实是一样的,都是体现如何节约财物,彼此之间是并列关系,具有重复感。于是作者再次赴有关工厂进行调查采访,发现了北京市制药二厂爱惜"一分钟"时间的"一厘钱"精神,发现了北京火柴厂重视每"一根火柴"质量的"一厘钱"精神。在定稿中,作者保留了原稿的"一厘钱"材料,用"一分钟"的材料换掉了"一克纸浆"材料,用"一根火柴"的材料换掉了"一滴药水"材料[①]。修改后的这篇通讯,3个典型材料的关系是逐层递进,立体地而不是平面地表现了上述的发扬"一厘钱"精神的全文主题。材料的成功更换,使得这篇通讯成为了一篇佳作,发表后受到了广泛好评。

修改中的炼字炼句所运用的修改方式往往是"换"。鲁迅《自嘲》诗中的"破帽遮颜过闹市,漏船载酒泛中流。横眉冷对千夫指"三句,每句各换了一字:"破"原为"旧","漏"原为"破","对"原为"看"。鲁迅《无题》诗中"忍看朋辈成新鬼,怒向刀丛觅小诗"两句,"忍"原为"眼","丛"原为"边"[②]。虽然都只是个别字的更换,但修改后的传情达意更加贴切、精粹,使整个诗作升华到了更高的境界。

我们在上文曾谈到王蒙对中篇小说《布礼》结构的改动,谈到通讯《老台胞寻女奇遇记》结构的更改,谈到郭沫若的话剧剧本《屈原》的"一字师",谈到秦牧散文《土地》的一处炼字,这些都是"换"的具体运用。

以上我们谈了文章修改的4种基本方式。需要指出的是,在修改中这4种方式往往是结合使用的,只单独使用某一种修改方式是很难胜任一篇文章的全部修改工作的。

---

① 李峰.矛盾、细节、提炼——新闻业务[J].1963(9).

② 傅德岷.通用写作教程[M].成都:四川教育出版社,1995:196.

三、修改的做法

文章修改的具体做法,可以有下列几个方面的"结合":

(一)笔墨修改与再"实践"相结合

文章修改如果只是就文章改文章,即笔墨修改,有时还并不能完全解决问题,还需要对写作对象进行再了解、再感受、再体验、再研究、再认识,这也就是我们这里所说的再"实践"。茅盾曾说:"最好的修改方法是离开书桌,到活人中间去。……你若对住了原稿死看,一定看不出毛病在哪里来。可是你离开书桌到你所假设的那人物(指小说创作中虚构的人物——编者注)的社会层和活人接触,然后你再翻开那原稿,你就知道哪里不对,就知道应当怎样修改。一次的修改不够,你再到活人中间去,再来第二第三次修改。"[①]无疑,这一见解是十分精辟的。我们前边所谈的《为了周总理的嘱托……》《陕北农民石光银和他的治沙公司》《老台胞寻女奇遇记》《"一厘钱"精神》等文章的修改,就得力于作者的再调查、再认识。其中有的作者甚至是花费5年的时间进行了反复的调查研究[②]。如果没有这些再"实践",仅靠笔墨、文字本身的修修改改,怕是很难改好的。

(二)自改与"求助"相结合

修改文章,当然是以自改为主,写作能力是应该包括自改能力在内的。但为了防止"'孩子'总是自家的好"的片面看法的遮蔽,或者为了获得文章写成后的反馈信息,或者为了得到行家的指点等,征求意见、求助他人,也是十分必要的和有益的。

白居易在《与元九书》中说到了修改为什么需要求助的原因:"凡人为文,私于自是,不忍割截,或失于繁多,其间妍媸盖又自惑,必待交友有公鉴无姑息者,讨论而削夺之,然后繁简当否得其中矣。"也就是说,自己写的文章,往往不忍删减,容易枝蔓繁多,但自己又总是难于看出问题之所在,这时向公正、客观的朋友求助,往往能得到中肯恰当的意见。

欧阳修的写作有"三多":看多、作多、商量多。所谓"商量多",就是每当

---

① 茅盾.创作的准备——茅盾论创作[M].上海:上海文艺出版社,1980:458.
② 贾玉峰.苦苦求索五年间[J].新闻知识,2000(1).

一篇文章写成之后,他就会向周围的有关人士征求意见,和他们商量、切磋。他写作《岘山亭记》一文时,已是朝廷重臣。当他得知自己手下小吏章子厚有文才时,便将自己的这篇文章拿给他看,并接受了章子厚的修改意见①。

史学家、教育家陈垣先生,从 1917 年起著书立说几十年。每逢文章写成后,他常常请 3 种人看:请专家看,请同辈朋友看,请学生看。他说:"文中矿石甚多,殊不满意,请细为雠勘、讥弹,以便洗刷磨砻,至盼至盼。"②

外国作家同样有征求他人意见的习惯。例如俄国作家普希金、果戈理、托尔斯泰、契诃夫等就经常把自己的手稿读给来访的客人听,然后请客人提出修改意见。这里面还曾发生过误会。有一次,果戈理于午饭后邀请了他的好友、著名诗人茹科夫斯基来听他朗读一个刚写完的剧本。年迈的诗人素有睡午觉的习惯,在果戈理朗读期间就不知不觉睡着了。等他醒来后,果戈理对他说道:"我请您批评我的作品,您的梦就是对它最好的批评。"说完,果戈理便把剧本手稿扔进了燃烧的壁炉中③。

在这组"两结合"中,"自改"无疑起着主导作用,别人的意见、建议乃至误解,最终也是靠"自改"落到实处。所以,"修改文章要虚心听取别人的意见,但不能不加分析地全盘接受,自己要独立思考,要有主见。"④而且,还要防止出现果戈理那样的误解。

(三)多看与诵读相结合

这里说的"看",就是默读,这是修改时的常规做法。修改不但要看,而且应该多看。鲁迅说:"写完后至少看两遍"⑤;毛泽东说:"我看重要的文章不妨看它十多遍,认真地加以删改……"⑥多看,就是在反复琢磨、认真思考、仔细推敲。只有如此,才能发现问题,才能把文章改好。

修改除了默读以外,还可以采取朗读的做法。朗读在修改中具有某种特殊的功效,有时看不出来毛病的地方,一读,就发现问题了。所以老舍说:

---

① 刘锡庆.写作[M].北京:高等教育出版社,1988:314.

② 周少川.陈垣先生的优良学风[N].光明日报,2000-11-10.

③ 朱永龄.果戈里烧手稿[N].教师博览,1995(7).

④ 胡万春.漫谈自学小说创作[M].沈阳:春风文艺出版社,1984:107.

⑤ 鲁迅.答北斗杂志社问·鲁迅全集第 4 卷[M].北京:人民文学出版社,1981:364.

⑥ 毛泽东.反对党八股·毛泽东选集(合订本)[M].北京:人民出版社,1944:801.

"念一念,那些不恰当的字句,不顺口的地方,就显露出来了。"①老舍在《人物、语言及其他》中谈到自己的创作经验时还说到:"我写作中有一个窍门,一个东西写完了,一定要再念再念再念,念给别人听(听不听在他),看念得顺不顺?准确不?别扭不?逻辑性强不?……看看句子是否有不够妥当之处。"②

可以说,用读改的方法修改文章,也是自古以来的一个传统了。据清代《宋稗类钞》一书记载,欧阳修为宰相韩琦所作《相州昼锦堂记》一文,开头两句"仕宦而至将相,富贵而归故乡",原稿中本没有两个"而"字。文章写好派人送出之后,欧阳修依然在反复吟诵,总觉得开头有点问题。当他在"至将相"和"归故乡"之前各加了一个"而"字后,便感觉神完气足,句子也更通畅了。于是他马上派人骑快马把原稿追回,易以新稿。清代诗人、书法家何绍基在《与汪菊士论诗》中说:"至于自家作诗,必须高声读之。理不足读不下去,气不盛读不下去,情不真读不下去,词不雅读不下去,起处无用意读不起来,篇终不混茫读不了结。"③这也就是说,在何绍基看来,诗的"理""气""情""词""起""终"都可以通过朗读来检测其有无毛病,这已经把朗读的作用说得足够充分了。

(四)"冷处理"与"热处理"相结合

所谓"冷处理",是指文章初成后,不急于修改,而是有意识地先放一放,等过一段时间后再进行修改。古今中外不少作家、文章家都论到并采用"冷处理"的做法。马克思是"隔一个月重看自己所写的一些东西"④;果戈理是"经过一个月,经过两个月,有时还要经过更长的时间(听其自然好了),再拿出所写的东西重读一遍"⑤;鲁迅也提倡"等到成后,搁它几天,然后再来复看"⑥。

"冷处理"的做法是很有道理的。文章初成,作者的情感、思维都还沉浸在刚刚写完的情境中,要想立刻从中超脱出来,挑出毛病,是有一定困难的,

---

① 王凯符.写作[M].北京:北京大学出版社,1985:221.
② 老舍.老舍论创作[M].上海:上海文艺出版社,1982:277.
③ 郭绍虞,王文生.中国历代文论选(第三册)[M].上海:上海古籍出版社,1980:36.
④ 恩格斯.致康·施米特——马克思恩格斯全集第37卷[M].北京:人民出版社,1971:433.
⑤ 刘锡庆.基础写作学[M].北京:人民教育出版社,2007:300.
⑥ 鲁迅.致叶紫[M].北京:人民文学出版社,1981:257.

这也就是人们平时所说的"当局者迷"。宋代学者魏庆之对此早有评论,他在《诗人玉屑》卷八的"总论"中说:"初读时未见可羞处,姑置之;明日取读,瑕疵百出,辄复悲吟累日,反复改正,比之前时,稍稍有加焉;复数日,取出读之,疵病复出。凡如此数四,方敢示人……"他说的是写诗,初成之后,多次搁置,再多次"取读",这样才能逐步地挑出"疵病"。其他文体的情况,存在毛病的程度和诗相比会有所差异,但总的说也是大同小异。

可事情又往往不能绝对化,"冷处理"固然是文章修改的常用做法,但"热处理"的情况也是存在的和必要的。"热处理"是指文章初稿写成后,趁热打铁,立即修改。诗人雷抒雁的产生了很大影响的长诗《小草在歌唱》的修改就属于这种情况。据他本人在北师大中文系所作的一次关于诗歌创作的报告中介绍说,他的这首诗写于 1979 年 6 月 7 日夜和 6 月 8 日凌晨。当时正值《人民日报》《光明日报》分别发表长篇人物通讯介绍女共产党员张志新事迹期间,诗人阅读后情绪激动,内省强烈,连夜创作诗歌,诗也写得很顺。初稿写成后有 200 多行,他立即修改、誊清,然后就把稿子装进信封,贴上邮票,投进了街口的一个邮筒里,前后也就几个小时,可谓名副其实的"热处理"了[①]。后来该诗很快在《诗刊》上得以发表。有些时间性要求很强的新闻稿,战斗性很强的短论、杂文等文体,有时也是很难有充裕的时间进行"冷处理",而只能予以"热加工"了。"热处理"的好处在于能够保留写作时的"热劲"和贯注于全文的"文气"。

上述 4 组 8 种修改的做法都应结合起来综合运用,并需依据修改的具体情况灵活处理。我们之所以两两结合地予以组合,就是为了防止"单打一"和片面性。

四、修改的原则

(一)着眼全局,大处入手

这应该是修改的一个指导思想,也是修改的顺序原则。

修改文章,首先必须从全局出发、着眼,如果只注意细枝末节而不先从宏观大体上去审视琢磨,那么修改势必陷入"只见树木不见森林"的境地,改

---

① 　张明,等.写作学基础[M].乌鲁木齐:新疆大学出版社,1986:250.

来改去,终究不会有大的起色,甚至还会越改越糟糕。老舍在谈到这方面的教训时说:"我进行修改的时候多半注意细节的对与不对,而很少涉及思想根据。于是改来改去,并没有跳出那些琐细事实,只是使作品的纪录性更真一些,而无关宏旨……这种零碎的修改,可能越改越坏。"①

修改文章,必须从大处入手,从大到小。否则,一旦大的方面需要修改,之前小处的一切修改便可能全部作废。前苏联作家法捷耶夫就有过这方面的教训。他刚开始写作时,往往是边写边改,然后再往下写。结果一些改得很细很费劲的地方,由于后边大的方面的更改而成为了"根本是不必要的",最后只得整个删除②。

那么,什么是关系到文章总体、全局的所谓"大处"呢? 一般来说,首先是文章主题,主题是一篇文章的"主脑""灵魂""统帅",统领着文章的材料、结构、表达等要素,所以要优先对待。此外,重要的观点、结构的安排、骨干的材料等也属于文章的"大处",修改时也需要靠前考虑。

当然,我们说修改要从全局着眼、大处入手,并不是说就不管局部和细部了,局部和细部的修改同样十分重要,不容忽视。我们所强调的,只是要遵循一个先全局后局部、先大处后细处的优化合理的修改顺序,以取得优良的修改效果。

(二)严格认真,实事求是

这是从修改的态度和思想方法的角度所谈的指导思想及原则。

严格,是高标准的要求,是精益求精;认真,是一丝不苟、毫不马虎。这是修改时所应持有的良好态度,也是改好文章的必要保证。我们在上文所谈到的古今中外众多写作大家修改文章的实践,已经在这方面为广大写作者做出了表率。再说一个在今天看来似乎有点搞笑的例证。

唐代诗人任蕃一次在浙江天台山游览时灵感来袭,于是他在寺庙的粉壁上题诗"七绝"一首,第3句是:"前峰月映一江水"。之后他登程赶路。昏暗的夜色中,崎岖的山道上,他前行了100多里地后,忽然想到"一"字写得不妥,前峰遮月,月光怎能照得了"一江水"呢? 于是他又匆匆返回把"一"改

---

① 林可夫.基础写作概论[M].福州:福建人民出版社,1985:198.
② 林可夫.基础写作概论[M].福州:福建人民出版社,1985:197.

成了"半",从而既使诗作避免了疏漏,又加深了诗的意境①。这真是为求一字稳,多走 200 里。这种近乎迂腐的高度认真精神确也难能可贵。

但有时人们之所以还不能做到严格认真,往往是由于怕麻烦造成的。所以老舍很有体会地说:"当然,修改是相当麻烦的。"那么如何解决呢？老舍接着说:"可是,只要不怕麻烦,麻烦便带来乐趣。"②诗人公刘也说,"修改,不仅仅是文字上的锻炼,尤其是思想上的锻炼。"③看来,要始终坚持做到文章修改严格认真,还真是要进行一番"不怕麻烦"的"思想锻炼"呢！

实事求是,是说修改并没有固定的模式、套路,而是要根据不同文章和不同作者的实际情况具体对待。例如清代诗人袁枚虽也注重作品的修改,但又不主张反复地改,"诗不可不改,不可多改。不改,则心浮;多改,则机窒"④;而欧阳修的做法和袁枚明显不同,他是不厌其烦地修改,而且喜欢征求别人的意见。产生这种差异的原因,除了作者的情况不同而外,应该还和两人修改的文体不同有关。袁枚是针对诗歌而言的,而诗歌文体和机缘、灵性等关系密切,所以袁枚认为修改多了,这些东西就会受到抑制,即"机窒";而欧阳修主要修改的是散文文体,散文写作要灵活自由得多。

再如鲁迅总是经过充分酝酿才提笔写作,所以他的修改多在字、词、句的锤炼上下功夫,手稿一般很整洁;而杨朔主要是创作诗化的散文,所以他的修改主要是在营造诗一般的意境上下功夫,而且往往改动很多,手稿难以辨认。

总之,落实到每一次切实的写作来说,不论是修改什么,还是怎样修改,以及修改到什么程度,都要从修改对象和修改主体的实际出发。而最终的检验标准,就是看修改后的文章质量、效果如何。修改后文章质量得到提高的修改就是好的修改、成功的修改;反之则是不好的修改、失败的修改,这就是修改的实事求是。

---

① 傅德岷.通用写作教程[M].成都:四川教育出版社,1995:196.
② 老舍.十年笔墨[N].侨务报,1959(9).
③ 公刘.生活——诗意及其他——乱弹诗弦[M].北京:三联书店,1986:23.
④ 吴泽永.文艺格言大全[M].南宁:广西人民出版社,1990:737.

思考与练习

1. 认真阅读本章第一节第一个问题"文章是改出来的"之后，结合自己以往的写作实践，谈谈你对这个问题的理解与看法。

2. 修改文章需要从哪些方面着手？

3. 文章修改的基本方式有哪些？

4. 应该如何准确理解列·托尔斯泰的这个看法："没有任何天才的增添可以像删节那样使作品更加完美。"

5. 总结一下你本人平时修改文章经常采用的做法有哪些；结合本章所谈的 8 种修改文章的做法，你觉得哪些做法对你今后修改文章所具有的实用价值较大？

6. 怎样理解"着眼全局，大处入手"这一文章修改的原则？你是否认同这一原则？为什么？

7. 谈谈你对修改文章"需要实事求是"这一原则的理解与看法。

8. 从本学期写作课布置的已经完成的习作中，找一篇问题相对较多的作文，按照本章所讲文章修改的范围和相关做法，从内容至形式进行全面修改。之后征求同学和写作课老师的意见后再进行一次修改。然后和第一次修改的文章进行对照，具体分析第二次修改的效果如何并说出理由。

后 记

　　回溯起来，在 20 世纪 80 年代初，随着改革开放大潮的兴起，中国当代写作学的研究与教学也迎来了一个蓬勃发展期，其显著特点，是对写作基础理论的注重。在研究方面，出现了一批写作基础理论的专著与教材，并第一次打出了"写作学"的旗号，开山之作是北师大刘锡庆教授著的《基础写作学》(1985 年)。在教学方面，全国各高校纷纷开设了写作课，教学内容基本上为"基础写作理论"。

　　从 20 世纪 80 年代后期开始，随着市场经济的不断发展，实用写作教学（一称应用写作教学）在高校悄然兴起并逐步壮大。到了 90 年代，"实用写作"课已基本取代了"基础写作"课的位置而成为了高校写作课的主流。这一状况正如时任中国写作学会会长的南京大学裴显生教授 1996 年在《现代实用写作学》一书中指出的："实用写作得到空前的重视和发展：经济写作、科技写作、公文写作、军事写作、新闻写作……都在市场经济的新条件下，展示出全新的面貌"。进入新世纪以来至今，高校普遍开设实用写作课的局面依然持续与强劲。

　　也就是说，从将近 40 年的总体历程看，全国高校写作课的开设经历了一个由基础写作向实用写作的转型过程。无疑，这是社会需求的选择，有其一定的内在合理性。但随着基础写作近 30 年的远离，也随着 20 世纪 90 年代末期以来我国高校大众化发展的连续多年大规模扩招，高校写作课也出现了一些新问题。很明显的一点就是，不少学生对基础写作的基本内容知之甚少。例如有的学生对文章写作需要立意不甚明确，有的对什么是文章结构及其类型不甚了了，有的不清楚有哪几种基本的表达方式，有的不知道"文章不厌百回改"而习惯于"文章写罢不回头"，如此等等。因此有理由认为，基础写作理论的缺失明显影响了一些学生实用写作能力的有效提高。

这不禁使人思考：在重视实用文体写作的同时，是不是也应该重新重视基础写作能力的培养与提高呢？

在中国古代写作理论的历史进程中，曹丕是个重量级的人物。他在《典论·论文》中曾说："夫文，本同而末异。"这是个比喻性的说法，他在拿树木作比，意思是说，作为各种文体，其"根干"的部分是相同的，不同的是末端的"枝梢"。曹丕的眼力是敏锐而深入的，他看出了各种文体在基本方面之同，也看出了不同文体的各自特色是其异。所以他在下文指出了 4 类 8 种文体的"末异"，其中前六种是实用文体，后两种是文学文体："奏议宜雅，书论宜理，铭诔尚实，诗赋欲丽"。这就启示我们，学习写作，不能舍弃"本同"而只去关注"末异"。用今天的话来说，就是不能忽略"基础写作学"而只去重视"（实用）文体写作学"。

在高校写作课从基础写作向实用写作转型的过程当中，也有一些院校始终坚持了基础写作的开设，或者是二者同时并举。北京师范大学珠海分校艺术与传播学院属于后者。最近，为了强化基础写作，该学院又把《大学写作基础》列为了"大学生通识精品系列教材"之一，西安交通大学出版社则承担了这部教材的出版，由此体现出了两家单位负责人的卓识与远见。

本书的作者为：北京师范大学珠海分校文学院张明；湖南理工学院刘荣林；北京师范大学珠海分校艺术与传播学院唐灿灿、周善斌、资媛。具体分工是（按章的顺序排列）：第一章、第二章，张明；第三章，唐灿灿；第四章，刘荣林、资媛；第五章，周善斌。

张明担任主编，拟定了全书提纲，进行了统稿、修改、定稿。

本教材回归和立足于基础写作学科的本位，吸取相关的新成果、新内容，以完整的写作过程纵贯全书，力求从写作的实际出发，期待给学习者写作能力的提高以切实有效的指导、启迪与帮助。感谢西安交大出版社的雒海宁女士和装帧设计人员为本书付出的辛勤努力。对本书所引用、参阅的著作和文章的作者在此谨致谢忱。敬请学界专家，使用本教材的老师、同学们和广大读者批评指正。

本书作者
2017 年 7 月